Walter Göbel

Abiturwissen
Geschichte

Das Dritte Reich

Ernst Klett Verlag
Stuttgart Düsseldorf Leipzig

Bibliographische Information Der Deutschen Bibliothek
Die Deutsche Bibliothek verzeichnet diese Publikation in der Deutschen
Nationalbibliographie; detaillierte bibliographische Daten sind im Internet über
http://dnb.ddb.de abrufbar

Auflage   5. 4. 3. 2. | 2010 2009 2008 2007
Die letzten Zahlen bezeichnen jeweils die Auflage und das Jahr des Druckes.

© Ernst Klett Verlag GmbH, Stuttgart 2004
Internetadresse: http://www.klett.de
Umschlaggestaltung: Klett Marketing Design, Stuttgart
Umschlagfoto: Thomas Weccard, Ludwigsburg
Satz: SMP Oehler, Remseck
Druck: Druckerei Wirtz, Speyer
Printed in Germany.
ISBN 978-3-12-929636-3

Inhalt

Mussolini als moderner Imperator
Das Plakat aus dem Jahre 1930 stellt den „Duce" (it., Führer) in historisch-mythischer Tradition mit den „fasces" (Rutenbündel mit Richtbeil, Symbol der Amtsgewalt der hohen Magistratsbeamten des römischen Staates) dar.

Aus Mussolinis 10 Geboten für den Milizsoldaten:
1. Der Faschist ... darf nicht an einen ewigen Frieden glauben.
2. Strafen sind immer verdient.
3. Gehorsam ist der Gott der Heere; ohne ihn ist kein Soldat denkbar, wohl aber Unordnung und Niederlagen.
8. Mussolini hat immer Recht.
10. Eines muss dir über allem stehen: das Leben des Duce.[1]

1.1 Die Zwischenkriegszeit

Antagonistisch: Von unversöhnlichem Gegensatz bestimmt

Drei antagonistische ideologische und politische **Herrschaftssysteme** bestimmten Europa zwischen den beiden Weltkriegen. Auf der einen Seite stand die **Demokratie***, die in einigen Ländern bereits seit langem existierte (Großbritannien, Frankreich), in anderen (z. B. Deutschland, Österreich, Ungarn, Tschechoslowakei, Rumänien, Griechenland) als Ergebnis des Ersten Weltkrieges neu und oft zwangsweise installiert worden war. Auf der anderen Seite standen **Diktatur*** (rechtsgerichtete, autoritäre* bzw. totalitäre* Regime, Faschismus*, Nationalsozialismus*) und **Bolschewismus***. Sie bekämpften die Demokratie erbittert, standen sich jedoch gleichzeitig aufgrund ihrer konträren Ideologien* und politischen Ziele feindselig gegenüber. Die Zwischenkriegszeit wurde also von dem **Überlebenskampf** zwischen Demokratie und autoritären (Diktaturen) sowie totalitären Herrschaftsformen (Faschismus, Nationalsozialismus, Bolschewismus) geprägt.

1.2 Die Entstehung autoritärer und totalitärer Herrschaftsformen

In der Zwischenkriegszeit bewirkten folgende **Faktoren** die grundlegende Veränderung der politischen Landschaft in Europa:

Der Historiker K. D. Bracher (1973): „Zuspitzung und Ausgang des Ersten Weltkrieges markieren einen tiefen Einschnitt, einen Bruch mit der Vergangenheit, und setzen den Neuanfang einer Entwicklung von Strukturen und Systemen, die definitiv über die bisherige Geschichte hinausführen. Revolutionen neuen Typs mündeten in Diktaturen neuen Typs, die mit neuen Mitteln der Herrschaftstechnik als totalitär begründet wurden."[2]

- Die größte Bedeutung hatte der **Erste Weltkrieg**, dessen Verlauf und dessen Ergebnisse einen völligen Bruch mit den Kontinuitätslinien des 19. Jahrhunderts bedeuteten. Sein Kreuzzugscharakter, die Verteufelung des Gegners und die beispiellose Brutalität des Krieges hatten nationalistische und chauvinistische* Gefühle extrem verstärkt und Emotionen freigesetzt, die es allen beteiligten Völkern und ihren Staatsmännern schwer machten, die Ergebnisse des Krieges zu akzeptieren und einen Frieden mit Augenmaß zu erreichen. Auf allen Seiten entstand das Gefühl, betrogen worden zu sein. Die Verlierer, allen voran Deutschland, sahen den Frieden als zutiefst ungerechten und deshalb völlig inakzeptablen „Schmach- oder Karthagofrieden" an. Bei den Siegern, vor allem bei Frankreich, Belgien und Italien, setzte sich die Ansicht durch, man habe, gemessen an der Zeitdauer und der Intensität des Krieges, zu wenig gewonnen.

Nationalismus, Chauvinismus, vaterländische Verbände,

- **Geistig-politische Kontinuitäten** aus dem 19. Jahrhundert erhielten neuen Aufschwung. Sie beeinflussten die innere

Entwicklung der meisten europäischen Länder nachhaltig und das außenpolitische Klima sehr negativ. Diese tief greifenden Folgen des Ersten Weltkrieges führten in nahezu allen europäischen Ländern zu einer **Radikalisierung** von Rechts- und Linksgruppierungen und -parteien und begünstigten den politischen Extremismus. Direkte Folgen waren **extreme linke und rechte Ideologien** und extreme politische Positionen.

Militarismus, Gewaltbereitschaft, Schaffung von Reichsfeinden und Sündenböcken.

- Der Krieg bewirkte auch grundlegende politische Veränderungen in einer Vielzahl von Ländern. Die Monarchie wurde meist zu schnell und nahezu übergangslos von der Demokratie abgelöst, die, abgesehen von Großbritannien und Frankreich, noch keine sichere Grundlage hatte. Die daraus resultierende Instabilität des parlamentarischen Regierungssystems begünstigte das **Erstarken autoritärer und totalitärer Herrschaftsformen**. In allen Ländern, auch in den etablierten Demokratien, hatte man sich während des Krieges an eine starke außer- oder überparlamentarische Exekutive gewöhnt (Monarchen, Oberste Heeresleitung, Kriegsminister).

Autoritäre bzw. totalitäre Regime:
1917 Sowjetunion (Lenin, Stalin)
1920 Ungarn (Horthy)
1922 Italien (Mussolini)
1923 Spanien (de Rivera bis 1930, Franco seit 1936)
1925 Albanien (Zogu)
1926 Polen (Pilsudski)
1928 Portugal (Carmara, Salazar)
1929 Litauen (Smetona, Voldemars)
1929 Jugoslawien (Alexander I.)
1933 Deutschland (Hitler) Österreich (Dollfuß)
1934 Bulgarien (Georgiew, Boris III.) Lettland (Ulmanis) Estland (Päts)
1936 Griechenland (Metaxas)
1938 Rumänien (Carol II.)

- Eine derartige Politik erwartete man nun auch von der Demokratie bei der möglichst raschen Lösung der wirtschaftlichen, sozialen und politischen Nachkriegsprobleme. Dies gelang aufgrund der Nachkriegsverhältnisse nicht im erwarteten Maße und die neue Herrschaftsform wurde in ungerechter Weise mit der negativen Nachkriegsentwicklung identifiziert. Dies führte zur **Abwertung der Demokratie** als ineffektives, ungeeignetes System.

- Der **Verlust traditioneller Bindungen** an die Monarchie betraf vor allem die „alten" staatstragenden Schichten (Adel, Militär, Justiz, Beamtentum, Verwaltung, Besitzbürgertum), die damit auch ihre gesellschaftspolitische Bedeutung gefährdet sahen bzw. tatsächlich einbüßten.

- **Soziale und wirtschaftliche Folgen der Industriellen Revolution** gefährdeten und verunsicherten das mittelständische Bürgertum und die Bauern, die zudem am stärksten unter den Kriegsfolgen zu leiden hatten. Sie lehnten deshalb die neuen Verhältnisse ab, verklärten die „gute alte Zeit" des Kaiserreiches und waren mehrheitlich antidemokratisch und deshalb anfällig für reaktionäres, rechtsgerichtetes Gedankengut.

- Diese Faktoren belasteten die innenpolitische Entwicklung und bewirkten zusammen mit wirtschaftlichen Problemen (Kriegsfolgen, Weltwirtschaftskrise) in den Zwanziger- und Dreißigerjahren eine tiefe **Krise der Demokratie**. Sie erfasste nicht nur die jungen, 1918/19 geschaffenen Demokratien, sondern auch die gewachsenen und dokumentierte sich für die Kritiker der

Bund der Frontsoldaten (1927): „Der Nationalismus … sieht die treibende Kraft alles Geschehens in einem gesunden Volk. … [Er] allein hat die Kraft, die soziale Frage, die Krise des Kapitalismus und die Seuche der Demokratie im Rahmen des eigenen Volkes und auf dem Boden des eigenen Reiches zu lösen."³

In Frankreich begünstigte die Uneinigkeit der gemäßigten bürgerlichen Kräfte das Erstarken des Rechts- und Linksextremismus. Mitte der Dreißigerjahre kam es zu bürgerkriegsähnlichen Auseinandersetzungen zwischen rechtsextremen, faschistischen und linksextremen Parteien und Gruppierungen. 1936 entstand eine von den Kommunisten tolerierte Volksfrontregierung aus Sozialisten und Radikalsozialisten.

Demokratie in der Unfähigkeit, befriedigende Lösungen für die politischen, sozialen und ökonomischen Probleme zu finden. Gleichzeitig ermöglichte sie den radikalen Bewegungen eine zwar vordergründige und oft schlichte emotionale Propaganda* und Agitation*, die bei der breiten Masse des Volkes ihre Wirkung jedoch nicht verfehlte.

■ Die daraus resultierende **Radikalisierung der Politik** und die **Vergiftung der innenpolitischen Atmosphäre** führten in zahlreichen europäischen Ländern zu bürgerkriegsähnlichen Zuständen, schwächten die staatstragenden demokratischen Parteien und brachten radikale rechts- oder linksextreme Gruppierungen und Parteien hervor. Diese bekämpften den „Parteienstaat" und das „System Demokratie" mit allen Mitteln, verstärkten den Ruf nach dem „starken Mann" und erlangten durch die Etablierung autoritärer oder gar totalitärer Regime in einer Reihe von Ländern die politische Macht.

1.3 Der Faschismus

Definition

Im römischen Staat wurden den hohen Staatsbeamten von den Liktoren (= Amtsdiener) „fasces", Rutenbündel mit Richtbeil, als Zeichen ihrer Amtsgewalt vorangetragen. Sie symbolisierten insbesondere das Recht zu züchtigen und die Todesstrafe zu verhängen. In der Französischen Revolution tauchten die „fasces" als Symbol der Republikaner wieder auf. Im 19. Jahrhundert bezeichnete der italienische Begriff „fascio" (Plural: fasci) eine außerparlamentarische Organisationsform mit meist revolutionärem Charakter. 1922 machte Benito Mussolini die „fasci" zum offiziellen Staatssymbol des faschistischen Italien.

Faschismus im engeren Sinne bezeichnet, zeitlich und national begrenzt, das **diktatorische Herrschaftssystem Mussolinis** (1922–1943). Dessen Grundlagen waren der vom „Duce" (Führer) straff geführte Einparteienstaat, autoritäres Staatsdenken, Führerkult*, Militarismus*, direkte, oft gewaltsame Aktionen sowie eine ausgeprägte antiparlamentarische, antidemokratische und antimarxistische Einstellung. Faschismus im weiteren Sinne ist der **Sammel-** oder **Gattungsbegriff** für alle extrem nationalistischen und nach dem Führerprinzip organisierten Bewegungen mit autoritärem Aufbau, antiliberaler, antidemokratischer und antimarxistischer Ideologie bis 1945 (danach: „Neofaschismus"). Dieser Gattungsbegriff ist aufgrund seiner geringen Trennschärfe in der Fachliteratur umstritten, da er spezifische, oft völlig unterschiedliche Ausgangspositionen, Bedingungsfaktoren, ideologische Schwerpunkte und Ausprägungen nicht genügend berücksichtigt, Diktaturen pauschalisiert und die extreme Gewalt-, Terror- und Vernichtungsbereitschaft totalitärer Systeme (z. B. des Nationalsozialismus und des Bolschewismus) nicht gebührend berücksichtigt. Im südosteuropäischen Raum hatte der Faschismus z. B. im Gegensatz zu Deutschland stark christliche Elemente und auch der Antisemitismus* ist kein allgemeines Charakteristikum des Faschismus: In Deutschland z. B. war er extrem ausgeprägt, in Italien praktisch nicht vorhanden. Vor allem lässt sich der Nationalsozialismus (als Spielart des Faschismus) aufgrund seiner extremen Rassen- und Vernichtungspolitik weder mit dem italienischen Faschismus noch mit anderen gemäßigt faschistischen Bewegungen (z. B. in Spanien) vergleichen. Aus diesem Grunde unterscheidet die Fachliteratur zwischen autoritären Herrschaftsformen (Diktaturen mit unterschiedlich starken faschistischen Elementen) und totalitären (Faschismus, Nationalsozialismus und Bolschewismus).

„Der inflationäre Gebrauch des Faschismus-Begriffs … bedeutet im Grunde eine Bagatellisierung totalitärer Diktatur, weil damit alles in einen Topf geworfen wird: ob es sich um Militärregime, Entwicklungsdiktaturen, lateinamerikanische Oligarchien handelt oder ob gar westliche Demokratien an ihren Krisenpunkten als faschistisch beschimpft werden. Das läuft auf eine Dämonisierung aller Diktaturtendenzen oder aber auf eine Bagatellisierung derjenigen Regime hinaus, die sich wie das nationalsozialistische Gewalt- und Vernichtungssystem auch vom italienischen Faschismus weit und prinzipiell unterscheiden."[4]

Träger und Sympathisanten

Die Anhänger faschistischer Bewegungen kamen im Wesentlichen aus zwei Bevölkerungsgruppen: den ehemaligen **Berufs- und Frontsoldaten** und dem bürgerlichen **und** kleinbürgerlichen **Mittelstand**. Die Berufssoldaten hatte der verlorene Krieg und der als ungerecht empfundene Friede in eine elementare Existenz- und Sinnkrise geworfen. Den bürgerlichen Mittelstand hatte der Krieg besonders hart getroffen und deshalb empfänglich gemacht für die antikapitalistische und antisozialistische Einstellung faschistischer Parteien. Neben diesen beiden Gruppen wandten sich auch **Teile des** konservativen und liberalen **Besitzbürgertums**, des **Militärs** und der **Kirche** (z. B. in Spanien, Portugal, Rumänien und Österreich) sowie **Industrielle und Großagrarier** dem Faschismus zu. Sie alle sahen die „rote", bolschewistische Gefahr als Bedrohung ihrer materiellen und geistigen Lebensgrundlagen und der „nationalen Interessen" ihrer Völker an. Den Faschismus hielten sie angesichts der politischen Rahmenbedingungen für die einzig wirkliche Alternative und erhofften sich von ihm die Rettung vor dem nationalen Untergang.

1 Die Ausbreitung des Faschismus

Im März 1919 gründete Benito **Mussolini** den ersten „fascio di combattimento" (= Kampfbund), dem weitere folgten. Damit wurde er zum Begründer des Faschismus. Die „fasci" betrachteten sich nach dem Selbstverständnis ihres Führers zunächst als „linker Flügel der nationalen Demokratie" und als „Ordnungsfaktor" Italiens, als Wiederhersteller der Staatsautorität. Ihre politischen Gegner bekämpften sie mit terroristischen Mitteln. Mit seiner im November **1921** gegründeten „**Partito Nazionale Fascista**" (PNF) strebte Mussolini nicht eine traditionelle Herrschaft an, sondern ein völlig neues „sisteme totalitario". Mit dem „**Marsch auf Rom**" (28.10.1922) übernahm er die Macht. Zunächst wurde er von König Viktor Emmanuel III. zum Ministerpräsidenten eines Kabinetts ernannt, das aus Faschisten und gesinnungsverwandten Politikern anderer Parteien bestand. In den folgenden Jahren baute er seine Macht systematisch aus. Im Januar **1925** erlangte er durch einen im Nachhinein legalisierten **Staatsstreich*** diktatorische Vollmacht und errichtete die **faschistische Diktatur** mit folgenden **Maßnahmen**:

Aus dem Statut der PNF: „Die Nationale Faschistische Partei ist eine bürgerliche Miliz [paramilitärischer Verband] im Dienste des Staates. Ihr Ziel ist es: die Größe des italienischen Staates zu verwirklichen. Von ihren Ursprüngen an ... hat sich die Partei immer als im Kriegszustand befindlich betrachtet: zuerst, um diejenigen niederzuschlagen, die den Geist der Nation herabwürdigen; heute, und in alle Zukunft, um die Macht des italienischen Volkes zu verteidigen und zu entwickeln." [5]

- Völlige Entmachtung des Parlaments. Der „Duce" konnte nun anstelle von Gesetzen Dekrete erlassen und besaß damit neben der Exekutive auch die Legislative.
- Außerkraftsetzung von Grundrechten.
- Zwangsweise Organisation der Arbeiterschaft in einer faschistischen Einheitsgewerkschaft.
- Erfassung und Indoktrination* der Jugend durch Organisationen der PNF.
- Verbot aller anderen Parteien. Wahlen waren seit 1928 nur noch über eine faschistische Einheitsliste möglich.
- Schaffung von Sondergerichten zur rigorosen Verfolgung der politischen Gegner. Im Unterschied zur bolschewistischen UdSSR schaltete Mussolini zwar die bisherigen Machtinhaber (Monarchie, Großindustrielle, Großgrundbesitzer, Kirche) aus und zerschlug ihre Interessenvertretungen, vernichtete sie jedoch nicht, sondern arbeitete mit ihnen im Rahmen seines neuen Staates zusammen.

Mussolini: Die Lehre des Faschismus (1932): „Der Faschismus will einen starken Staat, der organisch gewachsen und zugleich auf eine breite Grundlage des Volkes gestützt ist. ... Für den Faschismus ist das Streben zum Imperio, das heißt zur Expansion der Nation, ein Ausdruck der Vitali-

Mussolini verfolgte klare **Ziele**. Innenpolitisch strebte er die „Wiederherstellung von Zucht und Ordnung" an und bekämpfte die „Krebsgeschwüre" Liberalismus*, Pluralismus*, Sozialismus* und Kapitalismus* rigoros. Vorrangiges außenpolitisches Ziel war die Durchsetzung der „nationalen Lebensinteressen" Italiens, weshalb er Außenpolitik mit Expansion gleichsetzte. Italien müsse im Gebiet des Mittelmeeres, das er als „Mare Nostro" bezeichnete, die ihm gebührende Vormachtstellung erringen und Großmacht werden.

Seit 1922 wirkte der italienische Faschismus als Vorbild für zahlreiche ähnliche Bewegungen und beeinflusste damit die **europäische Ausweitung des Faschismus** maßgeblich. Zahlreiche Gruppierungen, Bewegungen und Parteien in nahezu allen europäischen Ländern orientierten sich in der Zwischenkriegszeit am italienischen Faschismus. Die faschistischen Bewegungen und Parteien erreichten unterschiedliche Bedeutung. In Italien und Deutschland übernahmen extreme, in Ungarn, Jugoslawien, Rumänien, Portugal und Spanien vergleichsweise gemäßigte faschistische Bewegungen bzw. Führer die Macht. In den anderen Ländern beeinflusste der Faschismus die innenpolitischen Verhältnisse unterschiedlich stark, bildete eine permanente Gefahrenquelle, erreichte jedoch keinen entscheidenden Einfluss.

Grundlegende Charakteristika

Die Verschiedenheit der faschistischen Bewegungen, die Besonderheiten der jeweiligen nationalen Ausprägung und das Fehlen einer geschlossenen Ideologie erschweren die einheitliche Definition. Trotz der aus der nationalen Geschichte resultierenden spezifischen Unterschiede und Besonderheiten gibt es eine Reihe von Charakteristika, die für alle faschistischen Bewegungen gelten:

■ **Undemokratische Willens- und Entscheidungsprozesse** bei gleichzeitiger, gelenkter Beteiligung der Massen an der Politik.

■ Ein **extremes nationalistisches und rassistisches Denken**. Es geht mit Chauvinismus und ausgeprägtem Elitedenken einher, überbewertet das eigene Volk, die eigene Rasse und leitet aus der angeblichen kulturellen und/oder rassischen Minderwertigkeit anderer Völker das Recht ab, diese zu unterdrücken oder gar zu vernichten. Unterschiedlich stark, aber fast immer vorhanden ist der Antisemitismus, der das nationale Judentum als Teil einer jüdischen Weltverschwörung sieht.

■ Eine **Gesellschaftsideologie**, die das völkische Denken, vor allem das homogene, harmonische und straff organisierte Volk in den Mittelpunkt stellt, um Klassengegensätze zu verschleiern, und die den Wert des Individuums gering schätzt. Die **Autoritätsideologie** ist die Grundlage des Führerstaates* und des damit verbundenen Führerkultes. Sie beinhaltet das Prinzip des charismatischen Führers* und schaltete Andersdenkende und jegliche Art von Opposition aus.

■ Ein **Einparteienstaat** mit dem Ziel der totalen Erfassung, Ausrichtung und Kontrolle der Gesellschaft und der Schaffung eines „neuen Menschen".

tät ... Mehr als je haben heute die Völker ein Verlangen nach Autorität, Lenkung und Ordnung. Wenn jedes Jahrhundert seine Doktrin hat, so sprechen tausend Ansichten dafür, dass die Doktrin des gegenwärtigen Jahrhunderts der Faschismus ist." [6]

Faschistische Parteien oder Organisationen entstanden in Spanien, Portugal, Griechenland, Jugoslawien, Ungarn, Österreich, Rumänien, Bulgarien, Tschechoslowakei, Polen, Russland (in der Mandschurei), Lettland, Finnland, Norwegen, Schweden, Dänemark, England, Frankreich, Belgien, Niederlande, Deutschland und der Schweiz.

Angelo Tasca (1938): „Der Faschismus ist eine Diktatur; davon gehen alle bisherigen Definitionen aus. Aber jenseits dieses einen Fixpunktes herrscht absolut keine Übereinstimmung mehr." [7]

Mussolini (1924): „Dreißig Jahrhunderte der Geschichte gestatten uns, mit souveränem Mitleid auf gewisse Lehren jenseits der Alpen zu schauen, die von der Nachkommenschaft jener Leute entwickelt werden, welche zu einer Zeit noch Analphabeten waren als Rom Cäsar, Augustus und Vergil hatte." [8]

■ Die skrupellose Anwendung von **Gewalt und Terror**, vor allem durch parteigebundene polizeiliche und juristische Institutionen (z. B. geheime Staatspolizei, Volks- bzw. Sondergerichte).

■ Der Faschismus ist eine **Antibewegung** gegen Demokratie, Parlamentarismus, Liberalismus, Kommunismus* und gegen den Kapitalismus, da dieser Klassenunterschiede und damit die Inhomogenität des Volkes erzeugt. Der Antikapitalismus wird jedoch immer der Symbiose mit der militärisch-technisch notwendigen Großindustrie geopfert.

■ Die **Sündenbockideologie** lenkt von Spannungen und Problemen ab, ermöglicht durch ein ausgeprägtes Feindbild (z. B. Demokratie, Weltjudentum, Bolschewismus bzw. Kommunismus) die Beeinflussung der Massen und erleichtert so deren Integration in die völkische Gemeinschaft.

■ Das **Wirtschaftssystem mit staatskapitalistischen Zügen** orientiert sich in erster Linie an der Ideologie (Lebensraum*, Aufrüstung, Krieg) und stellt allgemein gültige volkswirtschaftliche Grundlagen hintan.

■ Der **Militarismus**, das Prinzip von Befehl und Gehorsam, ist das grundlegende gesellschaftliche und politische Organisationsprinzip. Er wird als absolut notwendiges und unverzichtbares Mittel angesehen, das eine **expansive, imperialistische* Außenpolitik** ermöglicht, für die der Krieg ein „normales", „legales" politisches Mittel ist.

■ Der **antimoderne Modernismus** soll archaisch-barbarische Gesellschaftswerte (Freund-Feind-Denken, Überlegenheit des eigenen Volkes, der eigenen Rasse, Abwertung anderer Völker und Rassen) mit Hilfe modernster Techniken (Massenmedien, „Volksempfänger", Schallplatte, Film, Flugzeug) durchsetzen und auf diese Weise zur Schaffung einer „verschworenen Schicksalsgemeinschaft" beitragen.

■ Die **Herstellung des „Zaubers der Normalität"** zielt auf die Schaffung eines gut funktionierenden Staates ab, mit dem sich die Masse des Volkes bereitwillig identifiziert. Dazu benutzt der faschistische Staat die permanente Propagierung „typischer" ethisch-völkischer Werte und die ritualisierte Inszenierung öffentlicher Veranstaltungen (Parteitage, Aufmärsche, Reden, nationale Feiertage), die die Umsetzung dieser Werte und die nationale Größe und Stärke nach innen und außen verdeutlichen sollen.

C. Codreanu, Gründer der rumänischen, faschistischen „Legion des Erzengels Michael" (1927): „Die Juden sind unsere Feinde und hassen uns, vergiften uns und wollen uns ausrotten. … Hinter jedem gekauften rumänischen Politiker grinst die Fratze eines Rabbiners … Hinter jeder jüdischen Zeitung und ihrer Berichterstattung stehen Verleumdung, Lüge, Hetze, steht mit einem Wort der Plan eines Rabbiners." [9]

Aus Mussolinis Programm (1923): „Das außenpolitische Programm des Faschismus besteht aus einem einzigen Wort: Expansion." [10] *Mussolini 1932: „Der Krieg allein bringt alle menschlichen Energien zur höchsten Anspannung und verleiht den Völkern die Würde des Adels …"* [11]

Pflichtbewusstsein, Patriotismus, Opferbereitschaft, Korrektheit, Ordnung, Zucht

1.4 Die Veränderung der europäischen Politik durch die UdSSR

Mit der Entstehung der kommunistischen UdSSR kam es im ideologischen und politischen Bereich zu einer weiteren Frontstellung. Die Entstehung kommunistischer Parteien in Europa, ihr Bemühen, die bestehenden Herrschafts- und Gesellschaftssysteme zu untergraben und zu beseitigen, gefährdete und destabilisierte in zahlreichen Ländern die innenpolitischen Verhältnisse. Besonders die **3. Kommunistische Internationale*** bewirkte eine ideologische und politische Verhärtung der Fronten. Ihr Hauptziel war „mit allen Mitteln, auch mit den Waffen in der Hand für den Sturz der internationalen Bourgeoisie* und für die Schaffung einer Internationalen Sowjetrepublik", also für die kommunistische Weltrevolution und die Diktatur des Proletariats zu kämpfen. Nach einer Phase der Vertragspolitik bestimmte die UdSSR in der 2. Hälfte der Dreißigerjahre als unübersehbarer **europäischer Machtfaktor** die außenpolitischen Verhältnisse maßgeblich mit. Diese Position lieferte der UdSSR die Voraussetzungen für ihre ebenso skrupellose wie brutale **imperialistische Politik in Ost- und Mitteleuropa**.

Vgl. die kommunistischen Aufstände und Putschversuche in der Anfangsphase der Weimarer Republik

s. S. 111 f.

1.5 Die politischen Auswirkungen der Weltwirtschaftskrise

Die Weltwirtschaftskrise zerstörte erste wirtschaftliche und politische Ansätze der Normalisierung in Europa und schuf ein **Klima der Abschottung und Aggressivität**. Wirtschaftliche Restriktionen lösten in allen Staaten den wirtschaftlichen Isolationismus aus und steigerten die nationalen Emotionen. Vor allem in Deutschland wurden die wirtschaftlichen Probleme immer in Verbindung mit dem Versailler Vertrag und der Außenpolitik gesehen. Damit gewannen **Revisionismus*** und faschistischer **Neo-Imperialismus** eine magnetische Anziehungskraft für weite Teile der Bevölkerung. Hinzu kam, dass manche Staaten die wirtschaftliche Krise auch politisch nutzten und die **Verschärfung** bereits bestehender **außenpolitischer Spannungen** bewirkten: Deutschland forderte die Liquidierung von Reparationen und territoriale Revisionen, Italien begründete auch mit wirtschaftlichen Erwägungen die Hegemonie* im Mittelmeerraum und „notwendige" Gebietsgewinne in Nordafrika.

Der italienische Sachverständige A. Beneduce (1931): „Das Jahr 1931 ist noch nicht zu Ende, und schon hat der Krieg gewaltige Dimensionen angenommen; eine Währung nach der anderen kommt ins Wanken und Schwierigkeiten häufen sich an, die, wenn nichts geschieht, Vorboten weiterer Katastrophen sein werden. … Die Auflassung aller zwischenstaatlichen Schulden (Reparationen und anderer Kriegsschulden) …, ist der einzige Schritt von Dauer, der geeignet wäre, das Vertrauen wiederherzustellen." [12]

Zusammenfassung

Europa am Vorabend des Dritten Reiches

In der Zeit zwischen den beiden Weltkriegen war Europa geprägt von der Auseinandersetzung zwischen Demokratie und autoritären Diktaturen bzw. totalitären Herrschaftsformen (Faschismus, Nationalsozialismus und Bolschewismus). In nahezu allen europäischen Ländern entstanden faschistische Parteien und Bewegungen. Sie strebten einen extrem nationalistischen und nach dem Führerprinzip organisierten autoritären oder totalitären Einparteienstaat mit antiliberaler, antidemokratischer und antimarxistischer Ideologie an. In Italien und Deutschland verwirklichten die faschistischen Parteien unter ihren „Führern" Mussolini und Hitler den faschistischen Staat. In den anderen europäischen Ländern beeinflussten faschistische Parteien und Bewegungen die innenpolitischen Verhältnisse unterschiedlich stark.

Die Entstehung der kommunistischen UdSSR und die Bildung der Kommunistischen Internationale verschärften die politischen Verhältnisse in Europa zusätzlich. Auch die Weltwirtschaftskrise trug zur Verschlechterung des politischen Klimas in Europa bei, da sie die Unzufriedenheit mit der Demokratie verstärkte und den Nährboden für extremistische Parteien und Organisationen bildete.

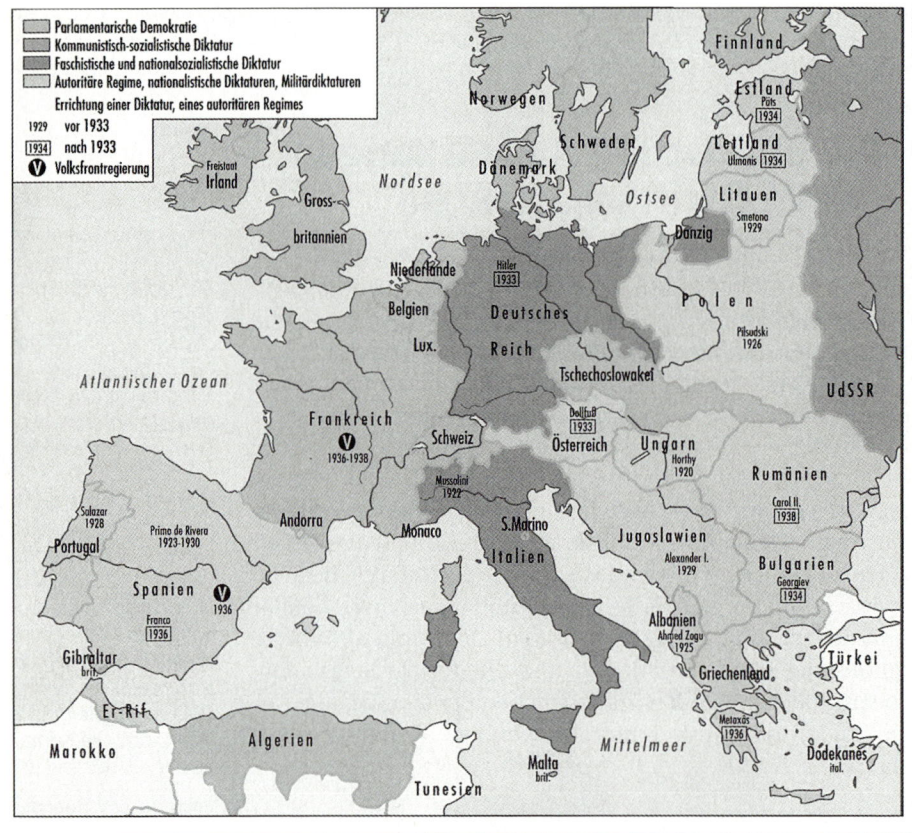

Der Aufstieg der NSDAP

NSDAP-Postkarten zum 9. November 1923, aus den Jahren 1932 und 1933

Vorbeimarsch von SA und SS auf dem „Gautag München-Oberbayern der NSDAP" vom 3.7.1932
(Hinter Hitler Ernst Röhm und Rudolf Heß)

2.1 Von der Gründung bis zur „Machtergreifung"

Die Parteigründung

*Aus dem Gründungspro-
gramm: „Die DAP ist … eine
sozialistische Organisation,
die nur von deutschen Führern geleitet sein darf. …
Die DAP will die Adelung des
deutschen Arbeiters. … Das
Großkapital ist als Brot- und
Arbeitgeber zu schützen."[1]*

Sie muss vor dem bayerischen Hintergrund gesehen werden. Die revolutionären Veränderungen von 1918/19 und besonders die Gefahr einer Räterepublik* schockierten die ohnehin mehrheitlich konservativ-national eingestellte bayerische Bevölkerung. Bayern wurde zu dieser Zeit mehr und mehr zu einem Tummelplatz für alle Gegner der Republik. Die zahllosen vaterländischen Gruppen, Verbände und Parteien sahen die Aufgabe Bayerns darin, „Ordnungszelle des Reichs" zu sein. In dieser Atmosphäre gründeten der Eisenbahnarbeiter Anton **Drexler** und der Journalist Karl **Harrer** am 5. 1. **1919** in München die „**Deutsche Nationale Arbeiterpartei**" (DAP), die zwar noch recht verschwommene Ziele hatte, aber eine „judenreine" Partei sein sollte. Ihre Hauptaufgabe sah sie „in der Hebung des Handwerks". Damit war gleichzeitig ihr Wählerkreis genannt.

Die Übernahme der Partei durch Hitler*

Hitler wählte diese „lächerliche kleine Schöpfung" aus folgendem Grunde: „Hier konnte man noch arbeiten, und je kleiner die Bewegung war, umso eher war sie noch in die richtige Form zu bringen. Hier konnten noch der Inhalt, das Ziel und der Weg bestimmt werden."[2]

z. B. Bodenreform, Verstaatlichung von Konzernen, Abschaffung des „arbeits- und mühelosen Einkommens"

Am 12.9.1919 trat Hitler in die DAP ein, die ihm die geeignete agitatorische Plattform bot. Aufgrund seines Redetalents machte er rasch Karriere. Bereits im Oktober 1919 wurde Hitler in den siebenköpfigen „Arbeitsausschuss" (Vorstand) gewählt und erhielt die Aufgabe eines Werbeobmanns. Am 24.2.**1920**, vier Tage nachdem sich die DAP in die „**Nationalsozialistische Deutsche Arbeiterpartei**"* (NSDAP) umbenannt hatte, verkündete Hitler im Hofbräuhaus vor ca. 2000 Anwesenden das von ihm und Drexler entworfene **Parteiprogramm**. Es enthielt neben sozialistischen Forderungen bereits alle wesentlichen **Schwerpunkte**, die später für ihn bzw. die NSDAP charakteristisch waren und die zwischen 1933 und 1945 das politische Leben bestimmten:

– Zusammenschluss aller Deutschen aufgrund des Selbstbestimmungsrechts in einem großdeutschen Reich.
– Gleichberechtigung mit anderen Nationen und Aufhebung der Friedensverträge von Versailles und St. Germain.
– Land und Boden (Kolonien) zur Ernährung des Volkes und zur Ansiedelung des Bevölkerungsüberschusses.
– Allgemeine Wehrpflicht und Schaffung einer starken Zentralgewalt des Reiches.
– Ein deutsches Staatsbürgerrecht, das Juden ausschloss.

- Bekämpfung des jüdisch-materialistischen Geistes.
- Verbot aller Bekenntnisse, die gegen das Moralgefühl der arischen* Rasse verstoßen.
- Maßnahmen zum Schutze der Volksgesundheit.
- Bekämpfung und Verbot zersetzender Kunst und Literatur.

Die NSDAP sah sich nicht als normale Partei, sondern als **„Bewegung"***. Sie hatte demzufolge das Ziel, die gesamte Volksgemeinschaft zu repräsentieren. Am 29. Juli 1921 wurde Hitler von einer außerordentlichen Mitgliederversammlung zum 1. Vorsitzenden mit umfassenden Machtbefugnissen gewählt. Damit hatte die NSDAP als einzige Partei in Deutschland einen Führer mit nahezu unbegrenzten Vollmachten. Der systematische **personelle und strukturelle Ausbau der Partei**, den Hitler unmittelbar nach seiner Wahl betrieb, schuf seine innerparteiliche Machtbasis. Er erweiterte den Vorstand durch Männer seiner Wahl, schuf sich in der **Sturmabteilung*** (SA) eine paramilitärische Organisation, die seinen Ideen und Vorstellungen den nötigen Nachdruck verleihen sollte und knüpfte zahlreiche Verbindungen zu einflussreichen Kreisen bzw. Persönlichkeiten in Politik, Gesellschaft und Reichswehr im Münchner Raum. In den Folgejahren gründete die NSDAP mehr und mehr Ortsgruppen und erreichte durch ihre Aktivitäten (Reden, Veröffentlichungen, Veranstaltungen, Saal- und Straßenschlachten mit der KPD) einen wachsenden Bekanntheitsgrad in Bayern und darüber hinaus.

Emblem der NSDAP

Neue Vorstandsmitglieder: Dietrich Eckart (antisemitischer Schriftsteller), Alfred Rosenberg (Mitglied der antisemitischen Thule-Gesellschaft), Ernst Röhm (Hauptmann), Gottfried Feder (Finanzspezialist), Julius Streicher (Antisemit, Mitglied der DNVP).

Der Hitler-Putsch und die Neugründung der Partei

Die Krisensituation des Jahres 1923 im Deutschen Reich (Ruhrkampf, Inflation, Separatismus) und in Bayern (Ausnahmezustand, Drohung Eberts mit der Reichsexekution gegen Bayern) nutzte Hitler am **9. 11. 1923** zu einem **Putsch** gegen die Reichsregierung, der jedoch fehlschlug, da die entscheidenden politischen und militärischen Personen ihn nicht unterstützten. Hitler wurde verhaftet und wegen Hochverrats angeklagt. Der sehr wohlwollende Münchner Volksgerichtshof gab Hitler während des Prozesses die Möglichkeit, massiv Propaganda zu betreiben und verurteilte ihn am 1. 4. 1924 unter Berücksichtigung seines „rein vaterländischen Geistes" und seines „edelsten selbstlosen Willens" wegen Hochverrats zur Mindeststrafe von fünf Jahren **Festungshaft**, von denen Hitler unter sehr großzügigen Bedingungen nur neun Monate in Landsberg/Lech absitzen musste. Während dieser Zeit entstand der 1. Band von **„Mein Kampf"** mit dem Untertitel „Eine Abrechnung." Der zweite, „Die nationalsozialistische Bewegung",

von Kahr (bayerischer Generalstaatskommissar), von Lossow (Kommandeur der 7. Reichswehrdivision in Bayern und Landeskommandant der bayerischen Wehrverbände), von Seisser (Polizeibefehlshaber von München)

Hitler vor dem Urteilsspruch: „Mögen sie [die politischen Gegner] uns tausendmal schuldig sprechen, die Göttin des ewigen Gerichts der Geschichte wird lächelnd den

erschien zwei Jahre später. Die Inhaftierung, das Verbot der Partei und ihrer Zeitung bedeuteten eine harte Belastungsprobe für
die NSDAP. Unmittelbar nach seiner Entlassung suchte Hitler am
4. 2. 1925 den bayerischen Ministerpräsidenten Held auf und versprach, sich in Zukunft gesetzestreu zu verhalten. Damit erreichte
er die Aufhebung des NSDAP-Verbots. Im selben Monat gründete
er die NSDAP erneut auf der Basis des Programms von 1920 und
schwor sie auf seine neue **„Legalitätstaktik"** ein: Die Macht sollte in Zukunft nicht mit Waffengewalt, sondern mit „legalen Mitteln", d. h. durch Wählerstimmen, erreicht werden. Diese Taktik
bestätigte Hitler 1930 als Zeuge in einem Prozess, als er sagte: „Die
Verfassung schreibt nur den Boden des Kampfes vor, nicht aber
das Ziel. Wir treten in die gesetzlichen Körperschaften ein und
werden auf diese Weise unsere Partei zum ausschlaggebenden
Faktor machen. Wir werden dann allerdings, wenn wir die verfassungsmäßigen Rechte besitzen, den Staat in die Form gießen, die
wir als die richtige ansehen." [4] Dies bedeutete jedoch keine Aufgabe seiner grundlegenden Ziele, sondern lediglich eine Anpassung seiner Mittel und Methoden zur Erreichung dieser Ziele an
die veränderten Verhältnisse. In den folgenden Monaten betrieb
Hitler den **Neuaufbau der NSDAP**: Er schuf sich eine Gefolgschaft
treu ergebener Gauleiter und Gruppenführer, fasste die Parteigenossen in Ortsgruppen, Kreisen und Gauen zusammen, baute die
SA erneut auf und verpflichtete sich zahlreiche Unterführer durch
persönliche Kontakte. Am Jahrestag seines gescheiterten Putsches
entstand 1925 die Schutzstaffel* (SS), die im Gegensatz zur SA ihm
persönlich unterstellt wurde.

Die NSDAP auf dem Weg zur Macht

In den „ruhigen Jahren" der Weimarer Republik (1924–1929) war
die NSDAP aufgrund des wirtschaftlichen Wachstums, der innenpolitischen Stabilisierung und innerparteilicher Querelen bedeu-
tungslos. In den Jahren **1929 bis 1933** gelang ihr durch eine umfassende Mobilisierung der Wähler der **Aufstieg zur größten Partei**.
Diese Entwicklung wurde durch verschiedene innen- und außenpolitische Ereignisse bzw. Maßnahmen sowie durch die Weltwirtschaftskrise begünstigt. Bekannte Persönlichkeiten unterstützten
die Partei öffentlich, die damit, ebenso wie ihr Führer, salonfähig
wurde. Die Reichspräsidentenwahl von 1932, die Hindenburg erst
im zweiten Wahlgang gegen Hitler gewann, dokumentierte die
Machtverhältnisse in der Endphase der Weimarer Republik. **Hitlers Parole** hieß nun: **„Reichskanzler oder nichts"**.

Trotz des riesigen Wahlerfolgs vom Juli 1932 sah die Lage der Partei am Ende des Jahres nicht gut aus. Zwar eilte sie auch bei Länderwahlen von Sieg zu Sieg, doch kam sie dadurch ihrem Ziel, „auf legalem Weg zum ausschlaggebenden Faktor" zu werden, nicht näher. „Wir siegen uns noch zu Tode", notierte Joseph Goebbels in sein Tagebuch. Die Kassen der Partei waren leer, der Terror der SA schreckte viele ab, ihre Attraktivität schien angesichts des sich abzeichnenden wirtschaftlichen Aufschwungs, der Lösung der Reparationsfrage im deutschen Sinne und angesichts einer möglichen teilweisen Revision des Versailler Vertrags rapide abzunehmen. Um Gregor Strasser formierte sich die **innerparteiliche Opposition**, die zur Aufgabe des „Alles-oder-nichts-Standpunkts" drängte. Als Strasser sich mit seiner Politik nicht durchsetzen konnte, zog er sich aus der Parteiarbeit zurück und überließ Hitler die unangefochtene Führung.

Das Wunder kam in dieser Situation von dem ehemaligen Kanzler von Papen, der glaubte, Hitler für seine Pläne ausnutzen zu können. Er erreichte, dass Hindenburg seine Bedenken gegenüber Hitler überwand und ihn schließlich am **30.1.1933** zum **Reichskanzler** ernannte. In Hitlers Koalitionsregierung der „nationalen Konzentration" befanden sich insgesamt nur drei Nationalsozialisten. Das Innenministerium übernahm Wilhelm Frick; Hermann Göring* wurde zunächst Minister ohne bestimmtes Ressort. Selbst als Goebbels* im März das neu geschaffene „Ministerium für Volksaufklärung und Propaganda" übernahm, änderte sich an der „Einrahmung" der Nationalsozialisten wenig. Nach wie vor entstammten die starken Männer des Kabinetts entweder Papens „Kabinett der Barone" oder konnten nicht als Anhänger Hitlers betrachtet werden. Papens Zähmungskonzept schien aufgegangen zu sein. Das weit verbreitete Schlagwort vom „Diktator, der es nicht wird", charakterisiert die **Fehleinschätzung Hitlers**.

Tagebucheintragung Goebbels' vom 23.12.1932: „Das Jahr 1932 war eine ewige Pechsträhne. … Die Vergangenheit war schwer, und die Zukunft ist dunkel und trübe; alle Aussichten und Hoffnungen vollends verschwunden." [6]

Noch am 27.1.1933 erklärte Hindenburg Vertrauten: „Sie werden mir doch nicht zutrauen, meine Herren, dass ich diesen böhmischen [Hindenburg verwechselt das ostböhmische Braunau mit Braunau am Inn] Gefreiten zum Reichskanzler berufe."

Papen nach der Ernennung Hitlers: „Wir haben uns Herrn Hitler engagiert. … In zwei Monaten haben wir Hitler in die Ecke gedrückt, dass er quietscht." [7]

2.2 Die Beurteilung des 30. Januar 1933

Die **Ernennung** des 43-jährigen **Hitlers** durch den 86-jährigen Hindenburg ist wohl die **tiefste Zäsur** in **der neueren deutschen Geschichte**. Diesen „tragischen Händedruck der Geschichte", wie die Ernennung Hitlers oft genannt wurde, erkannten viele Zeitgenossen in seiner Tragweite nicht. Zwar waren Hitlers Thesen und Forderungen sowie die politischen Methoden der NSDAP weitgehend bekannt, doch glaubten viele, seine Aussagen und Ziele aus

„Mein Kampf" nicht auf den Staatsmann Hitler anwenden zu dürfen. Man betrachtete Hitler aufgrund seiner Legalitätstaktik nun anders und nahm zudem an, dass die Würde des Amtes automatisch *die* Mäßigung mit sich bringen werde, die man vom Führer der Opposition nie gefordert hatte. In den adeligen Kreisen, der Reichswehr und der Wirtschaft war man der festen Überzeugung, die starken Männer seines Kabinetts würden „diesen Hitler" schon in die richtigen Bahnen lenken.

Unmittelbar nach seiner Ernennung kam es zu unterschiedlichen **Reaktionen**: Für **Hitler** begann nach eigener Aussage an diesem Tage „die größte germanische Rassenrevolution der Weltgeschichte", der „Schlusskampf des weißen Mannes". **Goebbels** trug in sein Tagebuch ein: „Die deutsche Revolution beginnt." Während auch der Reichspressechef der NSDAP, Otto **Dietrich**, die Ernennung Hitlers als „Erlösung aus vierzehnjähriger seelischer Bedrückung" bejubelte und fand, Hitlers Glaube habe Berge versetzt, sah man bei der **KPD** und in weiten Kreisen der **SPD** in der Kanzlerschaft Hitlers das „Bündnis zwischen Adel und Pöbel". Auch **Hugenberg** (DNVP) dämmerte es am folgenden Tage nach eigener Aussage, dass er sich in ein „Bündnis mit dem Teufel" eingelassen hatte. In einer geradezu gespenstisch anmutenden Vision sah Hitlers ehemaliger Verbündeter **Ludendorff** Unglück und Elend kommen. Er schrieb an Hindenburg:

> „Sie haben durch die Ernennung Hitlers zum Reichskanzler unser heiliges deutsches Vaterland einem der größten Demagogen aller Zeiten ausgeliefert. Ich prophezeie Ihnen feierlich, dass dieser unselige Mann unser Reich in den Abgrund stürzen und unsere Nation in unfassbares Elend bringen wird. Kommende Geschlechter werden Sie wegen dieser Handlung am Grabe verfluchen."[8]

Ebenso unterschiedlich wie in Deutschland wurde die „Machtergreifung" auch im **Ausland** bewertet. In England, Frankreich, Polen und der Tschechoslowakei überwog die Skepsis, man hoffte auf ein baldiges Scheitern des Kabinetts Hitler. In Ländern mit einem vergleichbaren Herrschaftssystem wurde der Sieg des Nationalsozialismus mit Freude aufgenommen und als Bestätigung der eigenen Ideologie gesehen.

Hakenkreuzkarikatur von Anfang 1933 aus „Der Wahre Jakob"

2.3 Kam Hitler „legal" zur Macht?

Betrachtet man die „Machtergreifung" rein **formal-juristisch**, dann kam Hitler am 30.1.1933 völlig **legal** an die Macht. Reichspräsident Hindenburg übertrug ihm, wie zuvor Brüning, von Papen und von Schleicher das Kanzleramt in Übereinstimmung mit Art. 53 der Verfassung. Darauf basierte in der Folgezeit die NS-Propaganda, die immer wieder darauf hinwies, dass Hitler „legal" und aufgrund des „überwältigenden Willens der Mehrheit seines Volkes" zur Regierung gekommen sei. Die tatsächlichen Ereignisse und die Wahlergebnisse von 1932 und 1933 entlarven diese Behauptungen jedoch als grobe Verfälschung der Wahrheit. So notierte auch Goebbels unmittelbar vor Hitlers Ernennung am Abend des 28. Januar: „Wir sind alle noch sehr skeptisch und freuen uns nicht zu früh."[9] Geschickt wies die NSDAP immer wieder auf die Tatsache der Ernennung hin und sprach damit die Neigung des deutschen Volkes an, alles für rechtmäßig zu halten, was dem Buchstaben der Gesetze entsprach. In Deutschland war man eben nicht gewohnt, von höchster Stelle angeordnete Maßnahmen kritisch zu hinterfragen und auf ihren Sinngehalt hin zu überprüfen. Ein derartiges Vorgehen war in den Augen der meisten Deutschen ohnehin schon der Ausdruck einer Zucht und Ordnung in Frage stellenden, gefährlichen und deshalb zu bekämpfenden Geisteshaltung.

Der Buchstabe der Verfassung als alleiniger Maßstab kann jedoch nicht genügen. Zwar befanden sich die Steigbügelhalter Hitlers auf verfassungsmäßigem Boden, doch verstieß die **Ernennung** Hitlers **gegen den Geist der Verfassung**, da mit ihm einem Mann das Amt übergeben wurde, der als oberstes Ziel immer wieder die Ausschaltung der Verfassung und die völlige Umgestaltung des politischen Systems propagiert hatte.

Der französische Botschafter in Berlin, A. Francois-Poncet (1933): „Die Vorstellung, dass eine Regierung lügen könnte, geht nicht leicht in die Köpfe der Deutschen ein. Die angeborene Achtung, die sie vor der gesetzmäßigen Autorität haben, bringt sie dazu, sich allem unterzuordnen, was von ihr ausgeht."[10]

Hitler gelobte Gott und dem deutschen Volke bei der Amtsübernahme, „die Verfassung und die Gesetze des deutschen Volkes zu wahren und die obliegenden Pflichten und Geschäfte unparteiisch und gerecht gegen jedermann zu erfüllen."[11]

2.4 „Machtergreifung" oder „Machtüberlassung"?

Die Vorgänge unmittelbar vor und nach dem 30. Januar 1933 wurden von der NS-Propaganda mit dem Begriff **„Machtergreifung"** beschrieben, der auch heute noch oft unkommentiert und deshalb **verfälschend** verwendet wird. Weder kam der NSDAP bei der Ernennung Hitlers eine bestimmende oder initiative Rolle zu, noch erhielt Hitler „die Macht". Sie wurde erst in den folgenden ca. 18 Monaten Schritt für Schritt erobert.

Der Begriff „Machtergreifung" sollte den Eindruck erwecken, als habe sich eine dynamische, energisch zupackende junge Partei um ihren Führer geschart, um eine ihr längst zustehende Position aus eigener Kraft einzunehmen. Damit sollte Hitler gleichsam als unabwendbare, nicht zu verhindernde historische Gesetzmäßigkeit dargestellt werden. Die Zerstrittenheit der NSDAP-feindlichen Parteien KPD und SPD, die Bereitschaft weiter Kreise, es nach den Herren Brüning, Papen und Schleicher nun eben einmal mit Hitler zu versuchen, sowie die freiwillige Selbstausschaltung des Parlaments seit 1930 rücken die „Machtergreifung" ins rechte Licht und legen den zwingenden Schluss nahe, dass der Ausdruck **„Machtüberlassung"** die tatsächlichen Ereignisse und Machtverhältnisse des 30. Januar **treffender** charakterisiert.

2.5 Wie konnte es zum Nationalsozialismus kommen?

Die Erklärungsproblematik

Immer wieder wird in der in- und ausländischen Literatur und Publizistik die Frage gestellt, wie es kommen konnte, dass

„ein großes Kulturvolk mit hoch entwickelter Zivilisation scheinbar aus eigenem Willen sich der zerstörerischen Gewaltherrschaft einer Gruppe machthungriger Fanatiker ausgeliefert hat, deren ‚Führer' Jahre zuvor schon seine radikalen und nihilistischen Ziele mit aller Offenheit dargelegt und über den totalitären Charakter seiner künftigen Herrschaft wenig Zweifel gelassen hat".[13]

Anders gefragt: Wie konnte es in einem parlamentarischen Rechts- und Verfassungsstaat zu einer totalitären Diktatur kommen? Hierfür gibt es **keine monokausale Erklärung**. Zahlreiche Faktoren wirkten zusammen und schufen eine Gesamtsituation, in der die „Machtüberlassung" möglich wurde. Es genügt deshalb nicht, einzelne Faktoren herauszuheben. Als zwangsläufiges, aber falsches, weil zu sehr vereinfachendes Ergebnis einer derartigen Betrachtungsweise würde unweigerlich die Erkenntnis stehen, dass der Aufstieg der NSDAP und damit das Dritte Reich* insgesamt unaufhaltsam und unwiderstehlich gewesen seien. Dies würde das Phänomen Hitler gleichsam als Naturkatastrophe einstufen und die Deutschen gleichzeitig von jeglicher Schuld am Zustandekommen des Dritten Reiches freisprechen.

Bedingungsfaktoren des Dritten Reiches

1. Reich („Heiliges Römisches Reich Deutscher Nation": 911/918 aus dem ostfränkischen Reich hervorgegangen; seit 925 „Reich der Deutschen"; 962–1806 Kaiserreich.
2. Reich („Kaiserreich"): 1871–1918
3. Reich („Tausendjähriges Reich"): 1933–1945

2

Historische Voraussetzungen

Da die aus dem Kaiserreich herrührende geistige und gesellschaftliche Kontinuität offensichtlich eine wesentliche Rolle spielte, können nicht nur die Ereignisse der Weimarer Republik als Voraussetzung für das Aufkommen des Nationalsozialismus genannt werden; es müssen vielmehr auch Aspekte in die Betrachtung einbezogen werden, die aus der Zeit vor Weimar stammen:

- Anders als in England und Frankreich setzten sich in Deutschland die Ideen der Staats- und Naturrechtsphilosophen bzw. der Französischen Revolution nie umfassend und tief greifend durch. Den Monarchen gelang es hier, die liberalen Strömungen zu unterdrücken, zu absorbieren oder sogar in ihren Dienst zu stellen. Damit wurde der Obrigkeitsstaat zur Grundlage des politischen und gesellschaftlichen Lebens, der dem Einzelnen freie Entfaltung nur innerhalb des vom Staat vorgegebenen Rahmens erlaubte.

Vgl. das Scheitern der Frankfurter Nationalversammlung 1849 und die Gegenreaktion der Fürsten.

- In der Außenpolitik regelte dieser Staat seine Beziehungen durch eine auf Prestige bedachte „machtvolle" Politik oder, einer Feststellung Bismarcks zufolge, durch „Blut und Eisen". Drohung und Anwendung von Gewalt galten als das selbstverständliche Recht des Stärkeren oder als geeignetes Mittel, die Überlegenheit des eigenen Volkes zu demonstrieren. Die imperialistische Weltmachtpolitik Hitlers, seine Großraumpolitik, welche die Eroberung Russlands als eine wesentliche Voraussetzung für die Größe Deutschlands einkalkulierte, ist nichts anderes als die Wilhelminische Außenpolitik unter veränderten Voraussetzungen. Auch die revisionistische Außenpolitik aller Weimarer Regierungen sah als Endziel die Wiederherstellung der früheren Größe Deutschlands vor. Deshalb besteht auch in diesem Punkt eine Identität zwischen der Außenpolitik Stresemanns und der Hitlers. Der allerdings entscheidende Unterschied liegt in den politischen Mitteln und Methoden, mit denen beide dasselbe Ziel anstrebten. Insgesamt jedoch hatte es Hitler leicht, an die „großräumige Ostplanung" seiner Vorgänger im Amt anzuknüpfen, wobei als spezifisch nationalsozialistisches Element die Überlagerung der geopolitischen Komponente durch rassenideologische Zielvorstellungen hinzukam.

Vgl. Bismarcks „Blut und Eisen"-Rede von 1862, Wilhelms II. „Hunnenrede" (1900), den „Panthersprung nach Agadir" (1911).

Parolen der damaligen Zeit: „Am deutschen Wesen soll die Welt genesen", „Ein Platz an der Sonne", „Kolonien, Kolonien!"

- Die „alten Mächte", die die tragenden Säulen des Kaiserreiches gewesen waren (Verwaltung, Justiz, Militär) sahen in Hitler die mögliche Fortsetzung der Verhältnisse vor dem Jahre 1918 und unterstützten ihn. Diese Einschätzung des Nationalsozialismus lag nahe, da fast alle außenpolitischen Ziele Hitlers mit denen Wilhelms II. übereinstimmten.

Politische und gesellschaftliche Faktoren

„Deutsche Zauberwerke AG. Kein Grund zum Verzagen, solange noch Kanzler am laufenden Band produziert werden."

- **Hindenburg und Papen**: Ohne Zweifel trifft beide ein Großteil der Verantwortung. Papen, weil er durch sein ehrgeiziges und kurzsichtiges Intrigenspiel Hitler die Kanzlerschaft ermöglichte und Hindenburg, weil er ohne wirklich zwingenden Grund die politische Führung einem Manne übertrug, der sein vorrangiges Ziel, die Zerstörung des Staates, nie verhehlt hatte.

- Mit Recht muss von einem **Versagen der Politiker und** der **Parteien** gesprochen werden. Die bisher staatstragenden Parteien waren seit 1930 nicht mehr bereit, ihre Rolle im demokratisch verfassten Staat wahrzunehmen und bereiteten damit die Ausschaltung des Parlaments und auf Dauer die Herrschaft der Präsidialkabinette vor. Innerhalb der Präsidialkabinette steigerte sich der Rechtstrend weg von der Demokratie und hin zum autoritären Staat von Kanzler zu Kanzler, so dass Hitler gleichsam von den Zeitgenossen als Fortsetzung der bisherigen Entwicklung, aber keinesfalls als Zäsur oder besonders neuartig angesehen wurde.

- **Industrielle**: Einzelne Unternehmer, vor allem aus der Rüstungs- und Schwerindustrie, **unterstützten Hitler** finanziell und politisch, weil sie sich von ihm eine Belebung der Wirtschaft und ein entschiedenes Durchgreifen gegenüber den Arbeitnehmerparteien und den Gewerkschaften erhofften. Der oft erhobene Vorwurf, „die Industrie" insgesamt habe Hitler zum Kanzler gemacht, kann nach dem heutigen Stand der Forschung nicht aufrecht erhalten werden.

- Der einfachste und bequemste Erklärungsansatz nennt die Millionen **Wähler**, die die NSDAP in der Endphase der Weimarer Republik zur stärksten Partei machten und Hitler überhaupt erst ins Gespräch für ein Regierungsamt brachten. Dabei spielt die Weltwirtschaftskrise und die Sparpolitik Brünings eine entscheidende Rolle. Neuere Untersuchungen belegen, dass die NSDAP aufgrund der katastrophalen wirtschaftlichen Situation zwischen 1929 und 1933 stärker als andere Parteien von der Mobilisierung früherer Nicht-, Wechsel- und Protestwähler in Nord-, Mittel- und Ostdeutschland profitierte.

Der in diesem Zusammenhang erhobene Vorwurf, sie hätten als demokratische Wähler versagt, muss ganz sicherlich abgeschwächt werden, denn nur Demokraten können als demokratische Wähler versagen. Da aufgrund der Situation nach 1918 die überwiegende Mehrheit des Volkes alles andere als demokratisch war und die Verhältnisse von 1929–1933 nicht dazu angetan waren, aus Skeptikern überzeugte Demokraten zu machen, kann dieser Vorwurf so umfassend nicht aufrecht erhalten bleiben. Zudem erreichte die NSDAP trotz massiver Propaganda und erheblichen Terrors bei den letzten freien Wahlen am 5.3.1933 nicht einmal 44 % der Wählerstimmen.

Der Historiker K. Schönhoven (1983): „*Der Nationalsozialismus kam nicht über ein Volk von Unwissenden, sondern über ein Volk, in dem zu viele von der Demokratie nichts wissen wollten, in dem zu viele den Sozialstaat ablehnten und eine Politik der Kompromisse bekämpften, in dem zu viele glaubten, am deutschen Wesen müsse die Welt genesen.*"[14]

- Die **Anhängerschaft**: Die größte Unterstützung fand die NSDAP in den mittelständischen Bevölkerungskreisen bei Angestellten, Beamten, Bauern und Selbständigen (Handwerker, Gewerbetreibende und Kaufleute), die wesentlich stärker als es ihrem Bevölkerungsanteil entsprach in der NSDAP vertreten waren. Dagegen lag der Prozentsatz der Arbeiter, die Parteimitglieder waren, weit unter dem Arbeiteranteil in der Gesamtbevölkerung. Auch regional gab es große Unterschiede: In den NSDAP-Gauen Sachsen, Groß-Berlin, Kurmark und Schleswig-Holstein hatte die NSDAP die meisten Mitglieder, in Hamburg, Koblenz-Trier, Danzig, Schwaben und Mainfranken die wenigsten.

Berufs- gruppe	NSDAP	Gesell- schaft
Arbeiter	28,1 %	45,9 %
Angest.	25,6 %	12,0 %
Selbstständ.	20,7 %	9,0 %
Beamte	8,3 %	5,1 %
Bauern	14,0 %	10,6 %
Sonstige	3,3 %	17,4 %

- **Einzelne Sympathisanten und Geldgeber**: Diese Gruppe ist heterogen. In ihr finden sich ausländische Geldgeber, z. B. der schwedische Bankier Ivar Kreuger, die englischen Rüstungsfabrikanten Vickers und Zaharoff, die niederländische Royal Dutch Shell, erstaunlicherweise jedoch auch deutsche jüdische Unternehmen, so z. B. die Warenhäuser Tietz und Shapiro. Offensichtlich wollten diese sich durch „freiwillige Schutzzahlungen" vor Übergriffen der SA schützen.

- Die **breit gestreute Propaganda und Ideologie** der NSDAP erlaubte allen Teilen der Bevölkerung, sich mit Hitlers Zielen und seiner Politik wenigstens teilweise zu identifizieren. Dies galt vor allem für die durch Krieg, Niederlage, Versailler Vertrag, Inflation und Weltwirtschaftskrise Enttäuschten und Entwurzelten und umfasste damit vor allem den Mittelstand; letzten Endes betraf diese Identifikation in unterschiedlichem Ausmaß alle Schichten des Volkes.

Hitler bot
- *der Jugend neue Ideale;*
- *den Arbeitslosen geregelten Verdienst;*
- *den Nationalen ein starkes Deutschland;*
- *den Bauern höhere Preise und Schuldbefreiung;*
- *den Antisemiten und Antikommunisten Vernichtung des Gegners;*
- *den Antidemokraten einen funktionierenden „Ordnungsstaat";*
- *dem Mittelstand Schutz vor dem Absinken ins Proletariat.*

Zusammenfassung

Der Aufstieg der NSDAP

Die Deutsche Arbeiterpartei (DAP) wurde im Januar 1919 im politisch turbulenten, rechtslastigen München gegründet. Mit dem Eintritt von Adolf Hitler entwickelte sich die Partei rasch. Bereits im Februar 1920 verkündete Hitler das von ihm konzipierte Programm der Partei, die sich inzwischen in Nationalsozialistische Deutsche Arbeiterpartei (NSDAP) umbenannt hatte. In ihm sind im Prinzip schon alle wesentlichen politischen und ideologischen Grundpositionen des Nationalsozialismus enthalten.

In den folgenden Jahren baute Hitler seine Machtbasis innerhalb der NSDAP kontinuierlich aus. Im November 1923 sah er vor dem Hintergrund der innenpolitischen Krisensituation die Chance, durch einen Putsch die Macht im Deutschen Reich zu übernehmen. Das Scheitern des Putsches, das Verbot der NSDAP, die Inhaftierung Hitlers und die Stabilisierung der Weimarer Republik machten die NSDAP zu einer bedeutungslosen Partei. Erst im Verlauf der Weltwirtschaftskrise gelang es der Partei durch ihre massive und maßlose Propaganda und Agitation immer mehr Nicht- und Protestwähler zu gewinnen. Ihren Höhepunkt erreichte sie im Frühjahr und Sommer 1932: Hitler unterlag bei der Wahl des Reichspräsidenten erst im zweiten Wahlgang Hindenburg und der erdrutschartige Sieg bei den Reichstagswahlen vom Juli 1932 machte die NSDAP zur größten Partei. Trotz dieser Erfolge verschlechterte sich ihre Situation aufgrund des Straßenterrors der SA und innerparteilicher Machtkämpfe in den Folgemonaten. Erst die Fehlkalkulation Papens, der glaubte, Hitler „einrahmen" zu können, brachte den Erfolg. Die Ernennung des erklärten Antidemokraten Hitler zum Reichskanzler, die die NSDAP-Propaganda als „Machtergreifung" verkaufte, war zwar dem Buchstaben der Verfassung nach legal, widersprach jedoch völlig dem Geist einer demokratischen Verfassung. Der 30. Januar 1933 wurde deshalb im In- und Ausland je nach politischem Standort sehr kontrovers aufgenommen.

Für den Aufstieg der NSDAP bzw. Hitlers gibt es zahlreiche historische Voraussetzungen und gesellschaftspolitische Faktoren. Hierzu gehören

- die obrigkeitsstaatliche Entwicklung in Deutschland,
- eine machtorientierte, auf Expansion bzw. (seit 1920) auf Revisionismus ausgelegte Außenpolitik,
- die antidemokratische Einstellung der „alten Mächte" Verwaltung, Justiz und Militär,
- die verhängnisvolle Fehleinschätzung Hitlers durch Papen und Hindenburg,
- das Versagen der staatstragenden Parteien und der Arbeiterparteien,
- die breit gestreute Propaganda der NSDAP, die alle Schichten des Volkes ansprach.

Der Ausbau der Herrschaft zum totalitären Staat

3

In 8 Monaten
2¼ Millionen Volksgenossen
in Arbeit u. Brot gebracht!

Den Klassenkampf und seine Parteien beseitigt!
Den Bolschewismus zerschlagen!
Die Kleinstaaterei überwunden!

Ein Reich der Ordnung
und Sauberkeit aufgebaut!

Ein Volk —
Ein Reich —
Ein Führer!

Das sind die Leistungen
der Regierung Hitler!

Hitler will

Gleichberechtigung und einen Frieden der Ehre!

Deutschlands Ehre ist Deine Ehre!
Deutschlands Schicksal ist auch Dein Schicksal!

Stimme mit Ja!
Wähle zum Reichstag
Adolf Hitler
und seine Getreuen!

1933
30.01. Ernennung Hitlers zum Reichskanzler
28.02. Reichstagsbrandverordnung und Verbot der KPD
21.03. Tag von Potsdam
24.03. Ermächtigungsgesetz
31.03. Übertragung der Wahlergebnisse vom 5.3.1933 auf alle Volksvertretungen
02.05. Zerschlagung der Gewerkschaften
Juni/ Ausschaltung der
Juli Parteien
14.07. Die NSDAP wird Staatspartei

1934
30.01. Auflösung der Länder
30.06.- Röhm-Putsch, Aus-
03.07. schaltung der SA
02.08. Hitler vereinigt die Ämter des Reichspräsidenten und des Reichskanzlers („Führer und Reichskanzler"). Ende der „nationalen Revolution"

NSDAP-Plakat zur Reichstagswahl am 12.11.1933 und zur damit gekoppelten Volksabstimmung über den Austritt Deutschlands aus dem Völkerbund.

3.1 Erste Maßnahmen und Ereignisse

Die Ausgangsposition

Aus der Sicht der NS-Führung stellten sich nach dem 30. Januar im Wesentlichen **vier vordringliche Aufgaben**, von deren Lösung die Verwirklichung der langfristigen Ziele abhing:

– **Erringung, Ausbau und Stabilisierung der Macht**. Dies bedeutete die Ausschaltung aller politischen Gegner und die Beseitigung bzw. Entmachtung der Organisationen und Institutionen, die der Ausübung der totalitären Macht im Wege standen.

– **Erweiterung der Macht** gegenüber den parlamentarischen und außerparlamentarischen Koalitionspartnern, auf die man noch immer angewiesen war, durch die systematische Besetzung politischer und gesellschaftlicher Schlüsselpositionen mit zuverlässigen Anhängern Hitlers.

– **Schaffung gleicher Interessenlagen** für die „entscheidenden Kräfte des deutschen Volkes": Für die NSDAP einerseits und die Schwerindustrie sowie die Reichswehr andererseits. Da beide Gruppen für die NSDAP zu diesem Zeitpunkt noch zu stark waren und zudem ebenso wie die NSDAP in diesem Zweckbündnis ihre eigenen Ziele verfolgten, gestaltete sich dieses Ziel besonders problematisch. Eine ausgeprägt wirtschafts- und wehrfreundliche Politik musste beide Gruppen „bei der Stange halten".

– **Herbeiführung eines politisch-psychologischen Klimawechsels**, als dessen Endziel die von der Masse des Volkes getragene oder wenigstens akzeptierte „nationale Erhebung" stehen sollte. Unter diesem Deckmantel konnten dann Maßnahmen, die für die oben genannten Ziele unerlässlich waren, quasi als „notwendig" und „unverzichtbar" gefordert und begründet werden.

Goebbels am 14.3.1933: „Wir Nationalsozialisten haben ... niemals behauptet, dass wir Vertreter eines demokratischen Standpunktes seien, sondern wir haben offen erklärt, dass wir uns demokratischer Mittel nur bedienen, um die Macht zu gewinnen, und dass wir nach der Machteroberung unseren Gegnern alle die Mittel versagen würden, die man uns in Zeiten der Opposition zugebilligt hatte."[1]

Tagebucheintragung Goebbels' vom 27.2.1933: „Ich gebe der Presse Anweisungen für die Vorbereitung des ‚Tages der erwachenden Nation'. Auf diesen einzigen Punkt konzentrieren wir nun das ganze öffentliche Interesse."[2]

Die Auflösung des Reichstages

Unmittelbar nach seiner Ernennung ging Hitler die Erreichung der kurzfristigen Ziele mit der ihm eigenen Skrupellosigkeit an. Bereits am 31. Januar ließ er den Reichstag auflösen. In seiner Antrittsrede am nächsten Tag begründete er diese Maßnahme. Er zeichnete die Gefahren des Bolschewismus in grellsten Farben sowie die Not und das Elend, kurz: das „furchtbare Erbe", das er zu übernehmen habe. Seine höchste Verpflichtung bestehe darin, diese „schwerste Aufgabe, die seit Menschengedenken deutschen Staatsmännern gestellt wurde", zu lösen. Gleichzeitig beschwor er das deutsche Volk, ihm hierfür vier Jahre Zeit zu geben. Er vergaß auch nicht, die Hilfe Gottes für seinen „Kampf" zu erbitten. Diese Rede Hitlers dokumentiert seine Fähigkeit, alle in gleicher Weise anzusprechen und ihnen das Gefühl zu geben, dass nun eine Regierung an der Macht sei, die sich um die Belange des ganzen Volkes kümmere. Gleichzeitig festigte Hitler durch diese Rede sein staatsmännisches Image. Außenpolitisch gab er sich maßvoll und friedliebend; er sprach (an das Ausland gerichtet) von einer gewissenhaften Erfüllung der Verpflichtungen und erweckte in geschickter Weise den Eindruck, dass für den Kanzler Hitler nun *die* demokratischen Spielregeln galten, die der Oppositionspolitiker Hitler in oft krasser Weise verurteilt und höhnisch kommentiert hatte.

„Nun deutsches Volk, gib uns die Zeit von vier Jahren und danach urteile und richte uns!"

„Seine Regierung werde für die Erhaltung und Festigung des Friedens eintreten, ihr aufrichtigster Wunsch sei das Wohl Europas; sie erhoffe, dass eine Beschränkung der Rüstung in der Welt erreicht werden könne."

Der Reichstagsbrand und seine Folgen

Die Ereignisse

In der Ausschaltung der KPD und nach Möglichkeit auch der SPD sah Hitler die Gewähr, die Reichstagswahlen vom 5. März mit absoluter Mehrheit zu gewinnen. Deshalb veranlasste er bereits am **4. Februar** durch eine Notverordnung* (Hindenburgs) **die Einschränkung des Rechts der freien Meinungsäußerung** und **der Presse- und Versammlungsfreiheit**. Der „entscheidende Schlag gegen den Marxismus" war bereits durch entsprechende Gesetzentwürfe vorbereitet, als der **Brand des Reichstages** am Abend des **27. Februar** ihm die Chance bot, sie in die Praxis umzusetzen. In dieser Situation zeigte sich die geschickte Regie der NS-Propaganda. Am frühen Morgen des 1. März verkündeten die Massenmedien dem deutschen Volk, dass ein kommunistischer Aufstand, eingeläutet mit dem Brand des Reichstages, nur durch „eiserne Energie" und durch den „Einsatz der gesamten Machtmittel des Staates" im Keime habe erstickt werden können. Die Behauptung, dass die Gefahr noch nicht vorüber sei, bildete in den folgenden Wochen und Monaten die Grundlage für die **Verfolgung der KPD und anderer politischer Gegner**.

Ihr propagandistisches Ziel erreichte die NSDAP voll und ganz: Einmal konnte sie in dem am Tatort verhafteten Marinus van der Lubbe, der früher einmal der holländischen KP angehört hatte, einen geeigneten Täter präsentieren, zum anderen konnte sie sich in den Augen vieler Bürger als „schnell und energisch zupackend" profilieren.

Plakat der NSDAP zum Reichstagswahlkampf vom 5. 3. 1933

3

Die Reichstagsbrandverordnung

Bereits am Morgen des 28. Februar legte Hitler dem Reichspräsidenten einen der vorgefertigten Gesetzentwürfe vor, der ein für alle Mal mit dem „marxistischen Spuk" aufräumen sollte. Die „Verordnung des Reichspräsidenten zum Schutz von Volk und Staat", wie sie offiziell hieß, beinhaltete „bis auf Weiteres" die Außerkraftsetzung aller durch die Verfassung garantierten Grundrechte.

z. B. Recht der persönlichen Freiheit, der freien Meinungsäußerung, der Presse-, Vereins-, Versammlungsfreiheit; Brief-, Postgeheimnis, Recht auf Eigentum.

Die Bedeutung der Reichstagsbrandverordnung

Formaljuristisch hatten Hindenburg bzw. Hitler den Boden der Verfassung nicht verlassen, denn die Reichstagsbrandverordnung, die Hindenburg zur „Abwehr kommunistischer staatsgefährdender Gewaltakte" erlassen hatte, war ordnungsgemäß und dem Art. 48 entsprechend als Gesetz verkündet worden. Mit Recht wird jedoch in der Fachwissenschaft betont, dass sie als ein entscheidender Schlag gegen die Verfassung zu sehen und zu bewerten ist, zumal ihre Begründung keineswegs stichhaltig, sondern ein propagandistisches Lügenmärchen war. Weder hatte die KPD etwas mit dem Brand zu tun, noch hatte sie einen Aufstand vorbereitet. Auch der Schauprozess gegen van der Lubbe konnte trotz aller Bemühungen einen derartigen Beweis nicht erbringen. Bis heute ist nicht einwandfrei geklärt, ob die Nationalsozialisten nicht selbst den Reichstag in Brand steckten, oder ob van der Lubbe ihnen, wenn auch unbeabsichtigt, in idealer Weise in die Hände spielte. Die Tatsache allerdings, dass noch in der Brandnacht über 4000 Kommunisten und Sozialdemokraten (auch in der „Provinz") festgenommen wurden, spricht für die Planung des Reichstagsbrandes durch die NSDAP. Aus diesem Grund neigen die Historiker mehrheitlich zu der Einschätzung, dass der Brand von NS-Seite geplant und verwirklicht worden ist.

Entscheidend ist, was die Nationalsozialisten aus dem Reichstagsbrand gemacht haben. Die Reichstagsbrandverordnung bildete zusammen mit dem Ermächtigungsgesetz* die wichtigste Grundlage der NS-Herrschaft. Sie schuf, da sie nie rückgängig gemacht wurde, den permanenten Ausnahmezustand und ermöglichte die Zerschlagung der KPD und die Ausschaltung missliebiger linksorientierter Kritiker. Darüber hinaus war sie die Grundlage eines pseudolegalen staatlichen Terrors, der zur Stabilisierung der Macht genutzt wurde.

Tagebucheintragung Goebbels' vom 31.1.1933: „Vorläufig wollen wir von direkten Maßnahmen [„gegen den roten Terror"] absehen. Der bolschewistische Revolutionsversuch muss zuerst einmal aufflammen. Im geeigneten Moment werden wir zuschlagen."[3]

s. S. 34 ff.

Die Reichstagswahlen vom 5. März 1933

In diesem Klima der Rechtsunsicherheit und des offenen Terrors, der sich in erster Linie gegen die KPD richtete, fanden die letzten freien Wahlen in Deutschland statt. Trotz seines Amtsbonus und

Appell der NSDAP an die Wähler: „Wenn HINDENBURG sein Vertrauen ADOLF HITLER schenken kann, dann kannst auch DU es."

der ihm zur Verfügung stehenden Machtmittel, der Ausschaltung bzw. Unterdrückung der Opposition und der Mobilisierung der Wähler (Wahlbeteiligung: 88,8 %) erreichte Hitler sein Ziel der absoluten Mehrheit nicht. Mit 43,9 % der Stimmen für die NSDAP fiel das **Ergebnis** unter diesen Voraussetzungen eher **enttäuschend** aus. Obwohl die NSDAP zusammen mit der DNVP die absolute Mehrheit erreichte (52 %), strebte Hitler sofort die völlige und dauerhafte Ausschaltung des Parlaments an, um seine Ziele und Pläne ungehindert von einer lästigen parlamentarischen Opposition erreichen zu können.

Ergebnis der Wahl:

NSDAP	43,9 %
DNVP	8,1 %
DVP	1,1 %
BVP	2,7 %
Z	11,2 %
DDP	0,9 %
SPD	18,3 %
KPD	12,3 %
Sonstige	1,5 %

Der Tag von Potsdam

Wenige Wochen danach gelang es Hitler, einen bedeutenden Erfolg zu erringen. Als am 21. März der neue Reichstag in der Potsdamer Garnisonskirche (Friedrichs II.) durch einen Staatsakt feierlich eröffnet wurde, tauschte Hindenburg mit Hitler einen Händedruck aus. Die NS-Presse und alle national gesinnten Zeitungen bewerteten diesen Händedruck als die „symbolische **Versöhnung des neuen Deutschlands mit dem alten Preußen**". Deutschland und das Ausland sahen darin die Wandlung Hitlers vom Trommler zum Staatsmann. Vor allem auf die bürgerlichen Parteien in Deutschland machte diese Szene großen Eindruck.

Nach einem Salut intonierte das Glockenspiel der Garnisonskirche „Üb' immer Treu und Redlichkeit".

Was der König eroberte,
der Fürst formte,
der Feldmarschall verteidigte,
rettete und einigte der Soldat.

Postkarte von 1933

Hitler begrüßt Hindenburg zu Potsdam

Mit diesem Staatsakt war eine äußerst werbewirksame Verbindung von Friedrich II. über Hindenburg als Repräsentanten des Kaiserreichs zu Hitler hergestellt. Der Reichskanzler Hitler erschien nun quasi als **Erbe, Sachverwalter und Garant** wieder zu erringender **deutscher Größe**.

3.2 Das Ermächtigungsgesetz

Das Zustandekommen

Unmittelbar nach dem Tag von Potsdam, der Hitler bzw. der „Bewegung" die angestrebte Seriosität gebracht hatte, legte er dem Reichstag das so genannte Ermächtigungsgesetz vor, das die dauerhafte Ausschaltung des Parlamentes bedeutete. Für eine derart tief greifende Veränderung der Verfassung war eine **Zweidrittelmehrheit erforderlich**. Dies machte nach Lage der Dinge die Zustimmung des Zentrums, der Bayerischen Volkspartei (BVP) und der Deutschen Staatspartei (vor 1930: DDP) erforderlich, da die 81 Abgeordneten der KPD verhaftet oder untergetaucht waren und die SPD als ablehnende Partei einkalkuliert werden musste. Im Reichstag prallten die Meinungen und Argumente von Hitler und Otto Wels (Vorsitzender der SPD) aufeinander. Hitler begründete das Gesetz folgendermaßen:

Aus Hitlers Rede zum Ermächtigungsgesetz: „Die Regierung wird dabei nicht von der Absicht getrieben, den Reichstag ... aufzuheben; ... sie behält sich vor ..., wenn zweckmäßig, ... seine Zustimmung einzuholen. ... Weder die Existenz des Reichstages noch des Reichsrates soll dadurch bedroht sein. Die Stellung und Rechte des Herrn Reichspräsidenten bleiben unberührt. ... Der Bestand der Länder wird nicht beseitigt, die Rechte der Kirchen werden nicht geschmälert, ihre Stellung zum Staat nicht geändert."[4]

– Die Regierung muss zur Durchführung wichtiger Maßnahmen absolute Handlungsfreiheit haben.
– Es würde dem Sinn der nationalen Erhebung widersprechen, müsste die Regierung sich von Fall zu Fall die Genehmigung von Reichstag und Reichsrat erhandeln oder erbitten.
– Die Autorität der Regierung würde darunter leiden; Zweifel an ihrer Stabilität könnten entstehen.
– Die Fortführung der bereits eingeleiteten ruhigen Entwicklung mache eine souveräne Stellung der Regierung unumgänglich.
– Dieses Gesetz sollte nur zur Durchführung lebenswichtiger Maßnahmen angewendet werden.
– Die Existenz von Reichstag und Reichsrat sowie die Rechte des Reichspräsidenten würden durch das Gesetz nicht bedroht, die Rechte der Kirche nicht geschmälert, ihre Stellung zum Staat nicht geändert.
– Hitler bekundete seine Entschlossenheit, das Gesetz unter allen Umständen durchzusetzen und schloss mit der unmissverständlichen Drohung: „Mögen Sie, meine Herren, nunmehr selbst die Entscheidung treffen über Frieden und Krieg."

Als Vertreter der einzigen ablehnenden Partei begründete Otto Wels die Haltung der SPD:
– Nach den Verfolgungen der SPD in der letzten Zeit kann niemand erwarten, dass sie zustimmt.
– Die Wahlen vom 5. März haben der Regierungskoalition die Möglichkeit gegeben, streng nach Wortlaut und Sinn der Ver-

fassung zu regieren. Wo diese Möglichkeit besteht, besteht auch die Pflicht.

– Noch niemals, seit es einen deutschen Reichstag gibt, ist die Kontrolle durch die Vertreter des Volkes in einem derartigen Ausmaß ausgeschaltet worden.

– Das Gesetz wird sich umso schwerer auswirken, weil auch die Presse jeder Bewegungsfreiheit entbehrt.

– Die SPD bekennt sich in dieser geschichtlichen Stunde zu den Grundsätzen der Menschlichkeit und Gerechtigkeit, der Freiheit des Sozialismus und spricht Hitler die Berechtigung ab, Ideen, die ewig und unzerstörbar sind, zu vernichten.

Während außerhalb der Kroll-Oper (Berlin), wo der Reichstag provisorisch tagte, die SA und ihr nahe stehende Kampfverbände durch Sprechchöre und rabiates Auftreten eine Atmosphäre des politischen Drucks und der Einschüchterung erzeugten, entschieden sich am 23. März **444 Abgeordnete für** die Annahme des Gesetzes. Mit großem persönlichen Mut stimmten **94** Abgeordnete der SPD trotz der Einschüchterung durch den SA-Ordnungsdienst **gegen das Ermächtigungsgesetz**. Damit hatte Hitler sein Ziel erreicht.

Parole: „Wir wollen das Gesetz, sonst Mord und Totschlag!"

Die Haltung der Mittelparteien

Entscheidend war, dass es Hitler gelang, das Zentrum, die BVP und die Staatspartei von der Lauterkeit seines Vorhabens und der Unabwendbarkeit der Dinge zu überzeugen. Die Zugeständnisse, die Hitler den Parteien im politischen und kirchlichen Bereich machte, führten in erster Linie zu einer Unterstützung des Gesetzes. Andere Faktoren kamen hinzu: Angst vor dem NS-Terror spielte eine Rolle, sowie die Befürchtung, dass Hitler seine Maßnahmen ohnehin durchsetzen werde. Innerhalb der Zentrums-Partei hoffte man, dass man Hitler durch gewisse Zugeständnisse von einer völligen Willkürherrschaft abhalten könne. Dies waren allerdings sehr vage Hoffnungen. Dass gegenüber einem totalitären Regime, einem skrupellosen Politiker wie Hitler keinerlei Mitbestimmung, keinerlei Kontrolle, sondern nur Unterwerfung oder Widerstand möglich war, konnten die Parteien aufgrund ihrer fehlenden Erfahrung nicht wissen. Der Vorwurf, dass die Befürworter dieses Gesetzes sich sehenden Auges selbst entmachteten und Hitler damit alle Macht in die Hände legten, wird durch dieses Argument jedoch nicht entkräftet.

Viele Mitglieder der BVP und des Z ließen sich auch von Punkt 24 des NSDAP-Programms beeinflussen: „Die Partei als solche vertritt den Standpunkt eines positiven Christentums."

3

Inhalt und Bedeutung

Das „**Gesetz zur Behebung der Not von Volk und Reich**", wie das Ermächtigungsgesetz, das bereits am 24. März in Kraft trat, euphorisch hieß, bestand aus fünf Artikeln:

Art. 1: Reichsgesetze können neben der in der Verfassung vorgeschriebenen Weise auch durch die Regierung beschlossen werden.

Art. 2: Derart beschlossene Gesetze können von der Verfassung abweichen, soweit sie sich nicht gegen Reichstag, Reichsrat und die Rechte des Reichspräsidenten richten.

Art. 3: Die so beschlossenen Gesetze werden vom Reichskanzler ausgefertigt und im Reichsgesetzblatt verkündet.

Art. 4: Verträge des Reichs mit fremden Staaten … bedürfen nicht der Zustimmung der an der Gesetzgebung normalerweise beteiligten Körperschaften.

Art. 5: Die Geltungsdauer dieses Gesetzes beträgt 4 Jahre bzw. wird ungültig, wenn die derzeitige Regierung von einer anderen abgelöst wird.

Es wurde 1937 und 1939 durch den NS-Reichstag und 1943 durch Führererlass verlängert.

Nach NS-Ansicht war der Reichstag ohnehin nur dazu da, „die politische Übereinstimmung von Volk und Regierung zum Ausdruck zu bringen".

Die **Reichstagsbrandverordnung** und das **Ermächtigungsgesetz** verschafften den Nationalsozialisten die „legale" Möglichkeit, überall dort die verfassungsmäßige Ordnung der Weimarer Republik zu umgehen oder auszuhöhlen, wo es ihnen zweckmäßig erschien. Beide Gesetze sind zusammen die **Grundlage und Voraussetzung der NS-Diktatur**. Da die bisherige Verfassung ausdrücklich nie beseitigt wurde, spricht die Fachliteratur von einem **Doppelstaat**. Dieser Begriff beinhaltet das Nebeneinander eines „Normenstaates", der die vorhandenen oder von ihm geschaffenen Gesetze in der Regel respektierte und eines „Maßnahmenstaates", der die gleichen Gesetze durch gesetzlich nicht begründete Maßnahmen umging und missachtete. Damit war die Rechtsstaatlichkeit nicht mehr gewährleistet und das Dritte Reich erhielt seine spezifische politisch-rechtliche Struktur.

3.3 Erwerb und Sicherung der Macht durch Ausschaltung

Nach der Annahme des Ermächtigungsgesetzes wurden im Wesentlichen **drei Methoden** angewandt, um die gesamte Macht möglichst schnell zu gewinnen:

– Die **Ausschaltung** von Parteien, Gewerkschaften und von politischen Gegnern allgemein.

– Die **Gleichschaltung*** politischer und gesellschaftlicher Institutionen.
– Die **Überwachung und permanente, massive Beeinflussung** (= Indoktrination*) des gesamten Volkes.

Die Ausschaltung der KPD

Die Reichstagsbrandverordnung verbot die Tätigkeit kommunistischer Abgeordneter und Funktionäre. Diejenigen, die sich der Verhaftung nach dem 28. Februar entziehen konnten, gingen in den Untergrund oder stellten ihre Arbeit ein. Unmittelbar nach den Reichstagswahlen vom 5. März 1933, bei denen die KPD trotz größter Behinderungen 12,3 % erreichte, wurde sie verboten. Die Einziehung ihres Vermögens am **26. Mai 1933** dokumentiert rein äußerlich das **Ende der Partei**.

Die Gewerkschaften

Nachdem die Nationalsozialisten den 1. Mai zum „Tag der nationalen Arbeit" erklärt und ihn wiederum unter Einbeziehung der Person Hindenburgs mit großem propagandistischen Aufwand begangen hatten, besetzten sie am folgenden Tage die Gewerkschaftshäuser, verhafteten zahlreiche Funktionäre, bedrohten andere und beschlagnahmten schließlich das gesamte Gewerkschaftsvermögen. Gleichzeitig trat an die Stelle der Gewerkschaften, allerdings mit völlig anderer Zielsetzung, die **Deutsche Arbeitsfront*** (DAF) unter der Leitung von Robert Ley. Sie nahm sowohl die Arbeitnehmer als auch die Arbeitgeber auf, wobei beiden Gruppen keine Entscheidungsfreiheit blieb. Sie drängte durch intensive Propaganda und Schulung die Vorstellungen vom Klassenkampf zugunsten einer „Volksgemeinschaft", in der alle an einem Strick zu ziehen hätten, zurück (Motto: „Volksgemeinschaft statt Klassenkampf!"). Auf diese Weise strebte die NS-Führung eine Steigerung der Arbeits- und Produktionsfähigkeit und der Kontrolle der Wirtschaft an. Da die DAF ihre Mitglieder auch betreute und die sozialen Leistungen und Einrichtungen verbesserte, wurde sie von der Mehrheit der Betroffenen nach einer Übergangsphase durchaus positiv bewertet.

Goebbels am 17. 4. 1933: „Den 1. Mai werden wir zu einer grandiosen Demonstration deutschen Volkswillens gestalten. Am 2. Mai werden dann die Gewerkschaftshäuser besetzt. Gleichschaltung auch auf diesem Gebiet. ... Sind die Gewerkschaften in unserer Hand, dann werden sich auch die anderen Parteien und Organisationen nicht mehr lange halten können."[5]

Weitere Organisationen, die gleichgeschaltet wurden:
– Deutscher Städtetag
– Kommunale Gremien
– Reichslandbund (Landwirtschaft)
– Industrie, Handelskammern
– Berufsvertretungen

3

Mitglieder:
1934: 14 Mio.
1942: 25 Mio., davon 40000
hauptamtliche Mitar-
beiter

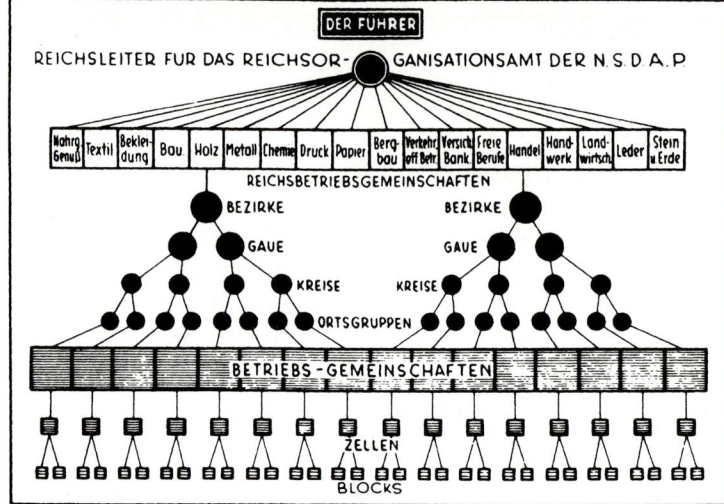

Die deutsche Arbeitsfront

Die deutsche Arbeitsfront

Die SPD

Nach der Ausschaltung der KPD und der Gewerkschaften ging die NSDAP daran, „mit der SPD abzurechnen", um den „Marxismus endgültig mit Stumpf und Stiel auszurotten". Mit allen Mitteln wurde gegen SPD-Mitglieder rigoros vorgegangen, so dass sich das Ende der Partei zwangsläufig ergab:

– **Anfang Mai** veranlasste Göring in Preußen die **Beschlagnahmung des Vermögens** der Partei, ihrer Parteieinrichtungen und Presseorgane.

17.5.1933

– Auch die Zustimmung der Mehrheit der SPD-Parlamentarier (nach heftigen internen Kämpfen) zur Außenpolitik Hitlers verschaffte der Partei keinen Aufschub, zumal sie auch aufgrund der Gleichschaltung und Säuberung der Beamtenschaft immer mehr zerfiel. Da namhafte SPD-Politiker bereits ins Exil gegangen waren und sich Teile des Parteivorstandes in das von Frankreich besetzte Saarland zurückgezogen hatten, geriet die Partei unter dem Trommelfeuer der NS-Propaganda immer mehr in den Geruch eines „Staats- und Volksfeindes".

Die NS-Rechtsprechung definierte diesen Begriff in Anbetracht der Umstände zynisch als staatlichen Schutz der Inhaftierten vor dem (gerechten) Volkszorn.

– Am **22. Juni** 1933 erließ Innenminister Frick eine Reihe von Maßnahmen, die praktisch das **Ende der Partei** bedeuteten: Alle SPD-Mandatsträger wurden aus Volksvertretungen ausgeschlossen, verhaftet bzw. wie es offiziell hieß in „Schutzhaft"* genommen. Versammlungen und publizistische Veröffentlichungen wurden verboten, das Vermögen der Partei beschlagnahmt. Damit galt der „Marxismus auf deutschem Boden" als „ausgerottet".

Die anderen Parteien

Zur Ausschaltung der anderen Parteien war weniger Druck nötig. Nach dem Ermächtigungsgesetz hatten sich ihre Reihen ohnehin gelichtet. Dies war in erster Linie auf die gesamtpolitische Atmosphäre zurückzuführen: Auf die Machtlosigkeit der Parteien, ihre offensichtliche Ohnmacht gegenüber der NSDAP, der resignierten Erkenntnis, dass in der „neuen Zeit" die „alten, abgewirtschafteten Parteien" überflüssig seien und auf die massive Beeinflussung einzelner Politiker durch Drohungen und politischen Druck. Auch die **Deutschnationale Volkspartei** (DNVP), die sich inzwischen in „Deutschnationale Front" umbenannt hatte, wurde nicht verschont. Daran änderte auch ihre Unterstützung der NSDAP in den vergangenen Monaten nichts. Gleichschaltung und Säuberung hatten zwar die Position der NSDAP maßgeblich verstärkt, der DNVP jedoch keine Gewinne gebracht. Die der DNVP nahe stehende paramilitärische Kampforganisation „Stahlhelm" unter Reichsarbeitsminister Franz Seldte hatte sich bereits Ende April freiwillig Hitler unterstellt und war der NSDAP beigetreten. Als sich die Unterdrückungsmaßnahmen gegen die DNVP häuften und weder Hugenbergs Beschwerden bei Hindenburg noch seine Hinweise auf die alte „Mitkämpferschaft" bei Hitler etwas bewirkten, resignierte er und trat am **27. Juni** von allen seinen Ämtern zurück, die sofort mit Nationalsozialisten besetzt wurden. Noch am selben Tage löste sich die **DNVP** auf. Am **28. Juni** entschloss sich die **Deutsche Staatspartei** zur „freiwilligen" Selbstauflösung, am **4. Juli** die **Deutsche Volkspartei** (DVP) und die **Bayerische Volkspartei** (BVP). Am meisten Durchhaltewillen zeigte das **Zentrum**, das als „ehrlicher Aufbaupartner" die NSDAP zu unterstützen gedacht. Das Ende der Partei kam auch in diesem Falle mehr von innen als von außen. Der vorletzte Vorsitzende der Partei, Prälat Kaas, betrieb die Annäherung des Vatikans an das Deutsche Reich und erreichte schließlich ein Konkordat*. Darin opferte der Vatikan das Zentrum als politische Kraft durch das Zugeständnis an Hitler, dass sich die katholische Kirche auf die Seelsorge zurückziehen werde. Daraufhin verkündete der letzte Vorsitzende der Partei, Heinrich Brüning, am **5. Juli** enttäuscht die Selbstauflösung der Partei.

Der Vorsitzende der DVP Dingeldey unmittelbar vor der Auflösung: „Mit dem Wesen des jetzigen Staates sind Parteien im alten Sinne nicht mehr vereinbar." [6]

Erklärung der Deutschnationalen Front vom 27.6.1933: „In vollem Einvernehmen mit dem Reichskanzler und in der Erkenntnis der Tatsache, dass der Parteienstaat überwunden ist, hat die Deutschnationale Front heute ihre Auflösung beschlossen." [7]

Erklärung der Zentrumspartei vom 5.7.1933: „Die politische Umwälzung hat das deutsche Staatsleben auf eine völlig neue Grundlage gestellt, die für eine bis vor kurzem mögliche politische Betätigung keinen Raum mehr lässt. Die deutsche Zentrumspartei löst sich daher im Einvernehmen mit dem Herrn Reichskanzler Hitler mit sofortiger Wirkung auf." [8]

Die NSDAP wird Staatspartei

Hitler an die Reichsstatthalter am 6.7.1933: „Die politischen Parteien sind jetzt endgültig beseitigt. … Wir müssen jetzt die Überreste der Demokratie beseitigen, insbesondere auch die Methoden der Abstimmung und der Mehrheitsbeschlüsse."[9]

Seit dem 5. Juli 1933 existierte nur noch eine Partei, die NSDAP. Im Reichstag gab es dementsprechend nur eine Fraktion und einige „Hospitanten" des Zentrums und der Deutschnationalen Front. Doch auch dieser Zustand währte nicht lange. Das „**Gesetz gegen die Neubildung von Parteien**" vom 14.7.1933 schloss die Ausschaltung der Parteien ab. Es erklärte die NSDAP zur einzigen legalen Partei und stellte jeden Versuch, den „organisierten Zusammenhalt" anderer Parteien „aufrecht zu erhalten" oder „eine neue politische Partei zu bilden" unter Strafe. Anfang Dezember 1933 wurde per Gesetz die Einheit von Partei und Staat erklärt und die NSDAP damit offiziell zum „**einzigen politischen** Willensträger" der Nation gemacht. Es war, wie Hitler vor den Reichsstatthaltern erklärte, „die Partei jetzt der Staat geworden". Damit war Deutschland, wie das faschistische Italien und die kommunistische Sowjetunion, ein Einparteienstaat, die **NSDAP** die **Staatspartei**.

Die Ausschaltung der SA durch den „Röhm-Putsch"

Sturmabteilung
SA

Sturmabteilung (SA)

z.B. durch die Ernennung Röhms zum Reichsminister (ohne Geschäftsbereich) im Dezember 1933

Gründe:

Seit der Machtüberlassung hatte sich ein innerparteiliches Problem immer stärker entwickelt und begann, die Einheit der „Bewegung" zu bedrohen: Die SA, die in den Zwanziger- und Dreißigerjahren Hitler den Weg geebnet hatte, fühlte sich nicht entsprechend honoriert. Dieses Gefühl wurde durch den überproportional hohen Prozentsatz an Arbeitslosen in der SA noch verstärkt. Ihr Stabschef Ernst Röhm forderte eine zweite Revolution. Sie sollte der SA den ihr zustehenden Stellenwert im neuen Staat bringen. Insbesondere ging es **Röhm** um die Aufwertung der SA gegenüber der Reichswehr und um die Verschmelzung beider zu einem **Volksheer** unter seiner Führung. Hitler erkannte die Chance, beide Gruppen gegeneinander auszuspielen. Er bevorzugte die Reichswehr bei der Schaffung einer militärisch hoch qualifizierten Armee, die zur Grundlage seiner aggressiven, expansionistischen Außenpolitik werden sollte, wertete jedoch gleichzeitig die SA, die im Juni 1934 4,5 Mio. Mitglieder hatte, durch verschiedene Maßnahmen auf, ohne dass sie dadurch zufrieden gestellt worden wäre. Der „Unsicherheitsfaktor SA" und das Drängen der innerparteilichen Opposition gegen die SA (Himmler*, Heydrich*, Göring) stärkten Hitlers Absicht, die **SA** als **potenziell gefährlichen Machtfaktor** auszuschalten.

Die Ausschaltung:

Am **30. Juni 1934** wurden die Spitzenfunktionäre der SA von Hitlers Leibstandarte, also SS-Leuten, in seiner Gegenwart in **Bad Wiessee** zum Teil sofort ermordet, zum Teil verhaftet. Dorthin hatte Hitler Röhm beordert, um angeblich dringliche Probleme zu besprechen. Am folgenden Tage erfasste eine **Säuberungswelle** alle höheren Funktionäre im ganzen Reich. Sie wurden ebenso wie Röhm ohne Gerichtsverfahren verurteilt und zwischen dem 30. Juni und 2. Juli hingerichtet. Die Ermordung Röhms wurde mit einem angeblichen Putschversuch und mit seinen längst bekannten homosexuellen Neigungen begründet. Konkrete Beweise für einen Putschversuch konnten allerdings nicht vorgelegt werden. Gleichzeitig nutzte Hitler die günstige Gelegenheit und rechnete auch mit unliebsamen Gegnern außerhalb der SA ab. Zu den Leidtragenden des Röhm-Putsches gehören deshalb von Kahr („der Verräter von München") und General von Schleicher. Auch der „Papen-Laden" wurde bei dieser Gelegenheit „ausgehoben", dem Vizekanzler nahe stehende Politiker und Beamte meist „auf der Flucht erschossen".

Bedeutung:

Hitler belohnte die SS, die ebenso wie die Reichswehr von der Ausschaltung der **SA** profitierte, damit, dass er ihre Abhängigkeit von der SA aufhob und sie sich direkt unterstellte. Die SA blieb von nun an eine **politisch bedeutungslose Massenorganisation**, die sich vor allem der vor- und nachmilitärischen Wehrerziehung widmete. Die Bedeutung des Röhm-Putsches besteht neben der Ausschaltung der SA vor allem in der Rechtfertigung des Vorgehens gegen sie: Das am 3. Juli erlassene **„Gesetz über Maßnahmen der Staatsnotwehr"**, bestehend aus nur einem Artikel, stellt lapidar fest: „Die zur Niederschlagung hoch- und landesverräterischer Angriffe am 30. Juni, 1. und 2. Juli vollzogenen Maßnahmen sind als Staatsnotwehr rechtens". In seiner Rechtfertigungsrede vor dem Reichstag begründete Hitler die Notwendigkeit seines „blitzschnellen Vorgehens" damit, dass er „in dieser Stunde verantwortlich war für das Schicksal der deutschen Nation". Dadurch sei er des „deutschen Volkes oberster Gerichtsherr" geworden. Auf diese Weise usurpierte Hitler, von der NS-Propaganda und der Mehrheit der Justiz unterstützt, nun auch die Rechtsprechung. Dies bedeutete die Vereinigung der Exekutive (30. 1.), der Legislative (24.3.) und nun auch der Judikative in einer Hand. Der Übergang von der Demokratie zur Diktatur war abgeschlossen, die Willkür des Diktators wurde von jetzt an zum Gesetz erhoben.

Noch am 21.1.1934 hatte Hitler im „Völkischen Beobachter" seinem „lieben Ernst Röhm" für die unvergänglichen Verdienste gedankt, die er der NS-Bewegung erwiesen hatte, und ihm versichert, wie sehr er dem Schicksal dankbar sei, ihn zum Freund zu haben.

Sogar Hindenburg sandte Hitler ein Danktelegramm für die Abwendung des Bürgerkrieges.

nachträgliche Gesetzgebung

Hitler vor dem Reichstag (13.7.1934): „Meutereien bricht man nach ewiggleichen eisernen Gesetzen. Wenn mir jemand den Vorwurf entgegenhält, weshalb wir nicht die ordentlichen Gerichte zur Aburteilung herangezogen hätten, dann kann ich ihm nur sagen: In dieser Stunde war ich verantwortlich für das Schicksal der deutschen Nation und damit des deutschen Volkes oberster Gerichtsherr." [10]

3.4 Erwerb und Sicherung der Macht durch Gleichschaltung

Die Länder

Unter dem Vorwand, das Reich zu vereinheitlichen, erfolgte im März und April 1933 die **Gleichschaltung der Länder**. Zunächst bestimmte das **„Erste Gesetz zur Gleichschaltung der Länder mit dem Reich"**, dass der Anteil der NSDAP und der DNVP in den Ländern und Kommunen entsprechend dem Wahlergebnis vom 5. März auf 43,9 bzw. 8,1 % erhöht wurde. Dieses Vorgehen, das der NSDAP schlagartig die Macht in allen Volksvertretungen brachte, hatte den **Charakter eines Staatsstreiches***.

31. 3. 1933

Für die KPD bedeutete dieses Gesetz nach ihrem Verbot nun auch die Ausschaltung ihrer Mandatsträger in allen Volksvertretungen.

„Zweites Gesetz zur Gleichschaltung der Länder mit dem Reich" (7. 4. 1933)

Zwei Tage nach dieser Maßnahme übernahmen zunächst Reichskommissare die Führung in den Ländern und wenige Wochen später traten aufgrund eines weiteren Gleichschaltungsgesetzes in den Ländern mit Ausnahme Preußens Reichsstatthalter mit umfassenden Kompetenzen an ihre Stelle. Diese ernannten von jetzt an die **Länderregierungen**, die nur noch **reine Verwaltungsorgane ohne politische Entscheidungsgewalt** waren.

In Preußen übernahm Göring am 11. April das Amt des Ministerpräsidenten, nachdem von Papen unter dem Druck der Verhältnisse darauf verzichtet hatte.
Am **30. Januar 1934** schließlich, genau ein Jahr nach der Machtüberlassung, legte ein einstimmiger Reichstagsbeschluss die **Auflösung der Landtage** fest und die Übertragung ihrer Hoheitsrechte an das Reich. Ebenso wie in den anderen staatlichen Bereichen Polizei, Heer und Justiz wurden auch hier die alten Institutionen nicht völlig offiziell beseitigt. Sie wurden gleich- und damit in ihrer politischen Bedeutung ausgeschaltet, bestanden jedoch formal weiter.

Den Schlusspunkt unter diese Entwicklung setzte am **14. Februar 1934** die **Aufhebung des** inzwischen nutzlos gewordenen **Reichsrates.** Damit verstieß Hitler, ohne dass sich nennenswerter Protest erhoben hätte, erstmalig in eklatanter Weise gegen das Ermächtigungsgesetz.

Die Verwaltung

Bei der Beamtenschaft muss in diesem Zusammenhang von einer „Säuberung" gesprochen werden. **Grundlage** hierfür wurde das **„Gesetz zur Wiederherstellung des Berufsbeamtentums"**. Danach genügte bereits schon fehlendes Engagement für die „Bewegung" als Entlassungsgrund. Nichtarische Beamte wurden pensioniert, solche, „die durch ihre bisherige politische Betätigung nicht die Gewähr dafür bieten, dass sie jederzeit rückhaltlos für den nationalsozialistischen Staat eintreten", wurden ohne Formalitäten entlassen. An die Stelle der als „unzuverlässig" eingestuften und entlassenen Beamten traten bis auf Gemeindeebene hinab Beamte, die sich aus Überzeugung, Opportunismus oder wirtschaftlichen Überlegungen mit der „nationalen Erhebung" identifizierten. Das **Parteibuch** war nun das **entscheidende Kriterium** für Berufung und Beförderung.

7.4.1933

Mit dieser Begründung wurden allein in Preußen bis 1937 ca. 25 % der höheren Beamten entlassen.

Die Justiz

Auch in diesem Bereich wurde eine umfassende Säuberung durchgeführt. Entscheidend war hier jedoch die **tief greifende Veränderung der Rechtsgrundlagen**. Das öffentliche Recht sowie die Ahndung politischer Vergehen und Verbrechen wurde durch Sondererlasse und Sondergerichte dem normalen Rechtsgang fast völlig entzogen. 1934 wurde als Reaktion auf den für die NSDAP unbefriedigenden Reichstagsbrandprozess der **Volksgerichtshof** per Gesetz geschaffen, der schwere politische Straftaten (Hoch-, Landesverrat, Wehrkraftzersetzung, Spionage, Beschädigung von Wehrmachtseigentum etc.) ahndete. Nur 12 seiner insgesamt 30 Richter mussten Berufsrichter sein, die restlichen Mitglieder waren fanatische, absolut skrupellose Nationalsozialisten. Da die Mitglieder dieses Gerichtes ausschließlich von Hitler ernannt wurden, fungierte der Volksgerichtshof vor allem unter seinem Präsidenten Roland Freisler (August 1942 bis Februar 1945) als NS-Terrorinstrument zur Vernichtung politischer Gegner. Bei der Gleichschaltung der Justiz wurde die gleiche Taktik angewandt. Die bisherigen Institutionen wurden keineswegs beseitigt, vielmehr ihrer wesentlichen Kompetenzen beraubt. Diese gingen an neu gegründete, direkt der Partei unterstehende Einrichtungen. Damit wurde der wichtige Teil der Justiz zum reinen **Werkzeug des Führers** und übte unter dem Deckmantel der **Pseudorechtlichkeit** eine politische Funktion in „justizförmiger Prozedur" aus.

Erste Sondergerichte wurden am 21.3.1933 geschaffen.

90 % aller Urteile Freislers endeten mit der Todesstrafe oder mit lebenslangem Zuchthaus. Insgesamt verhängte der Volksgerichtshof 4951 Todesurteile.

Die Polizei

Die Gleichschaltung der Polizei verlief nach demselben Muster. Die polizeilichen Institutionen mussten in wichtigen Belangen Kompetenzen an neu gegründete Parteiinstitutionen abgeben. Zu ihnen gehörten als wichtigste die **Geheime Staatspolizei*** (Gestapo), die die Verfolgung, Untersuchung und Bestrafung politischer „Straftaten" an sich zog und der **Sicherheitsdienst*** (SD) der SS, der für die Überwachung und Bespitzelung zuständig war. Beide waren Hitler direkt unterstellt und nicht an die normale Rechtsprechung gebunden. Sie erhielten nahezu **unbegrenzte Kompetenzen** durch den Führerauftrag. Die Gestapo z. B. wandte in einem rechtsfreien Raum **brutale Methoden** an (körperliche Misshandlung, Folter, KZ-Einweisung, verfahrenslose Hinrichtung) und griff bei zu milden Urteilen durch Festnahmen und Einweisungen in ein Konzentrationslager „korrigierend" ein. Deshalb verhängte die Justiz oft schon *die* Strafen, die von der Gestapo erwartet wurden. Mit der Gleichschaltung der Polizei war eine weitere, wesentliche Voraussetzung für den Führerstaat geschaffen.

In den Nürnberger Prozessen wurde die Gestapo 1946 als verbrecherische Organisation eingestuft.

Die Reichswehr

Als problematisch erwies sich in den Augen Hitlers die politische Einstellung der Reichswehr zum neuen Staat. Sie billigte zwar weitgehend die nationalen Ziele Hitlers und sein energisches Vorgehen, doch war vielen hohen Offizieren der „österreichische Gefreite" reichlich suspekt. Auch die Befürchtung, durch die Verschmelzung mit der als pöbelhaften Schlägertruppe angesehenen SA an Bedeutung zu verlieren, hielt die Reichswehr auf Distanz. An dieser Haltung änderte sich auch durch die **Neubesetzung der führenden Stellen** nach dem 30. Januar 1933 nicht viel. Zwar unterstützten General von Blomberg als Reichswehrminister und Oberst von Reichenau als Chef des Ministeramtes Hitler von Anfang an, doch hatte dies keine Auswirkung auf die Einstellung der Mehrheit der hohen Offiziere. Das Verhältnis der Reichswehr zum Nationalsozialismus und zu Hitler änderte sich erst nach dem Röhm-Putsch, der Ausschaltung der SA und der **Vereidigung** der gesamten Reichswehr **auf Hitler**. Nun waren alle Soldaten durch ihren Eid nicht mehr ans Vaterland oder die Verfassung, sondern auf Gedeih und Verderb an die Person Hitlers gebunden.

v. Blomberg in der Befehlshaberbesprechung vom 1.6.1933: „Jetzt ist das Unpolitischsein vorbei, und es bleibt nur eins: der nationalsozialistischen Regierung in voller Hingabe zu dienen."[11]

seit 2.8.1934

Die Gleichschaltung von Berufsverbänden

Auch in diesem Bereich erzielte die NSDAP die gewünschte „Vereinheitlichung" durch die **Schaffung neuer Parteiorganisationen**. So mussten sich die Angehörigen der verschiedenen Berufsgruppen in NS-Bünden organisieren, wenn sie nicht erhebliche berufliche Benachteiligungen bis hin zum Arbeitsverbot in Kauf nehmen wollten.

z.B. NS-Ärztebund, NS-Lehrerbund, NS-Bund Deutscher Techniker, NS-Rechtswahrerbund etc.

Die Gleichschaltung von Rundfunk, Presse, Erziehung und Kultur

Die Lenkung und Überwachung von Presse und Rundfunk war bereits im Sommer 1933 gesichert und wurde durch weitere Maßnahmen im Bereich der Kultur und Erziehung ergänzt. Damit existierte, wie Goebbels es formulierte, ein „Instrumentarium für alle Aufgaben der geistigen Einwirkung auf die Nation, der Werbung für Staat, Kultur und Wirtschaft".

Vor allem die Schaffung der **Reichskulturkammer**, die Goebbels unterstand, diente der Propagierung und Förderung einer Kultur, in deren Mittelpunkt das „gesunde Volksempfinden" und die Verfolgung und „Ausmerzung entarteter Kunst" stand. Damit blieb allen regimekritischen Journalisten, Literaten und Künstlern nur die Wahl zwischen Anpassung, Verfolgung oder Exil.

Auch die Erziehung und **massive** weltanschaulich-politische **Beeinflussung der Jugend** wurde vereinheitlicht. Das Ziel bestand vor allem darin, die Jugendlichen frühzeitig aus der familiären Einflusssphäre herauszulösen, um sie in Partei- bzw. staatlichen Institutionen rechtzeitig im Sinne der „nationalen Erhebung" und des „gesunden Volkstums" zu erziehen.

Goebbels über die Grundsätze der Propaganda (1933): „Propaganda und abgestufte Gewaltanwendung [müssen] in ganz besonders kluger Form zusammenwirken. Sie sind niemals absolute Gegenpole. Die Gewaltanwendung kann ein Teil der Propaganda sein. Dazwischen gibt es alle Arten der wirksamen Beeinflussung von Menschen und Massen, angefangen von der blitzartigen Erregung von Aufmerksamkeit, der gütlichen Überredung des Einzelnen bis zur trommelnden Massenpropaganda …"[12]

Das Ende der „nationalen Revolution"

Der Ausbau der Macht bzw. die „nationale Revolution" wurde abgeschlossen mit der Vereinigung des Amtes des Reichspräsidenten mit dem des Reichskanzlers nach Hindenburgs Tod am 2.8.1934. Das hierfür erforderliche „**Gesetz über das Staatsoberhaupt des Deutschen Reichs**" (vom 1.8.1934), das in krassem Gegensatz zum Ermächtigungsgesetz stand, wurde bereits zu Lebzeiten Hindenburgs entworfen und trat unmittelbar nach seinem Tod in Kraft. Es bestimmte die Übertragung der „bisherigen Machtbefugnisse des Reichspräsidenten auf den Führer und Reichskanzler Adolf Hitler". Damit wurde **Hitler**, der von nun an den Titel **„Führer und Reichskanzler"** führte, auch automatisch Oberbefehlshaber. Dass Hitler den Titel „Reichspräsident" durch „Führer" ersetzte, machte deutlich, woher er in erster Linie die Legitimation für sein Handeln ableitete. Er erhob dadurch den Anspruch, nicht nur aufgrund staatlicher Amtsgewalt zu handeln (Reichskanzler), sondern „aufgrund jener vor- und außerstaatlichen Legitimation, die der Bezeichnung ‚Der Führer' unterlegt wurde: seine geschichtliche Sendung, die Manifestation des Lebensgesetzes des deutschen Volkes im Führerwillen, das Getragensein von der verschworenen Gemeinschaft der nationalsozialistischen Bewegung"[13]. Auf diese Weise trat die Staatsgewalt gegenüber der Führergewalt in den Hintergrund. Die **Vereinigung beider Ämter** bildete den **Abschluss der „nationalen Revolution"**. Jetzt, so erklärte Hitler in einem Aufruf an das Volk, befinde sich das gesamte Reich in der Hand der NSDAP.

Vom Verfassungsstaat zum totalitären Staat

Mit dem 2. August 1934 war die Entwicklung zum totalitären Staat in den Grundzügen abgeschlossen. Sie hatte zur Aushöhlung, zur weitgehenden Außerkraftsetzung der Verfassung *durch* die Verfassung geführt. Die (Weimarer Reichs-)**Verfassung**, die offiziell bis zum Ende des Dritten Reiches fortbestand, war nun nur noch Mittel zum Zweck: Sie vermittelte dem In- und Ausland den Anschein der Legalität und bildete damit die Fassade, hinter der die Führung des Dritten Reiches ihre Ziele anstrebte. Gleichzeitig konnten die staatlichen Institutionen (Polizei, Verwaltung, Justiz) durchaus „legal" für die eigene Politik eingesetzt werden. Folgende konkrete Veränderungen hatten den totalitären Staat bewirkt:

Das Volk:

seit 28.2.1933

31.3.1933 – 2.8.1934

14.7.1934

- Einschränkung der verfassungsmäßigen Grundrechte durch die Reichstagsbrandverordnung;
- Aufhebung der Wahlen für die Landtage, den Reichstag und das Amt des Reichspräsidenten;
- Ersatz der Wahlen durch gelenkte Volksabstimmungen, die völlig ins Belieben der Reichsregierung gestellt sind.

Die Landtage, Länderregierungen und der Reichsrat:
- Beseitigung der 18 Landtage durch die Gleichschaltung der Länder mit dem Reich;   *31.3.1933*
- Umwandlung der Länderregierungen von politischen Entscheidungsträgern zu reinen Verwaltungsinstanzen;   *7.4.1933*
- Auflösung der Länder;   *30.1.1934*
- Aufhebung des Reichsrates.   *14.2.1934*

Die Parteien, der Reichstag:
- Massives Vorgehen gegen KPD, SPD;   *seit 28.2.1933*
- Verbot bzw. Selbstauflösung der Parteien;   *5.3.–5.7.1933*
- Etablierung der NSDAP als einzige Partei im Reichstag.   *14.7.1933*

Der Reichspräsident:
- Beseitigung der Funktion per Gesetz und   *1.8.1934*
- Vereinigung beider Ämter (Reichspräsident und Reichskanzler) mit dem Titel „Führer und Reichskanzler".

Gewaltenkonzentration:
- Erlangung der Exekutive;   *30.1.1933*
- Legislative durch das Ermächtigungsgesetz;   *24.3.1933*
- Judikative: Hitler setzt als „oberster Gerichtsherr" verbindliche Rechtsnormen. Einführung von Sonderrecht, Sondergerichten, z. B. des Volksgerichtshofes.   *seit 3.7.1934*
- Grundlage der Exekutive, der Legislative und der Judikative ist seitdem allein der Führerwille.

Zusammenfassung

Ausbau der Herrschaft zum totalitären Staat

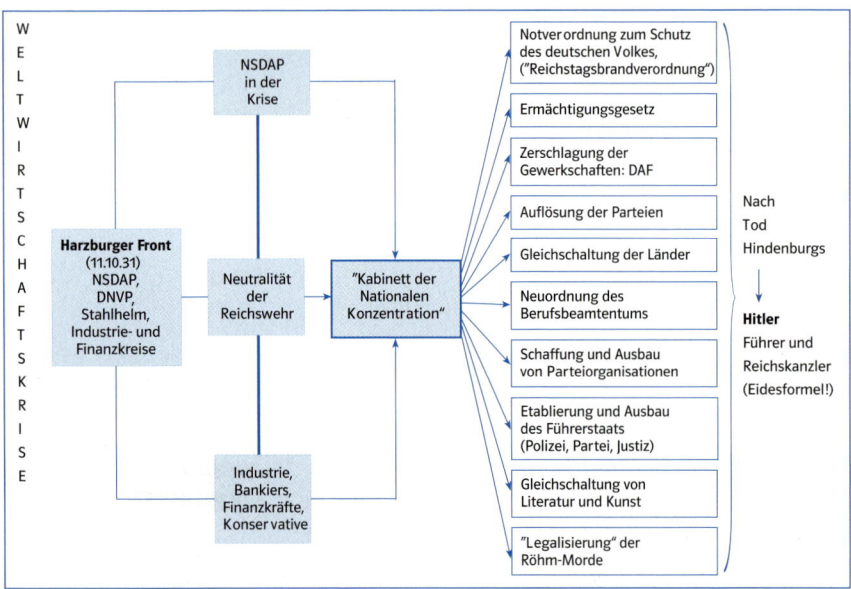

Unmittelbar nach dem 30.1.1933 ging Hitler an den systematischen Ausbau der Macht. Entscheidende Bedeutung hierfür hatten zwei Gesetze. Die Reichstagsbrandverordnung vom 28.2.1933 setzte die Grundrechte „bis auf Weiteres" außer Kraft, schuf den permanenten Ausnahmezustand, ermöglichte den pseudolegalen Terror und die rigorose Verfolgung bzw. Ausschaltung politischer Gegner, zunächst der KPD. Die Annahme des Ermächtigungsgesetzes mit der nötigen 2/3-Mehrheit erreichte Hitler am 24.3.1933, weil alle Parteien außer der SPD (und der inzwischen verbotenen KPD) aus Angst vor dem „braunen Terror" oder aus Resignation zustimmten. Das Ermächtigungsgesetz gab Hitler als Reichskanzler das Recht, Gesetze zu erlassen und zwar auch solche, die von der Verfassung abwichen. Damit hatte der Reichstag sich selbst ausgeschaltet und Hitler die „legale" Möglichkeit gegeben, die Verfassung zu umgehen bzw. auszuhöhlen.

Die umfassende politische Macht erwarb und sicherte sich Hitler durch drei Methoden: Erstens durch Ausschaltung (Parteien, Gewerkschaften, politische Gegner); zweitens durch Gleichschaltung (Länder, Verwaltung, Justiz, Polizei, Reichswehr, Berufsverbände, Rundfunk, Presse, Erziehung und Kultur) und drittens durch Überwachung und Beeinflussung der gesamten Bevölkerung. Mit dem Tode Hindenburgs vereinigte Hitler die Ämter des Reichspräsidenten und des Reichskanzlers in seiner Hand (2.8.1934) und nannte sich „Führer und Reichskanzler". Da nach der Niederschlagung des angeblichen Röhm-Putsches (Ende Juni/Anfang Juli 1934) Hitler auch die Judikative an sich gezogen, damit die drei Gewalten in seiner Hand vereinigt und die Diktatur vollendet hatte, markierte der 2.8.1934 nicht nur den Abschluss der „nationalen Revolution", sondern vielmehr den Beginn des totalitären Staates, in dem allein der Führerwille Gesetz war.

Nationalsozialistische Publikationen bzw. Plakate

4.1 Allgemeine Charakterisierung

In der historischen Forschung war es lange Zeit umstritten, ob man den staatlichen und gesellschaftlichen Vorstellungen Hitlers den Begriff „Ideologie" zubilligen dürfe. Oft wurde Hitler als reiner Opportunist angesehen, als prinzipienloser Nihilist, dem ein langfristiges Programm und eine klare Weltanschauung fehlte, der die Macht nur um ihrer selbst willen habe erreichen und ausüben wollen. Der Eindruck eines fehlenden klaren ideologischen Programms konnte entstehen, da die einzige anerkannte und unumstrittene Grundlage des Nationalsozialismus, nämlich Hitlers „Mein Kampf", keine systematische Darstellung des Wesens und der Ziele der NS-Bewegung gibt. Hitlers Buch ist eine Mischung aus Autobiografie, Parteigeschichte, Propaganda, historischen Abhandlungen, Religions- und Rassenlehre sowie Antisemitismus. Aus diesem Gewirr von Gedanken, Ideen und oft kuriosen Belegen und Behauptungen eine einigermaßen genaue, folgerichtig aufgebaute Ideologie abzuleiten, war und ist auch heute noch schwierig.

In den Sechzigerjahren setzte sich die Erkenntnis durch, dass Hitlers Gedankenwelt „trotz aller Beschränkungen ein Ideengebäude bildet, dessen Folgerichtigkeit und Konsistenz den Atem verschlägt"[1]. Heute steht in der historischen Wissenschaft unbestritten fest, dass Hitler, als er 1933 an die Macht kam, schon lange ein klar umrissenes Programm innen- und außenpolitischer Vorstellungen und Ziele und damit eine **Ideologie** besaß. Diese **entstand** und entwickelte sich **zwischen 1919 und 1924** und war 1925, als Hitler nach seiner Festungshaft wieder am politischen Leben teilnahm, voll ausgebildet. Zwar veränderte Hitler in den nächsten Jahren, vor allem nach 1933, seine Mittel und Methoden besonders in der Außenpolitik des öfteren und passte seine Politik geschickt der jeweiligen politischen Lage an, doch bedeutete dies zu keiner Zeit, dass er die Grundlagen seiner Weltanschauung und seine langfristigen Ziele jemals aufgegeben oder auch nur relativiert hätte. In seinen Gedanken und Handlungen gab es einen harten Kern, der opportunistischen Erwägungen niemals zugänglich war. Hierzu gehörten z. B. die Rassen- und die Lebensraumdoktrin, die direkt oder indirekt alle Maßnahmen und Ziele bestimmten.

So charakterisierte ihn z. B. der Chefideologe der britischen Labour Party Harold Laski 1937.

In Hitlers erster politischen Stellungnahme vom 16.9.1919 und in dem von ihm ausgearbeiteten Parteiprogramm der NSDAP vom 24.2.1920 sind bereits wesentliche Grundlagen der NS-Ideologie klar angesprochen.

4.2 Voraussetzungen

Entscheidend in diesem Zusammenhang ist, dass Hitlers Ideologie im Grunde nur auf längst bekannten Ansichten basierte, für die es im Wesentlichen **vier ideengeschichtliche Traditionen** gab, die schon lange vor ihm in den europäischen Ländern, speziell in Deutschland und Österreich, fest verankert waren:

■ Der **Nationalismus*** in seiner übersteigerten Form (**Chauvinismus**), der die Bedeutung der eigenen Nation extrem überhöhte und die anderer gleichzeitig abwertete.

■ Ein ausgeprägter **Militarismus**, der innenpolitisch zu einer Militarisierung der gesamten Gesellschaft und außenpolitisch zu einer aggressiven Politik führte.

■ Eine **Rassenlehre**, welche die Völker der Erde in „gute" und „schlechte", „wertvolle" und „minderwertige" Rassen einteilte und deren Kernstück ein ausgeprägter Antisemitismus war.

■ Eine **Mentalität des blinden Gehorsams**, die zur Grundlage des Obrigkeitsstaates wurde.

Diese europäischen bzw. deutschen Traditionen verschmolz Hitler zu einem Programm, das zur Grundlage der deutschen Politik nach 1933 wurde und an dem weder Kritik noch Zweifel erlaubt waren. Denn diese Ideologie war, wie Hitler in „Mein Kampf" schrieb, „unduldsam und kann sich mit der Rolle einer ‚Partei neben anderen' nicht begnügen, sondern fordert gebieterisch ihre eigene, ausschließliche und restlose Anerkennung sowie die vollkommene Umstellung des gesamten öffentlichen Lebens nach ihren Anschauungen. Sie kann also das gleichzeitige Weiterbestehen der Vertretung des früheren Zustandes nicht dulden."[2]

Hitler spricht in „Mein Kampf" davon, dass er sich die ersten Grundlagen seiner Weltanschauung schon in seiner Wiener Zeit (1907–1913) erworben habe.

Kaiser Wilhelm II. 1891 zu Rekruten: „Bei den jetzigen sozialistischen Umtrieben kann es vorkommen, dass ich euch befehle, eure eigenen Verwandten, Brüder, ja Eltern niederzuschießen – was ja Gott verhüten möge –, aber auch dann müsst ihr Meine Befehle ohne Murren befolgen."[3]

4.3 Elemente

Der Sozialdarwinismus

Ausgangspunkt ist die Lehre des englischen Naturforschers Charles Darwin. Seinen Erkenntnissen zufolge ist das Leben im Tierreich von einem permanenten **Kampf ums Dasein** bestimmt, der zur **Selektion**, zur Auslese und zum **Überleben der stärksten Individuen** führt.

Darwin, Charles: On the origin of species by means of natural selection. 1859. (dt.: Die Entstehung der Arten durch natürliche Zuchtwahl)

Geist, Verstand, rationales Handeln, soziales Denken, Schaffung von Rechtsordnungen etc.

- Diese Erkenntnisse der Tierwelt werden bei Hitler ohne Berücksichtigung typisch menschlicher Verhaltensnormen auf den menschlichen Bereich übertragen.

- Hitler verfälschte die Konsequenzen aus Darwins Beobachtungen grob und bewusst, weil nach Darwin im menschlichen Bereich nicht dem Stärkeren, sondern dem sittlich höher Stehenden größere Bedeutung zukommt.

Die Rassenlehre

Historische Entwicklung

Begriffe wie „Rasse", „Reinheit des Blutes" spielen in Europa schon sehr früh eine Rolle. Bereits der französische Adel begründet 1789 seine gehobene Stellung im Staat gegenüber dem 3. Stand damit, dass er germanischen Ursprungs sei; die Bürger und Bauern dagegen stammten von den Galliern ab. Rasse dient hier zur Verteidigung ständisch-feudaler Privilegien. Im 19. Jahrhundert wird die Rassenlehre verschärft:

Gobineau, Arthur de: Essai sur l'inégalité des races humaines. 1855.

- Der Comte Arthur de Gobineau entwickelt eine Rassenlehre, die in der Überlegenheit der weißen Rasse gipfelt und behauptet, die Geschichte werde allein durch die Gesetze der Rasse und des Blutes bestimmt. Er erstellt einen Katalog der **Rassewertigkeit**, in dem der Arier und Germane an oberster Stelle, Schwarze, Indianer und Juden an unterster Stelle stehen.

Lapouge, Vacher de: Der Arier und seine Bedeutung für die Gemeinschaft. 1899. Dühring, Eugen: Die Judenfrage als Rassen-, Sitten- und Kulturfrage. 1881. Chamberlain, Houston: Die Grundlagen des 19. Jahrhunderts. 1899.

Jung gründete 1919 die Deutsche Nationalsozialistische Arbeiterpartei (DNSAP) Österreichs; Schönerer war Führer der österreichischen nationaldeutschen Bewegung.

- George Vacher de Lapouge, Eugen Dühring, Houston Stewart Chamberlain u. a. begründen die **kulturelle Überlegenheit der nordischen Rassen**, speziell die der germanischen Rasse damit, dass sie allein Schöpfer von Kultur und Zivilisation seien. Rudolf Jung, Georg von Schönerer und Adolf Lanz, Gründer des „Orden des Neuen Tempels" und Herausgeber der „Bücher der Blonden und Mannesrechtler" beeinflussten als Zeitgenossen Hitler in Wien und München sehr stark. Sie verkündeten bereits einen ausgeprägten **Judenhass**, mobilisierten Emotionen und schufen extreme Polarisierungen. Sie verurteilten die „Rassenmischung" als Todsünde, traten für „Reinzuchtkolonien" ein und für „Abwehrmaßnahmen" gegen „Minderwertige". Als solche forderten sie Kastration, Sterilisation, Sklaverei oder Dezimierung durch unerträgliche Lebensbedingungen.

Hitlers Rassenlehre

- Die **arische Rasse** ist **allein Kultur begründend**.

- Das **Judentum** hingegen **besitzt nur eine Scheinkultur.**

- **Äußere Rassenmerkmale der nordischen Rasse**, einer Unterrasse der arischen, die sich am reinsten im deutschen Volk bewahrt habe, sind Schönheit, hoher Wuchs, blaue Augen, blonde Haare. **Innere Merkmale** sind Tapferkeit, heldische und opferbereite Gesinnung.

- Die **höchste Aufgabe des Staates** ist die **Reinhaltung der Rasse**.

- Bekenntnis zur **Menschenauslese** als dem „aristokratischen Grundgedanken der Natur".

- **Einteilung** der Menschen **in höhere und niedere Rassen**.

- Uneingeschränkter **Vorzug der Interessen der höheren Rassen**.

- **Permanenter Kampf** zwischen den Rassen.

- **Unterwerfung und physische Vernichtung** der minderwertigen Rassen **sind** „folgerichtig" und **„natürlich"**.

Ein Problem bestand darin, dass Hitler, Himmler, Goebbels und andere führende NS-Größen dem von Hitler propagierten „germanischen Ideal" keineswegs entsprachen. Deshalb spottete der Volksmund: „Lieber Gott, mach mich blind, dass ich Goebbels arisch find."

Hitler 1925: „Wer leben will, der kämpfe, und wer nicht streiten will in dieser Welt des ewigen Ringens, verdient das Leben nicht. Selbst wenn dies hart wäre – es ist nun einmal so." [4]

Das Elitedenken

- Die **deutsche Rasse** steht als „Herrenvolk" an der **Spitze der Arier**. Im Laufe der Zeit tritt in der NS-Propaganda eine Verkürzung dieser Kette ein, so dass schließlich „deutsch" und „arisch" synonyme Begriffe werden.

- **Unterteilung in „Mensch"** (Arier) **und „Untermensch"** (Nichtarier) und Untermauerung dieser Klassifizierung durch verzerrte und einseitig interpretierte Lehren Friedrich Nietzsches sowie aus seiner Philosophie übernommene und meist fälschlich verwendete Begriffe wie „Übermensch", „Herrenmoral", „Wille zur Macht" etc.

Wichtige Schriften: „Also sprach Zarathustra" (1883/85); „Der Wille zur Macht" (1906)

- Diese grobe Klassifizierung der Menschheit begünstigte durch die Heraushebung des deutschen Volkes ein **elitäres Zusammengehörigkeitsgefühl der Deutschen**, das vor allem die unteren Volksschichten ansprach, da es ihnen ein Gefühl der Überlegenheit gegenüber anderen Völkern und Rassen gab.

- Die Trennung in „Mensch" und „Untermensch" und die damit verbundenen wertenden Normen führen zu einer **Negierung der** natürlichen, allgemein gültigen **Rechte des Einzelnen**.

z. B. Schutz des Lebens, Schutz gegenüber staatlicher Willkür, Gleichheit, Freiheit

4

Das Gewaltprinzip

Aus Hitlers „Mein Kampf":
„*Der Stärkere hat zu herr-schen und sich nicht mit dem Schwächeren zu ver-schmelzen, um so die ei-gene Größe zu opfern. Nur der geborene Schwächling kann dies als grausam emp-finden. ... Der Kampf um das tägliche Brot lässt alles Schwache und Kränkliche, weniger Entschlossene un-terliegen. ... Immer aber ist der Kampf ein Mittel zur Förderung der Gesundheit und Widerstandskraft der Art und mithin eine Ursache der Höherentwicklung.*" [5]

Die **Grundlage** bildete das **Darwin'sche Selektionsprinzip**: Der Stärkere überlebt, der Schwächere ist zum Untergang bestimmt.

- Dieses **„eherne Naturgesetz"** wird scheinbar verifiziert durch willkürlich ausgewählte bzw. aus dem Zusammenhang geris-sene oder bewusst verfälschte historische „Belege" und durch „Erkenntnisse" des Führers.

- Das **Recht des Stärkeren** wird als **natürliches Mittel der Selek-tion** propagiert. Ein **dauernder Kampf** ums Dasein, ums tägli-che Leben und um die Macht bestimmt das Leben der Völker.

- Deshalb ist der **Krieg** ein völlig normaler Vorgang im Leben der Völker, sozusagen ein ganz **„natürliches" Mittel der Selektion** auf breiterer Ebene. Die damit untrennbar verbundene Unter-drückung und Vernichtung ist das unbestrittene Recht des Stär-keren, also des Wertvolleren.

- Damit führt auch das Gewaltprinzip zur Verdrängung bzw. **Aus-schaltung des** auf Naturrecht und Verfassung* basierenden Rechtsempfindens und **Rechtsdenkens**.

Der Nationalismus

Ein ausgeprägter und oft übersteigerter Nationalismus ist allen Großmächten des 19. Jahrhunderts gemeinsam.

Träger: Alldeutscher Verband, Thule Gesellschaft, Völkischer Schutz- und Trutzbund

z.B. Gustav Freytag: Soll und Haben; Felix Dahn: Ein Kampf um Rom

z.B. der Kolonialverein und der Flottenverein

Preußische Parole: „Sinn und Ziel des Einzelnen muss der Staat sein."

Vgl. die NS-Parole: „Du bist nichts, dein Volk ist alles."

- Speziell in Deutschland existiert seit 1871 eine ausgesprochen **nationalistische Denkweise**, in deren Dienst sich auch die Kunst und Literatur stellen (Haus- und Heimatdichtung, nati-onale Heldendichtung, Wagners germanische Heldenopern).

- **Wilhelminisch-imperialistische Kreise** streben eine starke he-gemoniale Stellung auf dem Kontinent und dann ein Übergrei-fen nach Übersee an.

- Die Eroberung des Ostens als Voraussetzung für **Macht und Größe in Deutschland** wird bereits vor der Weimarer Republik propagiert.

- Der Nationalismus wird durch **zwei Traditionen** verstärkt: Durch das preußische Erbe und durch den habsburgischen Vielvölkerstaat, in dem die Deutschen bzw. die Deutsch spre-chenden ihre dominierende Stellung mit ihrer nationalen Überlegenheit begründen.

- **„Volksgemeinschaft"**, **„Lebens-"** und **„Schicksalsgemein-schaft"** sind typische Begriffe der NS-Ideologie. Sie sollen durch ihre integrierende, verbindende Wirkung die einzelnen Mitglieder des Volks zu einer „verschworenen Gemeinschaft" machen.

- Diese Homogenität schaffenden Begriffe werden von einem schwammigen, nur emotional fassbaren **Geschichtsmythos** überlagert. Er besagt, dass das Dritte Reich der deutschen Nation die historisch bestimmte Vollendung bringen und die ihr zukommende Weltstellung verschaffen werde. Mit dem „Germanischen Reich Deutscher Nation" werde Deutschland zu den Ursprüngen „wahren Deutschtums" zurückkehren.

Der Imperialismus

Folgende Ansichten und Vorstellungen bestimmen die aggressive NS-Außenpolitik, die auf Eroberung fremder Gebiete und deren Ausbeutung sowie auf die Unterdrückung unterworfener Völker ausgerichtet ist:

- **Krieg**, **Eroberung** und **Unterwerfung** sind **„legale" Mittel der Machterreichung**, des Machterhalts und des Machtausbaus und entsprechen den berechtigten Lebensinteressen einer großen Nation.

- **Außenpolitik** ist deshalb für Hitler die „**Kunst**, einem Volk den jeweils **notwendigen Lebensraum** in Größe und Güte **zu sichern**".

- Führende Nationalsozialisten präzisieren die **Ziele** des Imperialismus: **Lebensraum im Osten** und dessen **Beherrschung, Verwaltung und Ausbeutung**.

Hitler 1925: „Das Recht auf Grund und Boden kann zur Pflicht werden, wenn ohne Bodenerweiterung ein großes Volk dem Untergang geweiht erscheint. … Deutschland wird entweder Weltmacht oder überhaupt nicht sein. Zur Weltmacht aber braucht es jene Größe, die ihm in der heutigen Zeit die notwendige Bedeutung und seinen Bürgern das Leben gibt."[6]

Der Antisemitismus

- **Verengung und Zuspitzung der Rassenlehre** Hitlers;

- Anknüpfen an alte Traditionen des Antisemitismus in Europa. Alle Rassentheoretiker des 19. Jahrhunderts sehen das „**Judentum**" als „**rassisch minderwertig**" an und fordern dessen Ausmerzung sowie die Notwendigkeit, die Existenz höherwertiger Rassen zu sichern.

- **Ablehnung der Gleichwertigkeit der Menschen** durch Hitler mit der Begründung, es handele sich hierbei um einen „echt judenhaft frechen, aber ebenso dummen Einwand der modernen Pazifisten".

Himmler z. B. stufte die Juden „geistig, seelisch tiefer stehend als das Tier" ein.

Hitler (1925): „Er [der Jude] ist und bleibt der typische Parasit, ein Schmarotzer, der wie ein schädlicher Bazillus sich immer mehr ausbreitet. …

4

Indem ich mich des Juden erwehre, kämpfe ich für das Werk des Herrn."[7]

Hitler (1925): „Der schwarzhaarige Judenjunge lauert stundenlang, satanische Freude in seinem Gesicht, auf das ahnungslose Mädchen, das er mit seinem Blut schändet und damit seinem, des Mädchens Volke raubt. Mit allen Mitteln versucht er, die rassischen Grundlagen des zu unterjochenden Volkes zu verderben."[8]

- Da die höchste Aufgabe des Staates in der Reinhaltung des Blutes, der Rasse, gesehen wird, das Judentum angeblich jedoch diese Reinheit permanent bedrohe, sei die **Vernichtung des Judentums** eine völlig **legale und natürliche Maßnahme** des „blutlich Wertvollen".

- „Das **Judentum**" wird zum **Synonym für alles Negative** (z. B. für Demokratie, Amerika, Pazifismus, Prostitution, Bolschewismus, Sozialdemokratie, kritisierende Weltpresse etc.) und zum **Sündenbock** gemacht.

- Diese Schaffung eines Feindbildes soll alle Deutschen in die **„antisemitische Kampfgemeinschaft"** integrieren. Judenhass wird zum Mittel der Solidarisierung.

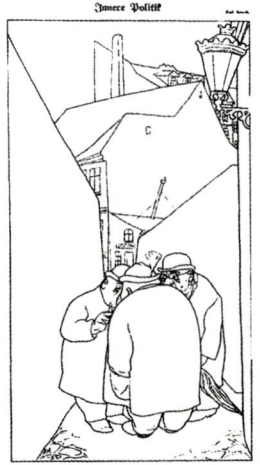

Arnold, Karl, Innere Politik (1923): „Solang die Juden am Rhein stehn, sag' i gibt's koa Ruh' im Land!" – „Geh, hör' auf, dös san do die Franzosen." – „Sooo – da geh amal in a Hitler-Versammlung, der sagt dir's nacha scho', wer die san!"

Der Militarismus

- Er ergibt sich zwangsläufig aus Elitedenken, Gewaltprinzip und Imperialismus.

Vgl. die Aufrüstung unter Wilhelm II. und seine „säbelrasselnde" Außenpolitik

- Hitler übernimmt die Tradition des Wilhelminischen Kaiserreichs, d. h. die **Unterwerfung von Staat und Gesellschaft unter militärische Erfordernisse**.

- **Blinder soldatischer Gehorsam** wird zum tragenden Element des Militarismus im Dritten Reich.

Der Sozialismus

Entscheidend ist hier eine völlig andere Verwendung dieses Begriffes, der nichts mit dem Sozialismus marxistischer Prägung zu tun hat.

■ Der Sozialismus des Dritten Reiches zielt nicht auf den Klassenkampf und wendet sich nicht an die Klasse der Proletarier, sondern an alle Deutschen. Wesentlich sind deshalb nicht klassenspezifische, sondern **nationale, „völkische" Ziele**.

■ Er wird propagiert als begrifflich und inhaltlich wenig aussagekräftiger und deshalb vager „Sozialismus der Tat", als dessen **Hauptziel** die **homogene Volksgemeinschaft** gesehen wird.

■ Vorhandene Gegensätze im Volk sollen durch **integrierende Gemeinsamkeiten** überwunden werden.

Grundprinzipien

Fasst man die wesentlichen Elemente der Ideologie Hitlers zusammen, so kristallisieren sich folgende Grundprinzipien heraus:

■ Der Lebenskampf, das Ringen um das tägliche Brot, ist ein **ewiger Kampf**.

■ Der Lebensraum der Völker ist bemessen, ihr Lebenswille dagegen unermesslich. Deshalb herrscht ein ewiger Kampf **um den Lebensraum**.

■ Der **Krieg ist** aufgrund dieses permanenten Kampfes ein **Naturzustand** und die Politik organisiert den unerbittlichen Kampf ums Dasein.

Als Beleg verwendet Hitler die Völkerwanderungen des 4. und 5. Jahrhunderts.

■ Das alles beherrschende, grundlegende **Naturgesetz** ist: **Sieg oder Untergang**.

■ Daraus ergeben sich als **oberste Ziele eines Staates**: Schaffung von günstigen Voraussetzungen für den Lebenskampf und dessen erfolgreiche Durchführung; damit verschmelzen Innen-, Außen- und Wirtschaftspolitik und ordnen sich der **Gewinnung von Macht und Lebensraum** unter.

Primat der Raumpolitik

■ Der **Erfolg** allein **rechtfertigt** in diesem Lebenskampf **die Mittel**.

■ **Richtig und gut ist, was** dem großen Ziel **nützt**. Deshalb kann und muss der führende Staatsmann mitunter opportunistisch sein. Nationalsozialistische Moral bedeutet allein die Bindung an die Prinzipien und Ziele dieser Weltanschauung.

Aus einer NS-Schulungsschrift:
„Es gibt kein gleiches Recht für alle. Der Hochwertige hat das Recht gefördert zu werden, der Minderwertige hat es nicht." [9]

■ Der **Staat** selbst hat keinen Eigenwert, da er **nur Mittel zur Erreichung der Ziele** ist.

Zusammenfassung

Die NS-Ideologie

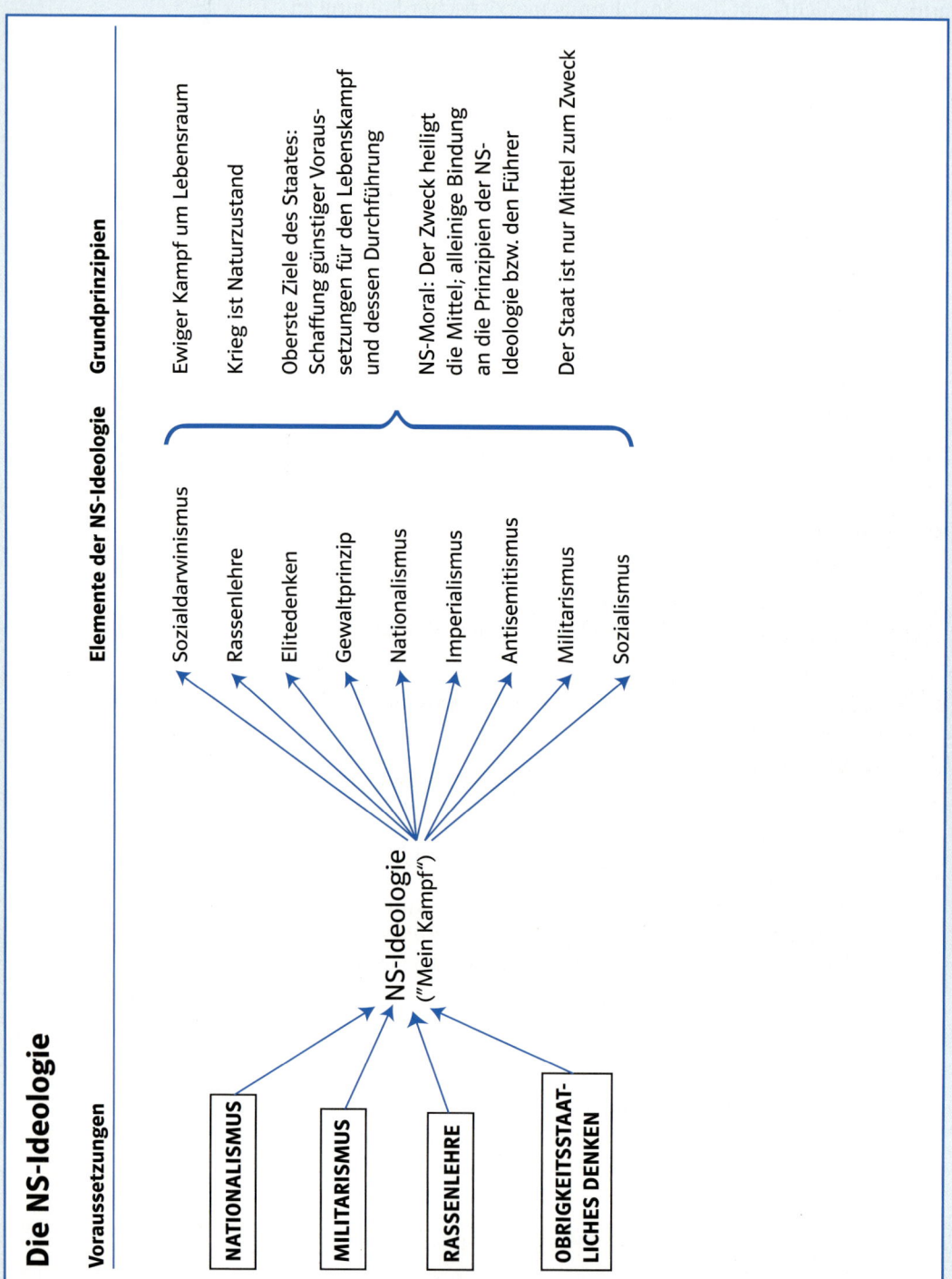

Voraussetzungen

- NATIONALISMUS
- MILITARISMUS
- RASSENLEHRE
- OBRIGKEITSSTAAT-LICHES DENKEN

→ NS-Ideologie ("Mein Kampf")

Elemente der NS-Ideologie

- Sozialdarwinismus
- Rassenlehre
- Elitedenken
- Gewaltprinzip
- Nationalismus
- Imperialismus
- Antisemitismus
- Militarismus
- Sozialismus

Grundprinzipien

- Ewiger Kampf um Lebensraum
- Krieg ist Naturzustand
- Oberste Ziele des Staates: Schaffung günstiger Voraussetzungen für den Lebenskampf und dessen Durchführung
- NS-Moral: Der Zweck heiligt die Mittel; alleinige Bindung an die Prinzipien der NS-Ideologie bzw. den Führer
- Der Staat ist nur Mittel zum Zweck

Die politische Organisation des Dritten Reiches

Ein Volk, ein Reich, ein Führer!

Plakat für die deutschen Amts- und Schulräume (seit 1938/39)

Kindertischgebet:
„Führer, mein Führer, von Gott mir gegeben,
beschütz' und erhalte noch lange mein Leben!
Hast Deutschland gerettet aus tiefster Not,
Dir danke ich heute mein täglich Brot.
Bleib lang noch bei mir, verlaß mich nicht,
Führer, mein Führer, mein Glaube, mein Licht!
Heil, mein Führer!" [1]

5.1 Monokratie oder Polykratie?

monolithisch (griech.): Eine untrennbare Einheit bildend; aus einem Stück.

Im Rückblick erweckt das Dritte Reich zunächst den Eindruck eines rational und perfekt durchorganisierten, monolithischen Systems totalitärer Herrschaft. Eine genauere Betrachtung der Machtverteilung und Machtausübung auf allen Ebenen unterhalb des Führers macht jedoch deutlich, dass es sich bezüglich seiner politischen Organisation keineswegs um ein totalitäres System im strengen Sinne des Wortes handelte. Zwar erweckt die in Hitler personifizierte Einheit von Staat und Partei durchaus diesen Anschein, doch waren beide Bereiche viel weniger miteinander verzahnt, als dies bis 1989/90 in den Ostblockstaaten der Fall war, wo es zwischen beiden Bereichen und innerhalb der Partei weder Kompetenzüberschneidungen noch Konkurrenz gab. Da im Dritten Reich die Existenz und die Kompetenzvielfalt miteinander konkurrierender Staats- und Parteiämter unübersehbar ist, spricht die heutige Forschung von einer das „Gefüge des Dritten Reichs kennzeichnenden **Ambivalenz** [hier: Gegeneinander] **von monokratischen und polykratischen Elementen**, die ihre Orientierung stets und ausschließlich in der Persönlichkeit und Politik Hitlers fanden".[2]

Tagebucheintragungen Goebbels' vom 2. bzw. 16.3.1943: „In der Innenpolitik ist dasselbe Übel [wie in der Außenpolitik] zu beklagen. Jeder tut und lässt, was er will, weil nirgendwo eine starke Autorität aufgebaut ist."

„Wir leben in einem Staatswesen, in dem die Kompetenzen sehr unklar verteilt sind. Daraus entwickeln sich die meisten Zwistigkeiten unter den führenden Personen wie unter den führenden Behörden. ... Die Folge ist eine völlige Direktionslosigkeit in der deutschen Innenpolitik."[3]

Dieses Gegen- und Nebeneinander von Ämtern, Institutionen, Persönlichkeiten und Machtfunktionen wurde **von Hitler bewusst geschaffen**, da sich nach seiner Meinung die Schlüsselfunktion eines Diktators in erster Linie auf derartige konkurrierende Machtgruppen stützte. Diese bewusste Schwächung der Funktionsfähigkeit des Staates ermöglichte es ihm, seine persönliche Allmacht und Unersetzlichkeit und seine **überragende Stellung als Führer und Integrationsfigur** immer wieder deutlich zu machen.

5.2 Beamtentum und Verwaltung

Im preußischen Innenministerium waren im Mai 1934 von 270 Beamten nur 18 Altparteigenossen (Beitritt vor dem 30.1.1933).

Das Problem der ersten Jahre nach der Machtüberlassung bestand für Hitler darin, einen Kompromiss zu finden zwischen der Besetzung wichtiger politischer Stellen mit treuen Parteigenossen und der Erhöhung der Effizienz dieser Verwaltungsstellen im nationalsozialistischen Sinne. Dass der Sog der „Bewegung" im Bereich des höheren Beamtentums schwächer war als allgemein angenommen, machen zahlreiche Klagen führender NS-Politiker deutlich. Aus diesem Grunde veranlasste Hitler die Entmachtung der Verwaltung durch die Schaffung paralleler Parteiinstitutionen. Konkret bedeutete dies:

- Den Reichsministerien wurden **Sonderbeauftragte** Hitlers und **„Führer" besonderer Reichsorganisationen** vorgeschaltet, die völlig unabhängig von den staatlichen Ämtern ihre politischen Sonderaufgaben in engem Kontakt mit Hitler erledigten.

- **Kompetenzakkumulation** in den Händen einzelner mächtiger Parteifunktionäre.

- Schaffung neuer, mit der Partei oder der Wirtschaft eng verbundener Institutionen.

z. B. der Deutschen Arbeitsfront (DAF), der Metallurgischen-Forschungs-GmbH (Mefo)

Entscheidend in diesem Zusammenhang war, dass die **Regierungsressorts** und die ihnen nachgeordneten Verwaltungsinstanzen formell nicht angetastet wurden. In der Praxis waren sie jedoch, wie die Länderregierungen, nicht mehr politische Entscheidungsträger, sondern **reine Verwaltungsorgane**.

Das Neben- und Gegeneinander konkurrierender staatlicher und parteilicher Organisationen lässt sich an zwei Beispielen besonders anschaulich dokumentieren. Auf dem Sektor „Erziehungs- und Kulturpolitik" konkurrierten miteinander:

- Das von Goebbels geführte „Ministerium für Propaganda und Volksaufklärung";

- das Erziehungsministerium unter Bernhard Rust;

- Alfred Rosenberg als „Beauftragter des Führers für die Überwachung der geistigen und weltanschaulichen Schulung und Erziehung der NSDAP";

- Robert Ley mit seinem „Schulungsamt des Reichsorganisationsleiters der NSDAP".

Außenpolitik wurde von folgenden Ämtern bzw. Stellen betrieben:

- dem Außenministerium;

- Rosenbergs „Außenpolitischem Amt";

- den Auslandsorganisationen der NSDAP;

- dem „Volksbund für das Deutschtum im Ausland";

- dem SD-Nachrichtendienst;

- Himmlers „Volksdeutscher Mittelstelle" (seit 1938).

5.3 Sonderbeauftragte und Sondervollmachten

Der „Generalinspekteur für das deutsche Straßenwesen"

Kompetenzverlust für das Verkehrsministerium

Diese am 30.6.1933 gegründete Organisation wurde keinem Ministerium angegliedert, sondern **Hitler direkt unterstellt**. Ihre Hauptaufgabe bestand in der militärisch wichtigen Schaffung eines Autobahnnetzes. Fritz Todt hatte als Generalinspekteur die Kompetenz der Gesetzgebungsinitiative und der Verwaltungsanordnung. Später wurde er gleichzeitig Minister für Bewaffnung und Munition sowie 1938 „Generalbeauftragter für die Regelung der Bauwirtschaft". Damit entwickelten sich die unter Todt vereinten Organisationen zur so genannten **Organisation Todt** (OT), einer der bedeutendsten Sonderorganisationen des Hitlerstaates.

Der „Reichskommissar für den Arbeitsdienst"

Kompetenzverlust für das Reichsarbeitsministerium

Zunächst wurde der freiwillige Arbeitsdienst durch das Reichsarbeitsministerium unter Franz Seldte organisiert. Bereits am 31. März 1933 gingen diese Kompetenzen an den NS-Beauftragten für den Arbeitsdienst, Konstantin **Hierl**. Dieser baute den freiwilligen Arbeitsdienst in kurzer Zeit zum Reichsarbeitsdienst (RAD) aus und organisierte zunächst als „Reichskommissar für den Arbeitsdienst" und dann als „Reichsarbeitsführer" bis 1945 den Reichsarbeitsdienst. Mit der Einführung der gesetzlichen Arbeitsdienstpflicht (1935) wurde der Reichsarbeitsdienst eine zahlenmäßig **große und bedeutende Sonderorganisation**, die im Krieg sogar eine eigene Gerichtsbarkeit erhielt.

Der „Jugendführer des Deutschen Reiches"

Kompetenzverlust für das Erziehungsministerium

17.6.1933

Nach der „Machtergreifung" wurde Baldur **von Schirach**, der bereits seit 1931 „Reichsjugendführer" gewesen war, zum „Jugendführer des Deutschen Reiches" ernannt. Er übte sein Amt unabhängig von jeder staatlichen Institution aus. Als am 1. Dezember 1936 die Hitler-Jugend per Gesetz zur Pflichtorganisation wurde, erhöhte sich die Bedeutung Schirachs, der direkt Hitler unterstellt war. Er baute die Hitler-Jugend zur „Staatsjugend" aus und richtete sie im Sinne der NS-Vorstellungen von Disziplin, Gefolgschaft und Kampf aus. Seit Kriegsbeginn verlor er innerparteilich an Bedeutung und wurde 1940 durch Arthur **Axmann** ersetzt.

Der „Reichsführer SS und Chef der Deutschen Polizei im Reichsministerium des Inneren"

Die entscheidende Voraussetzung für die Erhaltung der totalitären Herrschaft im Dritten Reich war die Zusammenfassung der politischen Polizei in den Ländern und ihre Unterstellung unter den Reichsführer SS, Heinrich **Himmler**. Aufgrund der Besetzung der Spitzenpositionen der Polizei mit SS-Leuten und der Dominanz des SS-eigenen Nachrichtendienstes (SS-Sicherheitsdienst unter Reinhard **Heydrich**) wurde die **SS** schnell zur **entscheidenden Institution der Exekutive**, ihr Reichsführer Himmler zu einem der mächtigsten Männer des Dritten Reiches.

Reichsführer SS
Heinrich Himmler

Der Machtbereich Hermann Görings

Eine ähnliche Machtfülle wie der Reichsführer SS erreichte in den ersten Jahren des Dritten Reiches auch Hermann Göring. Er war preußischer Ministerpräsident und Innenminister des Reiches, Reichskommissar für die Luftfahrt, seit Mai 1935 Reichsluftfahrtsminister. Im Juli 1934 wurde Göring Reichsjäger- und Reichsforstmeister und erhielt im folgenden Jahr den Oberbefehl über die Luftwaffe. 1936 erlangte er als Beauftragter des Vierjahresplans quasi die Stellung eines Superministers und damit weitere Machtkompetenzen, weil ihm in dieser Eigenschaft praktisch die gesamte Wirtschaft untergeordnet war. Entscheidend war jedoch, dass er als alter Gefolgsmann des Führers von seinem besonderen Vertrauensverhältnis zu Hitler profitierte. Deshalb übertraf seine tatsächliche Macht die nominelle, durch Ämter gegebene, weit. So führte Göring z. B. auch außenpolitisch wichtige Verhandlungen ohne Einschaltung des Reichsaußenministeriums und betrieb NS-Bündnispolitik in Italien, Jugoslawien und Polen. Das von ihm geschaffene Forschungsamt war in Wirklichkeit ein hauseigener Nachrichtendienst, der in Konkurrenz zu den anderen (SD, Wilhelm Canaris als Leiter der militärischen Abwehr) trat.

Kompetenzverlust für das Wirtschafts- und Finanzministerium

… sowie das Außenministerium

Martin Bormann und die Parteikanzlei

Seit 1934 war Martin Bormann der **Reichsleiter der NSDAP**, dessen wesentliche Aufgabe in der Koordination der Parteiaufgaben bestand. Aufgrund seines Organisations- und Verwaltungstalents war er Hitlers lebender Aktenschrank. Zwar kann in diesem Falle nicht von einer Machtfülle gesprochen werden, doch machte der enge Kontakt zu Hitler und dessen Beratung in persönlichen und parteilichen Belangen Bormann zur „grauen Eminenz". Nach dem Flug des Führerstellvertreters Heß (12.5.1941) nach Schott-

Hitler über Bormann: „Ich weiß, dass Bormann brutal ist. Aber was er anpackt, hat Hand und Fuß, und ich kann mich absolut darauf verlassen, dass meine Befehle sofort und über alle Hindernisse hinweg zur Ausführung kommen."[4]

land übernahm Bormann immer mehr auch dessen Amtsbereich. Im Verlauf des Krieges wurde er zu einer der entscheidenden Personen, da der Weg zu Hitler immer über Bormann führte.

5.4 Der Führerstaat

Die Grundlagen des Führerstaates

Die bedingungslose, blinde Selbstauslieferung der Massen an den Führer nahm in ihrer extremen Ausformung sogar masochistische Züge an, wie der folgende Vers zeigt: „Wir werden Volk, wir sind der rohe Stein – Du, unser Führer, sollst der Steinmetz sein … Schlag immer zu! Wir dulden still, da deine strenge Hand uns formen will."[5]

Hitler über die Befehlsstruktur des Führerstaates (1937): „Unsere Demokratie baut sich dann auf dem Gedanken auf, dass 1. an jeder Stelle ein nicht von unten Gewählter, sondern ein von oben Auserlesener eine Verantwortung zu übernehmen hat, bis zur letzten Stelle hin; 2. dass er unbedingte Autorität nach unten und absolute Verantwortung nach oben hat, zum Unterschied von sonstigen Demokratien, die jeden von unten aussuchen, nach unten verantwortlich sein und nach oben mit Autorität ausgestattet sein lassen – eine vollkommen wahnsinnige Verkehrung jeder menschlichen Organisation. … Wir haben hier den Grundsatz des absoluten Gehorsams und der absoluten Autorität."[6]

Das Dritte Reich war nach dem Verständnis Hitlers ein Führerstaat. Dieser Anspruch wurde durch die Propaganda mit stereotypen Formeln untermauert. Parolen wie „Führer befiehl, wir folgen" oder „Der Führer hat immer Recht" sollten eine freiwillige Unterordnung unter die Willkür Hitlers erzeugen.

Das dem Führerstaat zugrunde liegende Führerprinzip gehört zu den Grundlagen des NS-Staates. Das Staatsrecht des Dritten Reiches untermauerte allgemein die **unumstrittene Stellung Hitlers als Politiker** (Reichskanzler) **und Programmatiker** (der NS-Ideologie). Der Wille des Volkes werde nicht in parlamentarischen Wahlen und Abstimmungen gefunden, wie dies in der schwächlichen Demokratie der Fall sei, sondern verkörpere sich rein und unverfälscht in der Person des Führers. Abstimmungen irgendwelcher Art hätten nur den einen Sinn, das gesamte Volk für ein vom Führer gesetztes Ziel zu mobilisieren und einzusetzen. Der eigentliche Willensträger aber könne immer nur der Führer sein. In der politischen Praxis bedeutete das **Führerprinzip** konkret:

- Allein der Wille des Führers gilt. Auf ihn sind alle staatlichen und parteilichen Organisationen ausgerichtet.

- Funktionäre werden nicht gewählt, sondern von oben her bestimmt. Es gilt der Grundsatz: Befehlsgewalt nach unten, Verantwortung und Gehorsam nach oben.

- Der Führer unterliegt in seinem Handeln keinerlei Bindung an den Staat, da dieser nur das Werkzeug in der Hand des Führers ist, mit dem dieser seine Ziele erreicht.

- Der Führer ist vom Schicksal auserkoren, das deutsche Volk seiner historischen Bestimmung zuzuführen (Sendungsbewusstsein); der Führer ist unfehlbar, er kann nicht irren; es gibt deshalb keine Zweifel, geschweige denn Kritik an den von ihm verordneten Maßnahmen.

Der Aufbau des Führerstaates

Der Aufbau des Führerstaates wurde durch eine Reihe von Organisationen und Institutionen bestimmt, denen in einem diktatorischen Staat eine besondere Bedeutung zukommt. Diese waren der Polizeiapparat, die Partei und die Justiz.

Der Polizeiapparat

Durch die Unterordnung der politischen Polizei unter Himmler und damit unter die SS wurde die **Gestapo** das entscheidende Mittel zur **Ausschaltung politischer Gegner**. Ihre Aufgaben bestanden vornehmlich in der Sicherung der Macht, der Überwachung des gesamten Volkes, des Staates und auch der Partei. Ihr „wirksamstes" Mittel wurde die Verhängung der Schutzhaft. Anders als im rechtsstaatlichen Gebrauch bedeutete dies nicht den Schutz des Einzelnen durch den Staat, sondern den „Schutz des Volkes" vor „Schädlingen", „Parasiten" und „den gesunden Volksorganismus bedrohenden Bazillen". Schutzhaft war gleichbedeutend mit der Einweisung in ein Konzentrationslager, ohne dass irgendwelche richterlichen Voraussetzungen (Haftbefehl etc.) nötig gewesen wären. Da den staatlichen Stellen bzw. der staatlichen Polizei die Verfolgung politischer Straftaten völlig entzogen war, wurden diese, oder was die NSDAP dafür hielt, ausschließlich von der Gestapo verfolgt. Eine wichtige Rolle spielte der **Sicherheitsdienst** (SD), der das Zentrum der **Überwachung und Ausschaltung politischer Gegner** war. Er schuf die Voraussetzung für die Kontrolle durch die Gestapo, indem er aus vielfältigen Quellen Informationen jeglicher Art sammelte, auswertete und der Gestapo zugehen ließ.

Werner Best, oberster Rechtsberater der Gestapo (1936): „Jeder Versuch, eine andere politische Auffassung als die des Nationalsozialismus durchzusetzen oder aufrecht zu erhalten, wird als Krankheitserscheinung, die die gesunde Einheit des unteilbaren Volksorganismus bedroht, ausgemerzt. ... Diese Staatsfeinde aufzuspüren, sie zu überwachen und unschädlich zu machen, ist die vorbeugende Aufgabe einer politischen Polizei. Zur Erfüllung dieser Aufgabe muss sie in der Lage sein, unabhängig von jeder Bindung jedes geeignete Mittel einzusetzen, ohne dass es einer besonderen gesetzlichen Grundlage bedarf." [7]

Die Partei

Sie war wie jede andere Partei auch eine Instanz politischer Willensbildung. Wichtiger waren jedoch ihre spezifischen Funktionen:

■ Politische **Führung und Erfassung des** gesamten **Volkes**;

■ **politische Erziehung und ideologische Homogenisierung** des Volkes;

■ Ausbildung von Nachwuchskräften zur **Besetzung wichtiger Positionen** in Staat, Partei und Regierung;

■ **„ewige"**, sich selbst erhaltende **Zelle der NS-Lehre**.

Die Justiz

Das **vorrangige Ziel** der Justiz, die sich in erster Linie am Führerwillen zu orientieren hatte, bestand nicht in der Rechtsprechung, sondern in der **Verfolgung und Ausschaltung politischer Gegner**. Wie Reichsrechtsführer Frank 1936 verkündete, ist „der Richter nicht als Hoheitsträger des Staates über den Staatsbürger gesetzt. Es ist vielmehr seine Aufgabe, Schädlinge auszumerzen, gemeinschaftswidriges Verhalten [dessen Definition Auslegungssache war] zu ahnden".[8] Als alleinige Rechtsgrundlage galt nach Frank „die Weltanschauung, wie sie in dem Parteiprogramm und in den Äußerungen unseres Führers ihren Ausdruck findet".

NS-Grundsätze: „Recht ist, was dem Volk nützt" und „Das Recht und der Wille des Führers sind eins."

Der Führerkult

R. Heß im Kölner Rundfunk: „Mit Stolz sehen wir: Einer bleibt von aller Kritik ausgeschlossen, das ist der Führer. Das kommt daher, dass jeder fühlt und weiß: Er hatte immer Recht und wird immer Recht haben."[9]

Zum Wesen des Führerstaates gehört der Führerkult. Gemeint ist damit die Überbetonung der Person des Führers, die ihm **mystische Kräfte** und **übermenschliche Fähigkeiten** zuspricht, ihm **Unfehlbarkeit** attestiert und menschliches Irren ausschließt. Dieser Führerkult verfolgt mehrere **Ziele**:

- Darstellung Hitlers als **charismatischer** und **vom Schicksal vorherbestimmter Führer**.

- **Ausschaltung der Zweifel bzw. der Kritik am Führer**, an seiner Politik oder an einzelnen Maßnahmen. Kritisches Hinterfragen wird in die Nähe der Gotteslästerung gerückt.

Robert Ley in einem Schulungsbrief der NSDAP (1937): „Wir wollen in dieser Stunde das Gelöbnis erneuern: Wir glauben auf dieser Erde allein an Adolf Hitler. Wir glauben, dass der Nationalsozialismus der allein seligmachende Glaube für unser Volk ist."[10]

- Da sich nach der NS-Ideologie im Führer der Wille des gesamten Volkes verkörpert, bedeutet **Opposition** oder gar **Widerstand** ein **volksschädigendes Verhalten**. Wer sich aber so verhält, muss akzeptieren, dass sich das „Volk" in der Person des Führers gegen ihn wendet. Auf diese Weise wird die Politik des Führers auch im moralischen Bereich absolut und unantastbar.

- **Führertum** wird, wie auch heute noch in vielen autoritären oder totalitären Ländern, zum **Religionsersatz**. Der Führer tritt quasi an die Stelle Gottes. Dieser pseudoreligiöse Charakter des Führerstaates wurde im Dritten Reich auf allen Ebenen und gegenüber allen Altersgruppen betont.

5.5 Die Erfassung der gesamten Bevölkerung

Gemäß der Maxime, dass der autoritäre NS-Staat ein Erziehungsstaat sei, der die Menschen nicht loslasse „von der Wiege bis zum Grabe" (so Hitler), hatten die Nationalsozialisten ein horizontales und vertikales **Koordinatensystem der Überwachung und Erfassung** entwickelt, aus dem es praktisch kein Entrinnen gab. Der Weg des gleichgeschalteten Staatsbürgers, der horizontal vom Jungvolk bzw. den Jungmädel über Hitlerjugend (HJ), Bund deutscher Mädel (BdM), Arbeits- und Wehrdienst zu der Berufsdachorganisation DAF führte, wurde vertikal ergänzt durch die zahlreichen Parteiorganisationen der NSDAP. Dieses nahezu perfekte Erfassungssystem bis hinunter zum Blockwart, der ca. 40–60 Personen „betreute", d. h. kontrollierte, gab niemandem die Möglichkeit, sich auf Dauer der politischen Indoktrination ohne entsprechende Folgen zu entziehen. Durch diese totale Erfassung des Einzelnen erreichten die Nationalsozialisten ihr Ziel, jeden „zur Pflicht gegenüber dem Volk" nicht nur aufzufordern, sondern die „Erfüllung dieser selbstverständlichen völkischen Pflicht" auch zu gewährleisten. Gleichzeitig diente dieses Koordinatensystem der Überwachung und permanenten politisch-ideologischen Beeinflussung sowie der Vereinheitlichung der Volksmasse und ermöglichte die Lenkung und Steuerung des Volkes in der gewünschten Weise. Zudem ließ sich ein derart „gleichgeschaltetes" und massiv indoktriniertes Volk im In- und Ausland propagandistisch in idealer Weise zur Legitimation für Hitlers Tun und Handeln verwenden.

Hitler 1937: „Eines aber sei ganz klar entschieden: Über den deutschen Menschen im Jenseits mögen die Kirchen verfügen, über den deutschen Menschen im Diesseits verfügt die deutsche Nation durch ihren Führer." [11]

Hitler 1938: „... und was dann [nach dem Arbeitsdienst] noch an Klassenbewusstsein oder Standesdünkel da oder da noch vorhanden sein sollte, das übernimmt dann die Wehrmacht zur weiteren Behandlung auf zwei Jahre, und wenn sie nach zwei, drei oder vier Jahren zurückkehren, dann nehmen wir sie, damit sie auf keinen Fall rückfällig werden, sofort wieder in die SA, SS, usw., und dann werden sie nicht mehr frei ihr ganzes Leben." [12]

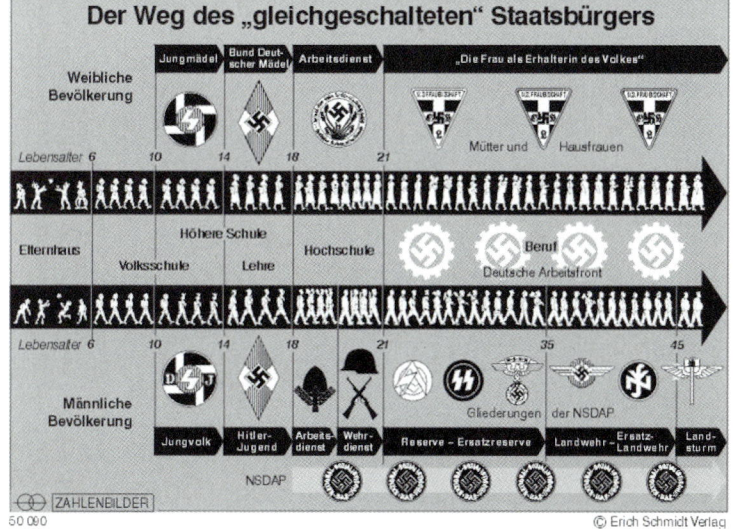

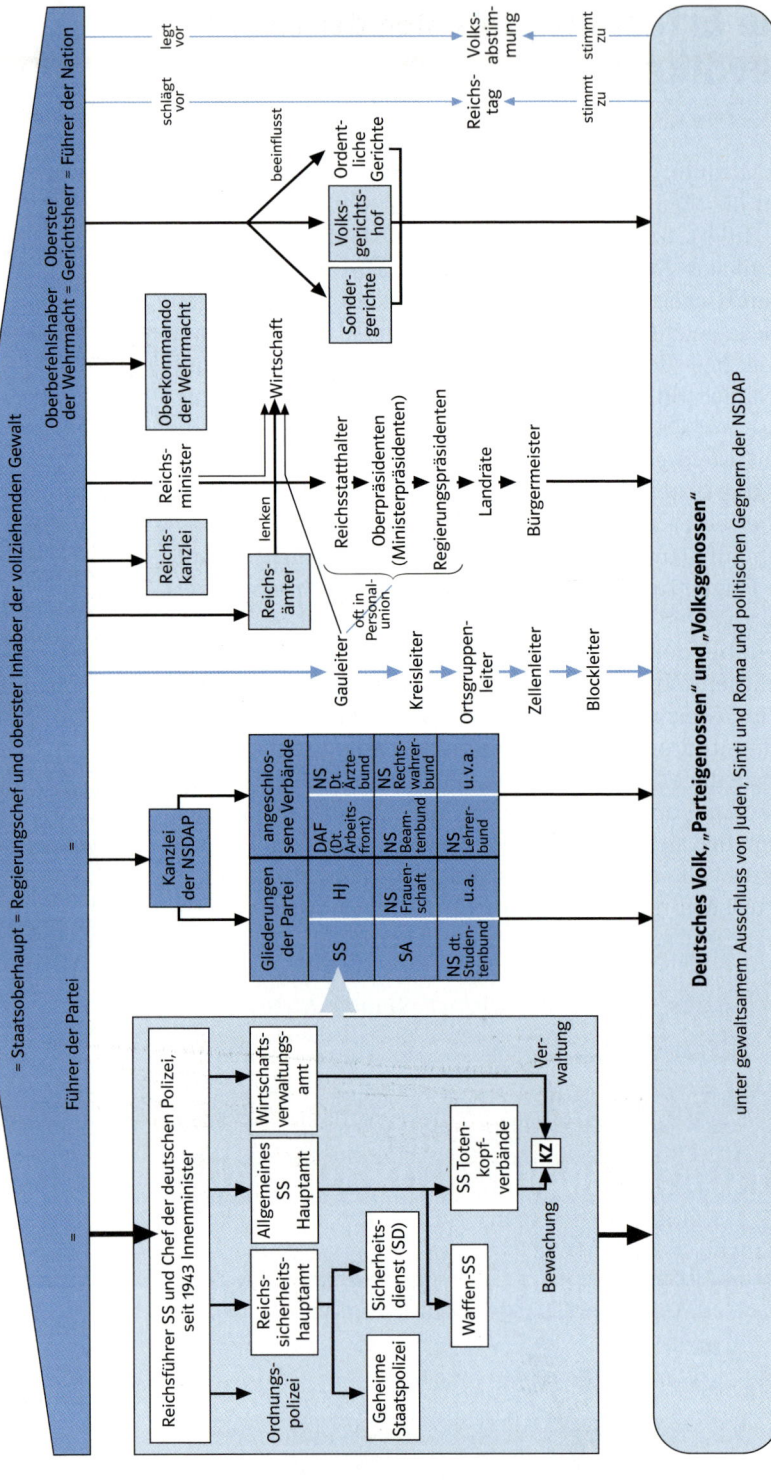

Verfassungsstruktur der NS-Diktatur:
Die zentralistische Exekutive verdrängt Gewaltenteilung und Föderalismus; die Machtinstrumente von Staat, Wehrmacht, Partei und SS stehen unterhalb des Führers kompetenzverwirrend nebeneinander, sind jedoch durch Personalunion vielfach untereinander verschränkt.

Die „Einheit von Partei und Staat" ist durch zahllose Überlagerungen von Ämtern und Kompetenzen erreicht, die grafisch ebenso wenig darstellbar sind wie die häufigen Änderungen der Zuständigkeiten.

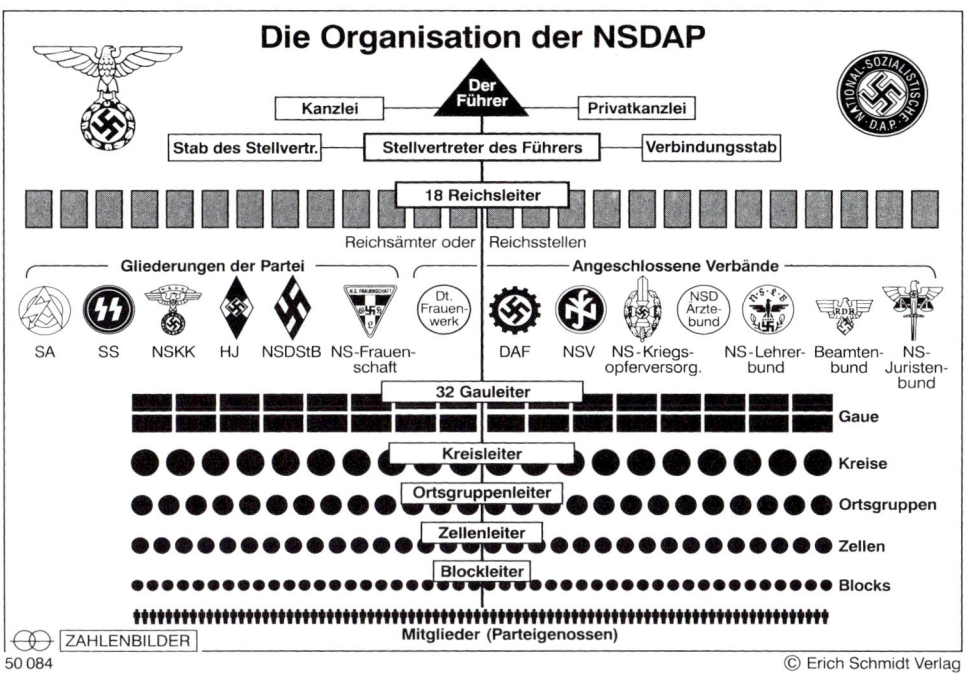

Die Organisation der NSDAP

50 084

© Erich Schmidt Verlag

5.6 Beeinflussung und Indoktrination

Die Erziehung des Deutschen zum Typus

Zu den wichtigsten Zielen im rassisch-völkischen Bereich gehörte die **Schaffung eines „neuen Menschen"**, der aus „rassisch hochwertigem Erbgut in artgemäßer Umgebung" entstehen sollte. Angestrebt wurde in diesem Zusammenhang eine „totale Menschenumformung", die als Ergebnisse **völkisches Bewusstsein, Rassenbewusstsein** und **völlige Integration** in die NS-Gemeinschaft bringen sollte. Eine derart tief greifende Erziehung zu einem einheitlichen Typus setzte die massive Beeinflussung und permanente Indoktrination des gesamten öffentlichen und privaten Lebens voraus. Das **Hauptinstrument** dieser Erziehung bildeten die **Massenorganisationen**. Sie stellten den Ort dar, an dem der deutsche Mensch das Gemeinschaftsleben erlernen sollte. Diese Aufgabe hatte insbesondere die NS-Organisation Kraft

Annonce in „Münchner Neueste Nachrichten" (25. Juli 1940): „Zweiundfünfzig Jahre alter, rein arischer Arzt, Teilnehmer an der Schlacht bei Tannenberg, der auf dem Lande zu siedeln beabsichtigt, wünscht sich männlichen Nachwuchs durch eine standesamtliche Heirat mit einer gesunden Arierin, jungfräulich, jung, bescheiden, sparsame Hausfrau, gewöhnt an schwere Arbeit, breithüftig, flache Absätze, keine Ohrringe, möglichst ohne Eigentum."[13]

Jugend dient dem Führer

„Jugend dient dem Führer"
Werbeplakat der HJ.
Die „Erfassung" der Jugend
durch nationalsozialistische
Organisationen lag 1937 bei
90 %.

Diktat in einer 3. Volksschul-
klasse (München) von 1934:
„Wie Jesus die Menschen von
der Sünde und Hölle befreite,
so rettete Hitler das deut-
sche Volk vor dem Verderben.
Jesus und Hitler wurden ver-
folgt, aber während Jesus ge-
kreuzigt wurde, wurde Hitler
zum Kanzler erhoben. Wäh-
rend die Jünger Jesu ihren
Meister verleugneten und
ihn im Stich ließen, fielen 16
Kameraden für ihren Führer.
Die Apostel vollendeten das
Werk ihres Herrn. Wir hoffen,
dass Hitler sein Werk selbst
zu Ende führen darf. Jesus
baute für den Himmel, Hitler
für die deutsche Erde."[14]

durch Freude (KdF). Sie organisierte Urlaub und Freizeitgestaltung in der Gemeinschaft, betrieb Erwachsenenbildung und verband sehr geschickt Unterhaltungs- und Bildungsmöglichkeiten mit weltanschaulicher Erziehung und politischer Kontrolle. Zusätzlich erfüllten die Massenorganisationen eine weitere wichtige Funktion: Da sich ihnen praktisch niemand entziehen konnte, schränkten sie den individuellen Freiraum des Einzelnen immer mehr ein. Das **Endziel** dieser Entwicklung sollte nach Hitler die „völlige Ausschaltung des eigenbrötlerischen Verhaltens" sein, das seine Inhalte außerhalb der Gemeinschaft sucht und findet. Hitler begründete diese Erziehung mit der „Erlösung von der unerträglichen Individualität und von der Last der personalen Entscheidung, der immer nur ganz wenige gewachsen sein können".

Die schulische Erziehung

Der junge Mensch war für Hitler das „reine, edle Material der Natur", das man erst noch bearbeiten müsse, damit es schließlich dem Staat bzw. dem Volk zur Verfügung stehe mit all seinen Möglichkeiten. Deshalb hielt er es für nötig, mit der Erziehung der Kinder durch den Staat so früh wie möglich zu beginnen. Die **Hauptaufgabe** der Erziehung wurde darin gesehen, „die Volksgenossen schon vom frühesten Lebensalter an so zu erfüllen mit dem, was der Sinn unseres Volkstums und der ganzen Nation ist, dass die einmal gewonnene Erkenntnis in Fleisch und Blut übergeht und auf Generationen hinaus durch nichts mehr zerstört werden kann".

Aus diesem Grunde musste das Kind schon so früh wie möglich dem Einfluss der Familie entzogen werden. Als vorrangige **Erziehungsziele** galten deshalb das „Heranzüchten kerngesunder Körper" und die „Förderung der Willens- und Entschlussfreudigkeit". Weitere Erziehungsziele waren Nationalbewusstsein, Nationalstolz, Rassebewusstsein, Rasseinstinkt, Vaterlandsliebe und Kampfbereitschaft. Besonders streng wurden diese Erziehungsziele in den nationalsozialistischen **Eliteschulen** angestrebt. Zunächst entstanden „Nationalpolitische Erziehungsanstalten" (NPEA), deren Schüler von der Partei „ausgelesen" wurden, ohne dass die Eltern darauf Einfluss nehmen konnten. Später wurden so genannte „Adolf-Hitler-Schulen", „Ordensburgen" oder „Hohe Schulen" der Partei gegründet. Ihre Hauptaufgabe bestand in der Kaderbildung.

Lehrplan zur Behandlung der „Judenfrage" im Unterricht
Unterrichtsplan für „Staatspolitik" für die Volksschulen des Dritten Reiches

Woche	Stoffgebiet	Beziehung zum Juden	Lesestoff
1.–4.	Das Deutschland der Vorkriegszeit. Klassenkampf, Profit, Streik.	Der Jude macht sich breit!	Aus Hauptmann: Die Weber
5.–8.	Vom Agrarstaat zum Industriestaat. Kolonien	Der Bauer in den Klauen des Juden!	Schilderungen aus den Kolonien. Aus Hermann Löns.
9.–12.	Verschwörung gegen Deutschland, Einkreisung, Sperrfeuer um Deutschland.	Der Jude herrscht! Kriegsgesellschaften.	Beumelburg: Sperrfeuer Hindenburgs Leben. Kriegsbriefe.
13.–16.	Deutsches Ringen – deutsche Not. Blockade! Hungertod!	Der Jude wird wohlhabend! Ausnutzung der deutschen Not.	Manke: Spionage an der Westfront. Kriegsschilderungen.
17.–20.	Dolchstoß. Zusammenbruch.	Juden als Führer der Novemberrevolte.	Pierre des Granges: In geheimer Mission beim Feinde. Bruno Brehm: Das war das Ende.
21.–24.	Deutschlands Golgatha. Erzbergers Verbrechen! Versailles.	Ostjuden wandern ein. Judas Triumph!	Volkmann: Revolution über Deutschland. Feder: Die Juden. Zeitung: Der Stürmer.
25.–28.	Adolf Hitler. Der Nationalsozialismus.	Judas Gegner!	Mein Kampf. Dietrich Eckart.
29.–32.	Blutende Grenzen. Versklavung Deutschlands. Freikorps. Schlageter.	Der Jude zieht aus der deutschen Not seinen Nutzen. Anleihen. (Dawes, Young).	Beumelburg: Deutschland in Ketten. Wehner: Die Wallfahrt nach Paris. Schlageter: Ein deutscher Held.
33.–36.	Der Nationalsozialismus im Kampf mit der Unterwelt und dem Verbrechertum.	Juden Anstifter zum Mord. Die jüdische Presse.	Horst Wessel.
37.–40.	Deutschlands Jugend voran! Der Sieg des Glaubens.	Der Endkampf gegen Juda.	Herbert Norkus. Reichsparteitag.

Das Informationsmonopol

Presse und Publizistik

Der Rundfunk war das wichtigste Mittel der Massenbeeinflussung im Dritten Reich. Seit 1936 wurde deshalb ein allen erschwinglicher Radioempfänger angeboten, der „Volksempfänger".

Um eine **direkte und massive Beeinflussung durch** eine einheitliche, **gleichgeschaltete Presse** zu erreichen, wurde noch im Jahre der Machtüberlassung das „Schriftleitergesetz" erlassen. Es kontrollierte die berufliche Eignung der Journalisten, schaltete sie durch entsprechende Befehle und Verbote gleich und überwachte ihre „völkisch gesunde" Einstellung, die grundsätzlich bejahend zu allem zu sein hatte, was die Führung verkündete. Aus diesem Grunde gab das Reichspropagandaministerium auf täglichen Pressekonferenzen die zu verkündenden Nachrichten bekannt und schrieb den Journalisten mehr oder weniger deutlich vor, wie sie diese aufzumachen und zu kommentieren hätten. Zuwiderhandlungen wurden mit Berufsverbot und hohen Strafen bis hin zur Todesstrafe wegen „Volksverhetzung" belegt. Als Faustregel galt, was Goebbels in zynischem Machiavellismus so beschrieb: „Was dem Nationalsozialismus dient, ist gut und muss gefördert werden, was ihm schadet, ist schlecht und muss beseitigt werden. Propaganda dagegen ist die ehrlichste Verkündung bester Wahrheiten."[15] Als Paradebeispiel eines derartigen **Handlangerjournalismus** gilt die Parteizeitung der NSDAP, der „Völkische Beobachter". Er wurde zur Pflichtlektüre für alle Beamten und Parteigenossen und richtete sich an den „kleinen Mann in der Masse". Dementsprechend derb war seine Sprache, die mit den üblichen NS-Klischees in allerdings extremer Weise die Emotionen ansprechen wollte. Dieselbe Unterordnung und Zweckgebundenheit verlangte Goebbels auch von der Publizistik. Da alle Veröffentlichungen, vom Artikel bis zum Roman, einer strengen Zensur unterlagen, war die **völlige Kontrolle der Publizistik** jederzeit gewährleistet.

Rundfunk und Film

Beide Medien waren wirksame **Mittel der nationalsozialistischen Propaganda und der Manipulation**. Während mit dem Rundfunk, meist über den so genannten Volksempfänger, die breite Masse des Volkes erreicht wurde, beeinflusste der Film sein Publikum dezenter, jedoch nicht weniger stark. Zwar trat oft die Propaganda nicht von Anfang an sichtbar zu Tage, doch sorgten der subjektive Appell an die Gefühle, die Beschränkung des Inhalts auf einige wenige Handlungsstränge, eine von Anfang an vorhandene Kampfansage und deren dauernde Wiederkehr für den gewünschten Effekt. Häufig wurde unter dem Deckmantel der „großen Literatur" nationalsozialistische Propaganda betrieben. Entscheidend war in jedem Falle das „Einhämmern bestimmter Erkenntnisse und Wahrheiten."

Kunst, Literatur und Musik

Die am 22.9.1933 gegründete und Goebbels unterstehende Reichs-kulturkammer kontrollierte und steuerte Kunst, Literatur und Musik. Sie entschied, was als „deutsche" und was als „entartete" Kunst anzusehen war. Letztere wurde als „Vergewaltigung des na-türlichen Kunstempfindens" und als „frecher Überfall auf unsere Kultur" bezeichnet, als „Machwerke", die von „dekadenten", meist jüdisch-bolschewistischen Kräften dem deutschen Volke aufgenö-tigt worden seien.

Geächtete Künstler und Lite-raten: Max Liebermann, Karl Schmidt-Rottluff, Thomas Mann, Heinrich Mann, Ricar-da Huch, Alfred Döblin, Le-onhard Frank, Franz Werfel, Jakob Wassermann, Bertolt Brecht.

Literatur

Hier standen vor allem **völkische Themen**, die Verherrlichung der NS-Führung, generell der wesentlichen ideologischen Grundla-gen des Regimes im Vordergrund. Deshalb wird diese Art von Li-teratur auch als **Blut-und-Boden-Literatur** bezeichnet. Die lite-rarisch wenig differenzierte Darstellung ergänzte die einseitigen Nachrichten und bildete zusammen mit der Standortgebunden-heit der Kunst, der Indoktrination durch Rundfunk und Film ein wichtiges Mittel zur Beeinflussung und Lenkung der Massen.

Architektur, Malerei, Skulptur

Die Aufgabe der Architektur bestand darin, die machtvolle Herr-schaft der NSDAP zu repräsentieren und optisch zu verdeutli-chen. Dabei wurde mit Superlativen nicht gespart, damit „diese zwingende Ausrichtung der Massen durch die Anordnung der Ar-chitektur bewirkt, dass jeder Teilnehmer den gewaltigen Zusam-menklang des Willens aller Beteiligter wie in einem großen Spie-gel vor sich erblickt, als eine kraftvolle Zusammenfassung und Sinngebung des Geschehens".[16] Gigantomanie, Materialpracht und Einsatz riesiger Geldsummen sollten die **Omnipotenz des Regimes** nach innen und außen **demonstrieren**.

Hitler 1933: „Die Kunst ist eine erhabene und zum Fanatis-mus verpflichtende Mission. … Die nationalsozialistische Bewegung und Staatsführung darf auch auf kulturellem Ge-biet nicht dulden, dass Nichts-könner oder Gaukler plötzlich ihre Fahne wechseln und so, als ob nichts gewesen wäre, in den neuen Staat einziehen, um dort auf dem Gebiete der Kunst und Kulturpolitik aber-mals das große Wort zu füh-ren. … Dieser neue Staat wird aber der Pflege des Kulturellen eine ganz andere Bedeutung schenken als der alte…"[17]

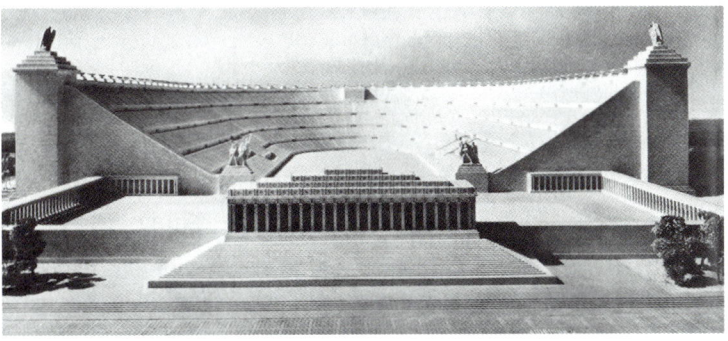

Modell eines für Nürnberg geplanten Stadions; Fassungsvermögen: 200 000 Zuschauer.

Malerei und Skulptur hatten sich auf die bäuerliche Welt, die Familienidylle, kraftstrotzende germanische Helden und die Verherrlichung des Führers zu konzentrieren.

Musik

Hier dienten vor allem die **Helden- und Germanenopern** Richard **Wagners** der Glorifizierung der deutschen Vergangenheit. **Marsch- und Volksmusik** als vorherrschende Musikformen sollten den militärischen Geist und die Vereinheitlichung der Masse fördern. **Heroische Lieder und martialische Kampfgesänge** verherrlichten – wie in allen Diktaturen – die bisherige Entwicklung und beschworen die zukünftige Macht und Herrlichkeit des „tausendjährigen Reichs".

Kundgebungen und Massenveranstaltungen

Der Reichsparteitag, der alljährlich in Nürnberg stattfand, wurde mit riesigen Auf- und Vorbeimärschen inszeniert.

Hitler (1933): „Wenn ich in der Masse die entsprechenden Empfindungen wecke, dann folgt sie den einfachen Parolen, die ich ihr gebe. In der Massenversammlung ist das Denken ausgeschaltet. Und weil ich diesen Zustand brauche, weil er mir den größten Wirkungsgrad meiner Reden sichert, lasse ich alle in die

Ein weiteres Mittel der Erziehung und Beeinflussung bildeten die großen Kundgebungen und Massenveranstaltungen, die drei übergeordnete Ziele hatten: Die **Dokumentation der Macht und Größe** Deutschlands, die **Demonstration der Einheit von Staat und Partei** und die **Integration des Einzelnen in die Volksgemeinschaft**. Perfekt geplante und unter großem Aufwand begangene Massenveranstaltungen, von Totengedenktagen im dörflichen Rahmen über **NS-Feiertage** (mit Fahnenweihe, Verteilung von Ehrenzeichen, Einsatz von Fackel-, Fahnen-, Standartenträgern, Fanfarenzügen, Uniformen, Lichtdomen) bis hin zu **Reichs-**

parteitagen in Nürnberg, wurden sorgfältig über das ganze Jahr verteilt, damit die Beeinflussung möglichst gleichmäßig gewährleistet war und eine propagandistische Pause erst gar nicht eintrat. Sie bildeten so unter tatkräftiger Unterstützung der Propaganda eine wesentliche Voraussetzung für die Verschmelzung des Volkes und die Unterdrückung bzw. Ausschaltung rationaler Überlegungen.

Monumentale Bauten und **Gedenkstätten**, die eine „feierlich bedrückende und doch erhebende Wirkung" hervorrufen sollten, gaben den Veranstaltungen den gewünschten Rahmen. Akustische und optische Mittel verstärkten die Eindrücke und halfen, die Emotionen in bestimmte Bahnen zu lenken. Durch das oft virtuos gehandhabte Zusammenspiel dieser Mittel gelang es der NSDAP scheinbar mühelos, wahre Beifallsorgien oder extreme Hassausbrüche zu erzeugen.

Versammlung schicken, wo sie mit mir zur Masse werden, ob sie wollen oder nicht." [18]

Reden als Propagandamittel

Die wirksamsten Propagandisten der NSDAP waren seit der Mitte der Zwanzigerjahre Joseph Goebbels und Adolf Hitler. Ihre Reden bewiesen ein besonderes **Gespür für die Erwartungen der Massen**. Politische Ziele und Programme wurden in öffentlichen Reden nicht konkret angesprochen oder gar detailliert erläutert. Dafür sprachen sie umso mehr die Emotionen der Zuhörer an. **Gestik**, **Mimik** und **Wortwahl** waren ausgefeilt und darauf ausgerichtet, den Zuhörern bestimmte Sachverhalte einzuhämmern und andere zu suggerieren. Das typische Vokabular, das immer wieder dieselben Begriffe verwendete, sollte den Eindruck dynamischer, kompromisslos durchgreifender, erfolgreicher Politiker erzeugen.

Hitler ging ganz bewusst davon aus, dass „die Aufnahmebereitschaft der großen Masse nur sehr beschränkt, das Verständnis klein, dafür jedoch die Vergesslichkeit groß [ist]". Deshalb sollte sich jede Rede nur „auf sehr wenige Punkte beschränken und diese schlagwortartig so verwenden, bis auch bestimmt der Letzte unter ihnen [d. h. der Dümmste] unter einem solchen Wort das Gewollte sich vorzustellen vermag". Entscheidend war wohl, dass Hitler, Goebbels und andere NS-Funktionäre das artikulierten, was ihre Zuhörer bewusst oder unbewusst wünschten, fühlten und dachten. Damit verschafften sie ihnen „eine tiefe befriedigende Selbstbestätigung, das Gefühl, einer neuen Wahrheit teilhaftig zu werden" und weckten so ihre Gefolgs- und Einsatzbereitschaft.

Zusammenfassung

Die politische Organisation des Dritten Reiches

Das Dritte Reich war im Gegensatz zu den Diktaturen der ehemaligen Ostblockstaaten keine monolithische Einheit, da unterhalb der Führerebene zahlreiche Staats- und Parteiämter sowie Sonderbeauftragte mit weit gehenden Sondervollmachten um politische Kompetenzen konkurrierten. Diese von Hitler bewusst geschaffene Kompetenzvielfalt schwächte zwar die Funktionsfähigkeit des Staates, verdeutlichte jedoch die Allmacht und Unersetzlichkeit des Führers und stabilisierte seine unangefochtene Stellung als Alleinherrscher.

Das Dritte Reich war nach dem Verständnis Hitlers ein Führerstaat. Dies bedeutete, dass alle Macht ausschließlich vom Führer ausging (Führerprinzip), der allein den Willen des Volkes verkörperte und sein Handeln keinerlei Kontrolle, Zweifel oder gar Kritik ausgesetzt war. Der Führerstaat ruhte im Wesentlichen auf drei Säulen:

- Der Polizeiapparat, vor allem die dem Führer direkt unterstellte Geheime Staatspolizei (Gestapo), schaltete politische Gegner rigoros aus.
- Die an den Führerwillen gebundene Justiz sah ihre Hauptaufgabe in der „Ausmerzung von Schädlingen" und in der „Ahndung gemeinschaftswidrigen Verhaltens".
- Die Partei als dritte Säule ermöglichte die Erfassung und Führung des gesamten Volkes und gewährleistete dessen politische Erziehung und ideologische Vereinheitlichung.

Der extreme Führerkult verherrlichte die Person des Führers, sprach ihm mystische Kräfte und Unfehlbarkeit zu, rückte ihn in die Nähe Gottes und erklärte Opposition oder gar Widerstand zum volksschädigenden Verhalten. Der Führerkult wurde zum Religionsersatz und das Dritte Reich erhielt - wie alle totalitären Diktaturen – einen pseudoreligiösen Charakter.

Da der NS-Staat nach eigenem Verständnis ein Erziehungsstaat war, erfasste, überwachte und indoktrinierte er jeden Einzelnen. Hierfür schuf er ein lückenloses Netz vertikaler Parteiinstitutionen (vom Führer bis zum Blockleiter) und horizontaler, d.h. alters- und berufsbezogener Organisationen (HJ, BdM, RAD, DAF, NS-Berufsverbände). Die permanente Beeinflussung und Indoktrination sollte den „neuen Menschen" mit ausgeprägtem völkischen und rassischen Bewusstsein schaffen, der völlig in der NS-Gemeinschaft aufgehen und die Grundlage des angestrebten „Germanischen Reiches" bilden sollte. Diesem Ziel dienten die schulische Erziehung, das strikt ausgeübte Informationsmonopol, die ideologische Vereinnahmung der bildenden Künste sowie bombastische NS-Kundgebungen, Massenveranstaltungen und emotionalisierende Reden führender Nationalsozialisten.

Die nationalsozialistische Wirtschaftspolitik

Was die Heimat leistet, muss vor der Geschichte dereinst bestehen können

ADOLF HITLER

Aus der geheimen Denkschrift Hitlers von 1936:

„Ähnlich der militärischen und politischen Aufrüstung bzw. Mobilmachung unseres Volkes hat auch eine wirtschaftliche zu erfolgen, und zwar im selben Tempo, mit der gleichen Entschlossenheit und wenn nötig auch mit der gleichen Rücksichtslosigkeit. ...
Ich stelle damit folgende Aufgabe:
I. Die deutsche Armee muss in 4 Jahren einsatzfähig sein.
II. Die deutsche Wirtschaft muss in 4 Jahren kriegsbereit sein."[1]

6.1 Die Wirtschaft zwischen 1918 und 1933

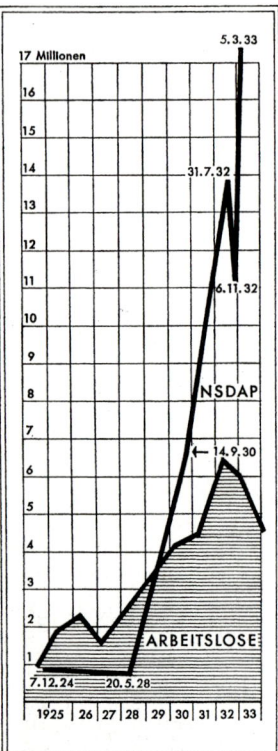

Entwicklung der Arbeitslosenzahlen und der Mitgliederzahl der NSDAP

Der ruinöse passive Widerstand im Ruhrkampf hatte 1923 die Inflation zum Galoppieren gebracht. Vor allem der bürgerliche Mittelstand verlor Besitz und Sparguthaben. Viele seiner Angehörigen rutschten deshalb in proletarische Verhältnisse ab. Ihre Einstellung zum Staat und zur Demokratie allgemein spiegelte sich in den Reichstagswahlen von 1924 wider, in denen die extremen Parteien große Erfolge verzeichneten.

Nach der **Phase der wirtschaftlichen Stabilisierung (1924–1929)** stürzte die **Weltwirtschaftskrise (1929–1933)** einen Großteil der Deutschen in bittere Armut. Auf ihrem Höhepunkt betrug die Zahl der Arbeitslosen mehr als 6 Millionen. Auch hier wurden ungerechterweise die Folgen der Weltwirtschaftskrise den staatstragenden Parteien bzw. den Regierungen dieser Zeit angelastet. Als Folge verzeichneten die radikalen Parteien, vor allem die NSDAP, enorme Stimmengewinne.

Brünings rigorose Sparmaßnahmen (1930–1932) diskreditierten den Staat in den Augen vieler Bürger und verstärkten den Wunsch nach einem „starken Mann", der Deutschland auch wirtschaftlich wieder auf „Vordermann" bringen sollte. Insbesondere die Großindustrie versprach sich bei aller Skepsis gegenüber Hitler von einer starken, machtbewussten Außenpolitik neue Impulse.

6.2 Die NS-Wirtschaft: Ziele und Maßnahmen

Alle wirtschaftspolitischen Maßnahmen und Programme hatten im Wesentlichen **drei** große **Ziele**:

- Rasche **Schaffung von Arbeitsplätzen**, um die Zahl der Arbeitslosen drastisch zu verringern und die wirtschaftliche und finanzielle Not zu beseitigen.

- **Propagandistischer Gewinn** für die NSDAP bzw. für Hitler, der sich für politische Ziele ummünzen ließ.

- Das langfristige Hauptziel der nationalsozialistischen Wirtschaft bestand jedoch in der „**Wehrhaftmachung**" Deutschlands, die nach Hitlers Vorstellungen 1938 abgeschlossen sein sollte.

Diese Ziele wurden mit folgenden **Maßnahmen** erreicht:

■ Der sechsmonatige **Reichsarbeitsdienst** (RAD) für alle 18- bis 21-Jährigen, zunächst eine freiwillige NS-Organisation, seit 1935 eine Pflichtorganisation, sorgte dafür, dass ca. 200 000 bis 300 000 junge Männer und Frauen gegen geringes Entgelt sowie freie Kost und Logis Arbeit erhielten. Sie wurden für diesen Zeitraum dem normalen Arbeitsmarkt entzogen und verbesserten als willkommener Nebeneffekt die Arbeitslosenstatistik.

■ **Einführung der allgemeinen Wehrpflicht** (2 Jahre), wodurch (zusammen mit dem RAD) nahezu die gesamte männliche Bevölkerung zwischen 18 und 21 Jahren dem Arbeitsmarkt entzogen wurde.

■ **Staatsaufträge**, wie der Bau von Autobahnen, Kasernen, Parteigebäuden, Flugplätzen, Versorgungseinrichtungen, „Denkmälern des neuen Reichs" in Berlin, Nürnberg, München und anderen Großstädten.

Von 1933–1938 wurden 3000 km Autobahn gebaut.

■ Stärkung und **Ausbau des Transportwesens**.

■ **Aufhebung der KfZ-Steuer**, die das Anwachsen der Autoindustrie begünstigte.

■ **Förderung des privaten Wohnungsbaus**.

■ Finanzielle Unterstützung und steuerliche Begünstigung für Investitionen, die zur **Einsparung ausländischer Produkte** führten.

■ **Propagierung der Rolle der Frau** als Mutter und „Sachwalterin des Hauses", die ihre (völkisch wichtigen) Aufgaben und Fähigkeiten in diesen Bereichen am besten verwirklichen könne. Die Arbeit der Frau im außerhäuslichen Bereich galt, von Ausnahmefällen abgesehen, als „untypisch und wesensfremd".

Der schönste Nam' im Erdenrund ist Mutter

6

6.3 Die Erschließung neuer Geldquellen

Schacht war Reichsbankpräsident 1933–39, Reichswirtschaftsminister 1935–37 und Generalbevollmächtigter für die Kriegswirtschaft 1935–37

Die Mefo bestand aus Krupp, Siemens, Rheinmetall und Deutsche Werke

Letztendlich wurden die Wechsel aufgrund des Kriegsbeginns nicht eingelöst.

Das zentrale Problem der NS-Wirtschaft bestand darin, ausreichend Geld zum raschen Aufbau der Industrie, speziell der Rüstungsindustrie, zu beschaffen, ohne eine Inflation in Gang zu setzen. Dieses Problem wurde von Hjalmar Schacht, der Zentralfigur der nationalsozialistischen Aufrüstung, bereits 1933 mit Hilfe der **Mefo-Wechsel**** in typischer Art und Weise gelöst.

Die Reichsbank, die Reichswehr und vier große Rüstungskonzerne, die zusammen ca. 75 % der Rüstungswirtschaft kontrollierten, gründeten die Scheinfirma „**Metallurgische Forschungs-GmbH**" (Mefo). Über sie liefen die Rüstungsaufträge, die mit Mefo-Wechseln bezahlt wurden. Diese wiederum sollten nach fünf Jahren bei der Reichsbank, die ihren Wert garantierte, eingelöst werden. Sie konnten jedoch auch nach einer mehrmonatigen Sperrfrist sofort bei der Reichsbank eingelöst werden. Dies geschah jedoch praktisch nicht, da dieses Zahlungsmittel nahezu ausschließlich an Firmen ging, die vom rüstungstechnisch bedingten Aufschwung direkt profitierten und es deshalb vermieden, Skepsis gegenüber derartigen Praktiken zu zeigen.

Auf diese Weise wurde bis April 1938, als die Mefo-Wechsel durch andere kurzfristige Papiere ersetzt wurden, eine **Nebenwährung von ca. 12 Mrd.** Reichsmark geschaffen, die vor allem für die Erprobung und Produktion in Schlüsselindustrien (Eisen-, Stahlerzeugung, Auto-, Flugzeug- und Maschinenbau) investiert wurde, ohne dass sie den normalen Finanzhaushalt belastete. Diese Investitionen waren nicht nur die Voraussetzung für die militärische Wiedererstarkung, sie schufen auch Arbeitsplätze und trugen dadurch zur wirtschaftlichen Aufwärtsentwicklung bei.

Allerdings profitierte die NS-Wirtschaft sehr stark davon, dass Hitler die Macht übernommen hatte, als diese nahezu auf dem wirtschaftlichen Tiefpunkt angelangt war und statistisch signifikante Veränderungen deshalb rasch zu erzielen waren.

6.4 Der Vierjahresplan

Vorrangiges Ziel der NS-Wirtschaft war die „**Wehrhaftmachung**". Sie wurde durch den Vierjahresplan angestrebt, dessen Bevollmächtigter 1936 Göring wurde. Der Rüstungswirtschaft hatten sich jetzt alle anderen wirtschaftlichen Bereiche unterzuordnen. Damit verlor die **Wirtschaft** insgesamt ihre Eigenständigkeit und wurde zu einem **Mittel der Außenpolitik**, konkret der Lebensraumpolitik, die ohne kriegerisches Vorgehen nicht zu verwirklichen war. Die **geheime Denkschrift** Hitlers konkretisierte den Vierjahresplan und legte Folgendes fest:

- Die **drastische Verringerung von Importen** für Güter, die auch im Lande hergestellt werden konnten. Die dadurch gesparten Devisen sollten für rüstungstechnisch absolut notwendige Rohstoffimporte, die sich nicht umgehen ließen, ausgegeben werden.

- Die **Schwerpunkte** der deutschen Wirtschaft sollten der **militärische Sektor** und vor allem die Entwicklung und der Ausbau der **Brennstoff- bzw. Treibstoffindustrie** sein.

- Die **Sicherung notwendiger Rohstoffe** „ohne Rücksicht auf Kosten".

- **Erhöhung der deutschen Erzförderung** „auf das Äußerste" ohne Rücksicht auf Kosten.

- **Großzügige Förderung** von **Forschung** und von **Erfindungen**, um auf diese Weise entweder Unabhängigkeit oder einen technischen Vorsprung zu erreichen.

Als Fazit forderte Hitler die Einsatzbereitschaft der deutschen Armee und die Kriegsfähigkeit der deutschen Wirtschaft in vier Jahren. Entscheidend in diesem Zusammenhang war, dass aufgrund der Erfahrung im Ersten Weltkrieg die Abhängigkeit der Rüstungsproduktion von ausländischen Rohstoffen soweit nur irgend möglich verringert werden sollte. Es galt deshalb, nach den Worten des Führers, möglichst schnell und ohne Rücksicht auf finanzpolitische Überlegungen eine Wirtschaftspolitik durchzuführen, „die bewusst den militärischen Konflikt einkalkulierte und dafür eine unverwundbare Wirtschaft benötigte". **Maßnahmen** dieser Wirtschaftspolitik waren die **staatliche Rohstoffzuweisung**, der **staatlich gelenkte Einsatz von Arbeitskräften**, ein **Preis- und Lohnstopp** und dessen Überwachung durch einen Reichspreiskommissar.

Göring am 4.9.1936 in einer Ministerbesprechung: „Alle Maßnahmen haben so zu erfolgen, als ob wir uns im Stadium der drohenden Kriegsgefahr befänden." [2]

Aus Hitlers geheimer Denkschrift: „Wenn es uns nicht gelingt, in kürzester Frist die deutsche Wehrmacht in der Ausbildung, in der Aufstellung der Formationen, in der Ausrüstung und vor allem auch in der geistigen Erziehung zur ersten Armee der Welt zu entwickeln, wird Deutschland verloren sein! … Wir sind überbevölkert und können uns auf der eigenen Grundlage nicht ernähren. … Die endgültige Lösung liegt in einer Erweiterung des Lebensraums bzw. der Rohstoff- und Ernährungsbasis. … Diese Aufgabe [schnellste Entwicklung der Brennstofferzeugung] ist mit derselben Entschlossenheit wie die Führung eines Krieges anzufassen und durchzuführen; denn von ihrer Lösung hängt die kommende Kriegsführung ab." [3]

6

Reichsnährstand: Am 19.3.1933 per Gesetz gegründete und von der NSDAP kontrollierte Monopolorganisation, die alle Personen und Betriebe erfasste, die landwirtschaftliche Produkte erzeugten, sie be- bzw. verarbeiteten oder mit ihnen Handel trieben.

In dieses gesamtwirtschaftliche System hatte sich auch die Landwirtschaft einzuordnen, da ihr eine wichtige Rolle im Rahmen der „Wehrhaftmachung" zufiel. Deshalb wurde sie vom Staat gefördert, unterlag jedoch seit September 1933 gleichzeitig seiner völligen Kontrolle. Der **staatlich gelenkte „Reichsnährstand"**, dem alle landwirtschaftlichen Betriebe, gleich welcher Größenordnung, angehören mussten, organisierte und überwachte die gesamte Landwirtschaft. Er bestimmte Anbauprodukte, erfasste die Produktion, regelte deren Ablieferung, Verteilung und Verkauf und legte Lieferbedingungen, Handelsspannen und Preise fest.

6.5 Die Bewertung der NS-Wirtschaftspolitik

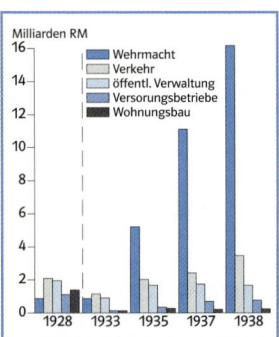

Öffentliche Investitionen im Deutschen Reich (in Milliarden RM)

Die Bewertung der NS-Wirtschaft ist in der Literatur sehr **uneinheitlich**, da je nach Standort unterschiedliche Kriterien angewandt oder gleiche Kriterien anders gewichtet werden. Betrachtet man sie lediglich unter dem Aspekt von Produktionszahlen, Wirtschaftswachstum, Entstehung neuer Industriezweige, technologischem Fortschritt und Bekämpfung der Arbeitslosigkeit, so wird man zu einer anderen Einschätzung kommen, als wenn man die einseitige Ausrichtung der Wirtschaft auf die Rüstung und damit letztendlich auf den Krieg in den Mittelpunkt stellt. Folgende **Bewertungskriterien** sind unabhängig von der jeweiligen Ausgangsposition mit einzubeziehen:

■ Die NS-Wirtschaft hatte zu **keiner** Zeit **Eigenständigkeit**, sie war immer nur ein Mittel der Machtstabilisierung und der Außenpolitik.

■ Sie war die **Grundlage der Wehrhaftmachung** und damit die entscheidende **Voraussetzung für den Krieg**. Deshalb war sie der aggressiven Außenpolitik Hitlers untergeordnet und von deren Ergebnis abhängig.

■ Wirtschaft bedeutet **Rüstungswirtschaft mit angegliederten**, aufgrund ihrer Bedeutung jedoch absolut sekundären **Versorgungsbereichen**.

■ Der Vierjahresplan, dem sich alles unterzuordnen hatte, steigerte die Zunahme der **Investitionen nur im Rüstungssektor**, im Versorgungsbereich stagnierten sie oder gingen sogar zurück.

- **Der wirtschaftliche Aufschwung**, ausgelöst durch den Rüstungsboom, **kam** zum größten Teil und fast ausschließlich **Großunternehmen zugute**. Die Arbeitslöhne z. B. stiegen prozentual wesentlich langsamer als die Gewinne der Großindustriellen.

- **Löhne und Gehälter stagnierten** in vielen Bereichen auch nach der Vollbeschäftigung auf dem Tiefstand von 1932. Nationale Appelle an die Deutschen überdeckten die Tatsache, dass der **Lebensstandard** des gesamten Volkes **von 1928** im Dritten Reich **nicht erreicht** wurde.

Stundenlöhne Facharbeiter (in Pfennigen)

1929:	101,1
1932:	81,6
1936:	78,3
1939:	79,1

Fazit: Bei vordergründiger Betrachtung und Auswertung der Statistiken kann der Eindruck entstehen, dass die NS-Wirtschaft außerordentlich erfolgreich und gesund gewesen sei. Der Historiker Sebastian Haffner spricht in diesem Zusammenhang von einem „Wirtschaftswunder" und bezeichnete sie als eine der positiven Leistungen Hitlers. Dieser Begriff, so umstritten er ist, kann jedoch nicht darüber hinwegtäuschen, dass die Wirtschaft letztendlich nur einem Ziel diente, nämlich „den Krieg im Frieden vorzubereiten". Durch die Errichtung der Autobahnen und die Beseitigung der Massenarbeitslosigkeit setzte das Regime ein außerordentlich wirksames Unternehmen in Szene. Es war so erfolgreich, dass die Legende von Hitlers „genialer Schöpfung" teilweise bis heute existiert. Dagegen ist jedoch einzuwenden:

Entwicklung der Arbeitslosigkeit in Deutschland (in Mio.):

	Jan.	Juli
1927		1,00
1928	1,86	1,01
1929	2,85	1,25
1930	3,22	2,76
1931	4,89	3,99
1932	6,04	5,39
1933	6,01	4,46
1934	3,77	2,42
1935	2,55	1,61
1936	2,04	1,05
1937	1,30	0,56

- Im Gegensatz zu allgemein anerkannten wirtschaftspolitischen Grundsätzen kam es Hitler **nur** auf **kurzfristige Erfolge**, nicht jedoch auf eine rationelle, mittelfristige oder gar langfristige wirtschaftliche Planung an.

- Generell ist eine **ausgeprägte Grundsatzlosigkeit** in **der langfristigen** wirtschaftlichen **Planung** festzustellen. Diese ergab sich aus der Vorrangigkeit der Rüstungspolitik und der außenpolitischen Ziele.

- Volkswirtschaftlich gesehen war die einseitige **Bevorzugung der Rüstungsindustrie** und die Unterordnung der anderen Wirtschaftszweige **auf längere Zeit** gesehen **ruinös**. Sie hätte nur dann funktionieren können, wenn die Spekulation auf einen gewonnenen Krieg oder auf die Vorherrschaft in Europa Realität geworden wären.

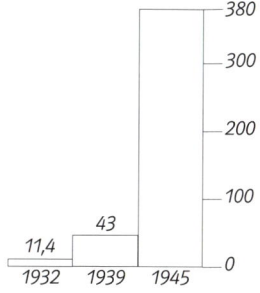

Staatsverschuldung des Deutschen Reiches (in Mrd. RM)

Zusammenfassung

Die nationalsozialistische Wirtschaftspolitik

Übergeordnete Ziele

rasche Schaffung von
Arbeitsplätzen

propagandistischer
Gewinn

„Wehrhaftmachung"
Deutschlands

Maßnahmen

- Einführung des Reichsarbeitsdienstes
- allgemeine Wehrpflicht
- Staatsaufträge
- Ausbau des Transportwesens
- Begünstigung der Autoindustrie
- Förderung des privaten Wohnungsbaus
- Propagierung der Rolle der Frau als
  Mutter und „Sachwalterin des Hauses"

- Gründung der Metallurgischen Forschungs-
  GmbH
- Finanzierung durch Mefo-Wechsel
- Konkretisierung durch Vierjahresplan und
  geheime Denkschrift, betrifft besonders:
  Importe, militärischen Sektor, Brenn- und
  Treibstoffindustrie, Rohstoffe, deutsche
  Erzförderung, Förderung rüstungsrele-
  vanter Forschung und Erfindungen

Bewertung

- nie Eigenständigkeit, immer nur Mittel der „Wehrhaftmachung"
- nur auf kurzfristige Erfolge/Ziele ausgerichtet
- entscheidende Voraussetzung für den Krieg
- nur „rentabel" bei Kriegsgewinn
- Wirtschaft ist Rüstungswirtschaft mit angegliederten
  Versorgungsbereichen
- ausgeprägte langfristige Orientierungslosigkeit
- (auf lange Sicht) ruinöse Bevorzugung der Rüstung
- die Groß-, vor allem die Rüstungsindustrie profitiert
- der Lebensstandard der Masse (verglichen mit 1929) verbessert sich
  nicht

Amerikanische Karikatur zur Rede Hitlers vom 17.5.1933

Hitler am 10.11.1938 vor Verlegern und Journalisten:
„Die Umstände haben mich gezwungen, jahrzehntelang fast nur vom Frieden zu reden. Nur unter der fortgesetzten Betonung des deutschen Friedenswillens und der Friedensabsichten war es mir möglich, dem deutschen Volk Stück für Stück die Freiheit zu erringen und ihm die Rüstung zu geben, die immer wieder für den nächsten Schritt notwendig war ... Der Zwang war die Ursache, warum ich jahrelang nur vom Frieden redete. "[1]

7.1 Kontinuität und Diskontinuität der deutschen Außenpolitik

Die NS-Außenpolitik in der Sicht der Zeitgenossen

Die Außenpolitik der Weimarer Republik, gleichgültig von welchen Politikern und Parteien sie bestimmt wurde, sah ihr wesentliches Ziel darin, durch Revision eine „Entschärfung" oder gar eine völlige Aufhebung des Versailler Vertrages zu erreichen. Diese kontinuierlich verfolgte Politik geht von Rapallo (1922) über Locarno (1925), den Eintritt in den Völkerbund (1926), den deutsch-sowjetischen Vertrag (1926), den Forderungen der Kanzler Brüning, Papen und Schleicher bis hin zu Hitler. Aus diesem Grunde muss für Zeitgenossen und auch für ausländische Beobachter die **Kontinuität** das **hervorstechendste Charakteristikum** der deutschen Außenpolitik von 1918 bis 1939 gewesen sein.

NS-Außenpolitik aus der Retrospektive

Nach dem Zweiten Weltkrieg behandelten Historiker zunächst Epochen des 19. und 20. Jahrhunderts weitgehend isoliert und stellten deren Charakteristika heraus (Bismarck-Zeit, Wilhelminische Ära, Weimarer Republik und Drittes Reich). Kontinuitätslinien, die „Hitlers Ort in der Geschichte des preußisch-deutschen Nationalstaates"[2] offen legten und die deutlich machten, dass die Weimarer Republik und vor allem das Dritte Reich ihre Wurzeln, besonders die ihrer Außenpolitik, im Kaiserreich hatten, wurden in einem emotional stark aufgeheizten Klima (Kriegsschuld, Kollektivschuld, re-education, Entnazifizierung) unterdrückt.

Aus heutiger Sicht erweist sich diese **Kontinuität der** politischen **Forderungen**, territorialen **und** machtpolitischen **Ziele** als **unbestreitbar**. Betrachtet man jedoch speziell die Mittel und Methoden der NS-Außenpolitik dann ist ein Bruch festzustellen. Hitlers Lebensraumpolitik kalkulierte den Krieg bzw. (wie er ihn umschrieb) das „Brechen von Widerstand unter Risiko" als feste Größe, als „normales politisches Mittel" von Anfang an ein und betonte ideologisch dessen Auslesecharakter im Bereich der Völker und Nationen. Hitler forcierte die Eskalation politischer Verhältnisse bewusst und plante und realisierte den Krieg systematisch. Deshalb muss der 30.1.1933 heute unter dem Aspekt der außenpolitischen Mittel und Methoden als Zäsur betrachtet werden, auch wenn die Neuartigkeit, die Radikalität dieser Politik von den in- und ausländischen Zeitgenossen nicht erkannt werden konnte und in den Fünfzigerjahren nicht offen gelegt wurde, entweder aus emotionalen Gründen oder weil der Vorwurf der „Nestbeschmutzung" vermieden werden sollte.

Der Historiker K. Hildebrand (1973): „Hitlers ‚Programm' aber integrierte prinzipiell alle seit Bismarcks Tagen in der deutschen Gesellschaft vorhandenen politischen Forderungen, wirtschaftlichen Notwendigkeiten und sozial-psychologischen Erwartungen."[3]

Vgl. Hitlers Prognose in „Mein Kampf": „Deutschland wird entweder Weltmacht oder überhaupt nicht sein."

7.2 Außenpolitische Positionen vor 1933

Wie im Bereich der Ideologie bildete den harten Kern der Außenpolitik Hitlers ein Konglomerat von Positionen, die bereits vor 1918 vorhanden waren und in der deutschen Außenpolitik danach eine wichtige Rolle spielten:

- **Wilhelminisch-imperialistische Kreise** hatten seit 1890 eine starke hegemoniale Stellung Deutschlands auf dem Kontinent angestrebt und wollten dann nach Übersee ausgreifen, um die europäische Hegemonialmacht durch den Erwerb von **Kolonien** zur Weltmacht auszubauen. Für einen derartig „beschränkten Horizont" hatte Hitler nur beißenden Spott übrig, da seine Ziele von Anfang an weit über derartige Programmpunkte hinausgingen.

- **Rassendogmatiker**, die Blut, Boden und völkisches Gedankengut als Ausgangspunkt und Grundlage ihrer Außenpolitik betrachteten. Die wesentliche Voraussetzung für die angestrebte Größe Deutschlands sahen sie in der Notwendigkeit der Einigung mit dem „germanischen" und deshalb hochwertigen England und in der **Eroberung des** rassisch minderwertigen **Ostens**.

- Das „Trauma" des verlorenen Krieges („Einkreisung", „böswillige Neider", „Karthagofriede", Dolchstoßlegende) und die daraus erwachsene **Revisionspolitik** der Kabinette Brüning, von Papen und von Schleicher.

Der Vorsitzende des Alldeutschen Verbandes, Heinrich Claß (1913): „Heer und Flotte sind auch Waffen des Angriffs, wenn die Sicherung unseres Daseins es verlangt. [Wenn wir bemerken], dass nicht nur im Inland der wirtschaftliche Kampf ums Dasein sich täglich verschärft ... [müssen wir] Land erwerben. ... Jede Ausdehnung in Europa ist ... nur durch siegreiche Kriege herbeizuführen. ... [Als Verteidigungskrieg gilt auch ein Angriffskrieg], um dem Gegner zuvorzukommen." [4]

7.3 Hitlers außenpolitischer Stufenplan

Hitler ging in seiner Außenpolitik von der Maxime aus, dass Deutschland entweder Weltmacht oder gar nicht sein werde. Den **Aufstieg zur Weltmacht** wollte er folgendermaßen realisieren:

- **Erringung der Macht im Inneren** und ihre Stabilisierung als Voraussetzung für eine machtbewusste Außenpolitik.

- **Hegemonie in Zentraleuropa** durch ein Kontinentalimperium mit einem festen machtpolitischen und „wehrwirtschaftlichen" Rückhalt im „europäischen Ostraum".

- Danach **Gewinnung eines kolonialen „Ergänzungsraums"** in Afrika bei gleichzeitigem Aufbau einer starken Flotte.

- Dadurch sollte **Deutschland eine der vier Weltmächte** neben den USA, dem britischen Empire und Japan werden.

- Für die folgende Generation erwartete Hitler einen **Entscheidungskampf um die Weltherrschaft** zwischen den beiden bedeutendsten Weltmächten USA und Deutschland. Hierfür sollte die Neutralität Japans durch das Zugeständnis einer östlichen Interessensphäre und nach Möglichkeit ein Bündnis mit dem „germanischen" England erreicht werden. [5]

Für diesen „gewaltigen Kampf der Kontinente" galt es, so Hitler, in seiner Zeit dem zu errichtenden „Germanischen Reich Deutscher Nation" die notwendige „großräumige" Voraussetzung zu schaffen, ohne die Deutschland unvermeidlich zur machtpolitischen Bedeutungslosigkeit verurteilt sei. Deutlich sind also die **zwei Phasen der Außenpolitik** voneinander abgegrenzt: die Beherrschung Europas und das Übergreifen nach Übersee mit dem Entscheidungskampf gegen die USA um die Weltherrschaft. Dieser Stufenplan, der in seiner Entwicklung bis 1925 völlig abgeschlossen war und von da an nicht mehr verändert wurde, stellte eine völlige Abkehr von allem bisher Dagewesenen dar. In dieser Konzeption spielte England die zentrale Rolle. Mit dessen Kriegseintritt, den Hitler bis zuletzt als unwahrscheinlich angesehen hatte, und vor allem mit dem Kriegseintritt der USA war das Programm nicht mehr wie geplant durchzuführen. Beide Phasen fielen nun zusammen. Damit war Hitlers Außenpolitik trotz anfänglicher Erfolge langfristig zum Scheitern verurteilt.

7.4 War die Radikalität der Außenpolitik Hitlers erkennbar?

In seinem Buch „Mein Kampf" finden sich zahlreiche **konkrete Aussagen und Bekenntnisse** zu **einer** auf kriegerischen Mitteln basierenden **unverhüllten Expansionspolitik**. Die entscheidenden ideologischen Triebkräfte Hitlers, Rassen- und Lebensraumpolitik, werden ebenso deutlich postuliert wie die Vernichtung des

Judentums im Zusammenhang mit der Zerschlagung der bolschewistischen UdSSR. Deshalb war Hitlers **außenpolitisches Programm** und auch die hierfür beschriebenen Mittel und Methoden, **für jeden erkennbar**, der lesen konnte und erkennen wollte. Darüber hinaus verkündete Hitler in zahlreichen Reden, Erklärungen und Gesprächen auch nach dem 30. Januar 1933 sein Programm und die anzuwendenden Mittel. Vor allem die Führungsspitze der Reichswehr wurde frühzeitig vom Führer höchstpersönlich über dessen außenpolitische Ziele unmissverständlich informiert. So erörterte er bereits wenige Tage nach der Machtüberlassung, am **3. Februar 1933**, vor den Befehlshabern der Reichswehr die Frage, wie die politische Macht, basierend auf innerer Stabilität und militärischer Stärke, genutzt werden sollte. Als eine Möglichkeit nannte er „vielleicht die Erkämpfung neuer Exportmöglichkeiten", um dann jedoch sofort sein Hauptziel in den Vordergrund zu stellen: „Vielleicht – und wohl besser – **Eroberung neuen Lebensraums im Osten und dessen rücksichtslose Germanisierung.**"[7] Sicherlich muss das abschwächende „vielleicht" nicht überbewertet werden, denn eine echte Alternative zwischen beiden Möglichkeiten existierte für Hitler zu keinem Zeitpunkt. Die Abschwächung ergab sich vermutlich aus dem Bestreben, die hohen Offiziere nicht vom ersten Tag an vor vollendete Tatsachen zu stellen. Auch den Krieg als Mittel zur Verwirklichung seines Programms sprach Hitler in diesem Vortrag sehr deutlich an: Er sei sicher, so führte er aus, „dass erst mit politischer Macht und Kampf die jetzigen wirtschaftlichen Zustände verändert werden können".

Noch deutlicher beschrieb er am **5. November 1937** seine außenpolitischen Ziele in einer Unterredung mit dem Reichskriegsminister, dem Reichsaußenminister und den Oberbefehlshabern der Reichswehr („**Hoßbach-Protokoll**"). Er stellte u. a. fest:

- Ziel der deutschen Politik sei die Sicherung und Erhaltung der Volksmasse und deren Vermehrung.

- Somit handele es sich um das Problem landwirtschaftlich nutzbaren Raums.

- Man müsse davon ausgehen, dass jede **Raumerweiterung nur durch** das **Brechen von Widerstand und unter Risiko** vor sich gehe. Dies habe die Geschichte aller Zeiten bewiesen.

- Hitler erläuterte ferner, ausgehend von dem als grundlegend angesehenen Prinzip „Anwendung von Gewalt unter Risiko", das „Wann" und „Wie" eines derartigen Vorgehens: Die Chance einer Lösung dieses Problems verschlechtere sich aufgrund des schwindenden Rüstungsvorsprungs gegenüber den europäi-

auch uns in Zukunft den Boden und damit das Leben für unser Volk keine völkische Gnade zuweisen, sondern nur die Gewalt eines siegreichen Schwertes … Wir setzen dort an, wo man vor sechs Jahrhunderten endete. Wir stoppen den ewigen Germanenzug nach dem Süden und Westen Europas und weisen den Blick nach dem Land im Osten."[6]

Hitlers Adjutant, Oberst Hoßbach, fertigte über diese Besprechung ein Gedächtnisprotokoll an.

Als Belege führte Hitler das Römische Reich und das Britische Empire an.

schen Großmächten nach 1943/45. Sollte der Erbfeind Frankreich in eine innenpolitische Krise geraten oder gar in eine militärische Auseinandersetzung verwickelt werden, sei der **ideale Zeitpunkt eines Krieges** (vor 1943/45) gegeben.

Die **entscheidende Frage** lautet: Warum wurde Hitler als skrupelloser Außenpolitiker nicht erkannt oder nicht treffend eingeschätzt. Hierfür gibt es eine Reihe von **Erklärungen**:

Hitler über „Mein Kampf": „Die Gedanken gehen mir durch beim Schreiben. ‚Mein Kampf' ist eine Aneinanderreihung von Leitartikeln für den ‚Völkischen Beobachter' und ich glaube, selbst dort würde man sie aus sprachlichen Gründen nur ungern annehmen. Inhaltlich möchte ich nichts ändern. Wenn es schon ‚Phantasien zwischen Gittern' sind, die ich da dem Hess diktiert habe: es gibt auch eine Logik des Traumes. Nur das Kapitel über die Syphilis müsste ich als unrichtig total umändern." [8]

- Eine wichtige Rolle spielte die bereits erwähnte **Kontinuität** der deutschen Außenpolitik, die durch die Person des Außenministers von Neurath noch verstärkt wurde.

- Viele Leser von „**Mein Kampf**" beschäftigten sich mit dem 12. und 13. Kapitel des Buches nicht intensiv (Außenpolitik), da es aufgrund seines assoziativen Aufbaus, seiner sprunghaften Darstellung und seiner oft abstrusen Gedanken **schwer zu verstehen** war.

- Vielfach wurde „**Mein Kampf" als** massive **Propaganda** des Oppositionspolitikers Hitler betrachtet, dem man in dieser Funktion kräftige Worte und markige Parolen zubilligte, ohne allzu genau auf ihren Sinngehalt zu achten.

- Aufgrund ihrer **Gewöhnung an heroische Forderungen** neigten viele Deutsche dazu, die Ideen Hitlers nicht so ernst zu nehmen, da schließlich, wie die tägliche Erfahrung zeige, die Realität extreme Ideen oder Pläne mildere und abschwäche.

- Hitlers außenpolitisches Programm, seine Mittel und Methoden widersprachen derart allen Traditionen deutscher bzw. europäischer Außenpolitik, dass die Radikalität vielen überhaupt nicht klar wurde. **Hitler** war **mit** den **bisherigen Maßstäben**, mit denen europäische Staatsmänner gemessen wurden, sowohl im Inland wie im Ausland nur **schwer einzuschätzen**.

- Entscheidend bis zum Ausbruch des Weltkrieges war wohl, dass Hitler von Anfang an mit einer sehr geschickten und wirksamen **Verschleierungstaktik** eine **zweigleisige Außenpolitik** betrieb. Seine außenpolitischen „Erfolge" begleitete er meist beschwichtigend mit öffentlichen Friedensbeteuerungen und grundsätzlicher Friedfertigkeit. Allgemein glaubte man, derartige Beteuerungen eines Staatsmannes nicht bezweifeln zu dürfen. Auch im Ausland ging man bis zum Kriegsausbruch davon aus, dass Hitler die ungeschriebenen Spielregeln traditioneller internationaler Politik und Diplomatie beachten werde.

7.5 Die 1. Phase der NS-Außenpolitik (1933–1936)

Hitlers Reichstagsrede vom 17. 5. 1933

Diese Rede, wie auch zahlreiche andere, hatte die Funktion, die wahren Absichten Hitlers zu verschleiern. So erklärte er u. a., er respektiere „die nationalen Rechte auch der anderen Völker", er bzw. Deutschland wolle „aus tiefinnerstem Herzen mit ihnen in Frieden und Freundschaft leben … Wir haben keinen sehnlicheren Wunsch als den, beizutragen, dass Wunden des Krieges und des Versailler Vertrages endgültig geheilt werden, und Deutschland wird dabei keinen anderen Weg gehen als den, der durch die Verträge selbst als berechtigt anerkannt wird". Ferner erklärte er, die deutsche Regierung wünsche, „sich über alle schwierigen Fragen politischer und wirtschaftlicher Natur mit den anderen Nationen friedlich und vertraglich auseinander zu setzen. Sie weiß, dass jeder militärische Akt in Europa auch im Falle seines vollständigen Gelingens, gemessen an seinen Opfern, in keinem Verhältnis steht zum möglichen endgültigen Gewinn."[9] Hitlers doppeltes Spiel, seine zweigleisige Außenpolitik, wird bereits in dieser frühen Phase deutlich, wenn man seine Ansprache vom 3. Februar vor Reichswehrgenerälen in Betracht zieht, in der er seine Eroberungspläne und den Krieg als politisches Mittel unmissverständlich zum Ausdruck brachte.

„L'homme au double visage" („Der Mann mit den zwei Gesichtern"). Französische Karikatur 1933

Das Reichskonkordat zwischen dem Deutschen Reich und dem Vatikan (20. 7. 1933) war der erste Staatsvertrag des Dritten Reichs. Er hatte zwar keine außenpolitischen Inhalte (s. S. 134), brachte jedoch dem Nationalsozialismus im In- und Ausland einen großen Prestigegewinn.

Der Austritt aus dem Völkerbund (14. 10. 1933)

Der unmittelbare Anlass für den in Deutschland sehr populären Schritt waren französische Sicherheitsbedenken gegen ein militärisch gleichberechtigtes Deutschland. Im Inland wurde diese Ablehnung als „Beleidigung des deutschen Volkes und seiner nationalen Würde" angesehen. Dies musste auch auf die der NSDAP skeptisch gegenüberstehenden Deutschen so wirken, da Hitler sehr geschickt zuvor in einem Viermächtepakt einer friedlichen Regelung von Streitfragen und allgemeinen europäischen Rüstungsbeschränkungen zugestimmt hatte. Seine Rechnung ging dabei völlig auf. Wie erwartet, genügte Frankreich diese Zusicherung als Voraussetzung für die militärische Gleichberechtigung Deutschlands nicht. Hitler hatte seine Friedensbereitschaft einmal mehr öffentlich dokumentiert und konnte nun – in den Augen der meisten Deutschen – mit Recht auf die Unversöhnlichkeit des westlichen Nachbarn hinweisen. Nach der Ablehnung

„Deutschlands neuer Gruß in Genf." Niederländische Karikatur zum Austritt aus dem Völkerbund

der deutschen Forderungen auf der Genfer Abrüstungskonferenz verließ der deutsche Delegierte sofort den Tagungsort. Am selben Tag verkündete Hitler den Austritt des Deutschen Reiches aus dem Völkerbund. Diese populäre Maßnahme wurde durch eine propagandistisch sorgfältig vorbereitete Volksabstimmung nachträglich bestätigt.

Der deutsch-polnische Nichtangriffspakt (26.1.1934)

Vorgeschichte

Die Tschechoslowakei entstand 1918/19 durch den Zusammenschluss von Böhmen, Mähren, Slowakei und Karpato-Ukraine. Sie wurde im Vertrag von Saint-Germain-en-Laye (September 1919) staatsrechtlich bestätigt.

Bereits im Oktober 1933 hatte Hitler der Tschechoslowakei und Polen Nichtangriffspakte angeboten. Der Grund für dieses angesichts seiner Lebensraumpolitik überraschende Vorgehen ist darin zu sehen, dass er bis etwa 1937 einen Präventivschlag des militärisch zunächst noch weit überlegenen Frankreichs befürchtete und deshalb an den Ost- und Südostgrenzen des Reichs kalkulierbare Verhältnisse haben wollte. Als Polen im Gegensatz zur Tschechoslowakei auf Hitlers Angebot einging, wurde zu Beginn des Jahres 1934 der Nichtangriffspakt geschlossen.

Inhalt

Kernstück war eine De-facto-**Garantie der Unverletzlichkeit der polnischen Grenzen**, da beide Staaten sich im Rahmen ihrer Bemühungen um die Sicherung des Friedens verpflichteten, Streitfragen nicht mit Gewalt zu lösen.

Bedeutung

Aus „Mein Kampf": „Ein Bündnis, dessen Ziel nicht die Absicht zu einem Krieg umfasst, ist sinn- und wertlos. Bündnisse schließt man nur zum Kampf."[10]

Sir Eric Phipps, der britische Botschafter, berichtete nach London, Hitler habe den Beweis erbracht, dass er ein Staatsmann und fähig sei, um seiner Außenpolitik willen ein gewisses Maß an Popularität zu opfern.[11]

Der Pakt bedeutete ein (vorübergehendes) **Abweichen** Hitlers **von dem** bisherigen **revisionistischen Kurs der deutschen Außenpolitik**, was im In- und Ausland zu großem Erstaunen Anlass bot. Allerdings wurde damals nicht erkannt, dass Bündnisse und Verträge für Hitler keinerlei grundsätzliche Bedeutung hatten und nur solange eingehalten wurden, wie dies aufgrund der jeweiligen Situation opportun erschien. Jedenfalls schienen diejenigen Recht zu behalten, die davor gewarnt hatten, den Kanzler mit dem früheren aggressiven Oppositionspolitiker gleichzusetzen.

Mit diesem Pakt geriet die europäische Bündnispolitik wieder in Bewegung. Die UdSSR, die in ihm eine endgültige Abkehr von dem auf Rapallo basierenden deutsch-sowjetischen Verhältnis sah, lehnte sich nun enger an Frankreich an. Da dort die offensichtlich betriebene Aufrüstung Deutschlands ohnehin mit großer Besorgnis zur Kenntnis genommen wurde, versuchte Frankreich, das Deutsche Reich in einen Ostpakt, ähnlich dem Rhein- bzw. Westpakt von 1925, einzubinden. Ihm sollten die drei baltischen

Staaten sowie Polen, die Tschechoslowakei und die UdSSR als weitere Vertragspartner angehören. Frankreich gedachte als Garant dieses Pakts zu fungieren. Dieser Plan scheiterte, als die Reichsregierung im September 1934 erklären ließ, sie glaube, dass andere Methoden der Friedenssicherung mehr Erfolg versprächen. Im Allgemeinen würde sie zweiseitigen Verträgen den Vorzug geben. Dies bedeutete eine Absage des Deutschen Reiches an ein kollektives System der Sicherheit in Europa. Als Reaktion darauf betrieb Frankreich die Aufnahme der UdSSR in den Völkerbund, die Stalin zur Verbesserung seines staatsmännischen Images schon angestrebt hatte. In Deutschland wurde der Beitritt der UdSSR in diese ohnehin verhasste Organisation als eine neue „Einkreisung" betrachtet.

Die Abstimmung an der Saar (13.1.1935)

Mit der Vereinigung der Ämter des Reichspräsidenten und des Reichskanzlers war die Herrschaft Hitlers im Inneren gesichert und er wandte sich verstärkt der Außenpolitik zu. Die schrittweise Aufrüstung der Reichswehr auf 250 000 Mann, die eine Verletzung des Versailler Vertrages bedeutete, und der Aufbau einer modernen Luftwaffe gaben Hitler ein Gefühl der Stärke und die Überzeugung, seine Lebensraumpolitik in absehbarer Zeit realisieren zu können. Diese Einschätzung der Situation wurde durch die Abstimmung an der Saar noch verstärkt. Entsprechend den vertraglichen Bestimmungen wurde diese nach 15 Jahren durchgeführt. Fast 91 % der Bevölkerung entschieden sich aus nationalen und wirtschaftlichen Gründen für die Angliederung an das Deutsche Reich. Dieses Ergebnis verwertete die NS-Propaganda sehr geschickt („die Stimme des Blutes hat gesprochen"), indem sie es als ersten Schritt einer erfolgreichen Revisionspolitik und als Zustimmung der saarländischen Bevölkerung zum „neuen Deutschland" feierte.

Da das Saarland 1920 einer internationalen Behörde unterstellt und wirtschaftlich von Frankreich genutzt wurde, betrachtete die NS-Propaganda die Abstimmung als außenpolitischen Erfolg.

Die Einführung der allgemeinen Wehrpflicht (16.3.1935)

Anfang März gab das Deutsche Reich den europäischen Mächten den Aufbau einer deutschen Luftwaffe bekannt. Als keine nennenswerten Proteste erfolgten, verkündete Hitler kurze Zeit danach offiziell die Wiedereinführung der allgemeinen Wehrpflicht, womit er wiederum gegen den Versailler Vertrag in eklatanter Weise verstieß. Die schwächliche Reaktion der europäischen Mächte musste einen so skrupellosen Machtpolitiker wie Hitler in seiner negativen Einschätzung der demokratischen Staaten bestätigen.

Am 16.3.1935 hatte Hitler die deutsche Aufrüstung als „friedenstabilisierendes Element" bezeichnet.

Im Gegensatz zu seiner Befürchtung, Frankreich könne einen Präventivschlag gegen den Erbfeind Deutschland führen, kam es auf der von Mussolini angeregten **Konferenz von Stresa** (11.–14.4.1935) lediglich zu der wenig bedeutenden Vereinbarung, in Zukunft ähnliche, einseitige Aufkündigungen von Verträgen (in diesem Falle des Versailler Vertrages) nicht mehr zu tolerieren. Daneben entschloss sich der Völkerbund zu einem halbherzigen Protest. Allein die Tatsache, dass der britische Außenminister Simon sich unmittelbar nach der Einführung der allgemeinen Wehrpflicht zu deutsch-britischen Gesprächen über ein Flottenabkommen in Berlin einfand, machte die **Brüchigkeit der Stresa-Front** deutlich. Auch hier setzte Hitler seine zweigleisige Politik fort, indem er den europäischen Mächten in einer Reichstagsrede am 21.5.1935 seine Friedensliebe beteuerte. Das nationalsozialistische Deutschland wolle den Frieden aus tiefinnerster weltanschaulicher Überzeugung, es wolle beitragen zur Wiederauferstehung des Abendlandes. Deutschland brauche in seiner Situation den Frieden und wolle ihn.

Das deutsch-britische Flottenabkommen (18.6.1935)

Britische Politiker zum Flottenabkommen:

Der Oppositionsführer und spätere Prime Minister Winston Churchill am 18.6.1935: „Meines Erachtens wird sich dieses isolierte Vorgehen Großbritanniens für die Sache des Friedens nicht als günstig erweisen."

Außenminister Hoare am selben Tag: „Unsere Flottenfachmänner rieten uns, das Abkommen als eine Verständigung, die dem britischen Weltreich Sicherheit bietet, anzunehmen."¹³

Die deutsch-britischen Gespräche wurden im Juni 1935 durch ein Flottenabkommen besiegelt. Es beinhaltete die **Regelung des Kräfteverhältnisses** zwischen beiden Ländern. Das Deutsche Reich durfte danach 35 % der britischen Schiffsstärke und 45% der britischen U-Boote besitzen. Dieses Abkommen bestärkte Hitler in seiner Außenpolitik und den ihr zugrunde liegenden Vorstellungen noch mehr. Zum einen hatte er trotz des Austritts aus dem Völkerbund und trotz der Aufrüstung eine vertragliche Regelung mit Großbritannien erreicht, die angesichts der britischen Seemacht nicht ungünstig war. Zum anderen hatte er die Stresa-Front endgültig gesprengt. Einen weiteren günstigen Aspekt des Abkommens sah Hitler in der grundsätzlichen Bereitschaft Großbritanniens, vertragliche Abmachungen mit dem Deutschen Reich einzugehen. Dieses Verhältnis hoffte Hitler im Sinne seiner langfristigen politischen Ziele zu einer Allianz der beiden „germanischen" Völker ausbauen zu können. Ferner schien sich die Richtigkeit seines Vorgehens zu bestätigen, in bilateralen Verhandlungen und Verträgen seine Ziele erreichen zu können. Gleichzeitig – und dies war für Hitlers künftige Außenpolitik von ausschlaggebender Wichtigkeit – dokumentierte das Flottenabkommen den **Beginn der britischen Appeasementpolitik***.

Die Besetzung des Rheinlandes (7.3.1936)

Voraussetzungen und Ablauf

In den Monaten nach dem deutsch-britischen Flottenabkommen spaltete sich die Phalanx der Gegner des Dritten Reiches noch mehr. Mussolini eroberte Abessinien und brauchte dafür möglichst viel Rückendeckung und wirtschaftliche Unterstützung, da der Völkerbund ein Waffen- und Rohstoffembargo gegen Italien verhängt hatte. Er suchte und fand sie vor allem bei Hitler, der sich in einer günstigen Situation befand: Frankreich war gehemmt durch starke innenpolitische Probleme und Großbritannien betrachtete die deutsche Revisionspolitik in vielerlei Hinsicht als gerechtfertigt und reagierte dementsprechend. In dieser Situation beschloss Hitler, nachdem er sich des Wohlwollens des Duce versichert hatte, die durch den Versailler Vertrag entmilitarisierten drei Zonen des Rheinlandes zu besetzen.

Es zeichnete sich bereits die Volksfrontregierung (Sozialisten/Kommunisten) des kommenden Jahres ab.

Nach der Kündigung des Locarno-Vertrages (7.3.1936) mit der Begründung, Frankreich habe die Friedensangebote des Deutschen Reiches nicht angenommen, sondern vielmehr ein Militärbündnis mit der UdSSR geschlossen, besetzten deutsche Truppen in einer Blitzaktion dieses Gebiet und errichteten dort Garnisonen. Wiederum wandte Hitler seine **Beschwichtigungstaktik** an, indem er am selben Tage im Reichstag verkündete: „Wir haben in Europa keine territorialen Forderungen zu stellen. Wir wissen vor allem, dass alle die Spannungen, die sich entweder aus falschen territorialen Bestimmungen oder aus den Missverhältnissen der Völkerzahlen mit ihren Lebensräumen ergeben, in Europa durch Krieg nicht gelöst werden können."[14]

Hierbei handelt es sich um das linksrheinische Gebiet und um eine 50-km-Zone rechts des Rheins.

In dieser Rede schlug Hitler einen Nichtangriffspakt vor, pries multilaterale Übereinkommen und bot eine Entmilitarisierung des gesamten Rheinlandes an, wenn Frankreich auf seiner Seite dasselbe tue.

Bedeutung

Die Besetzung des Rheinlandes war ein **Wendepunkt in der außenpolitischen Taktik Hitlers**. Auch in dieser Situation, die Hitler in Bezug auf die Haltung der Westmächte und insbesondere Frankreichs als Test betrachtete, gab es **keine nennenswerten Reaktionen**. Zwar verurteilte der Völkerbundsrat auf Antrag Frankreichs das deutsche Vorgehen, doch sprach sich Großbritannien gegen Sanktionen aus und plädierte für Verhandlungen mit Hitler. Damit gewann dieser endgültig die Erkenntnis, dass die **Westmächte pazifistisch-schwächlich** seien, über keine energisch durchgreifenden Politiker verfügten und ein (aus seiner Sicht notwendiges und legitimes) militärisches Vorgehen scheuten. Außerdem ging er fälschlicherweise nun davon aus, dass seine Methode, die Westmächte vor vollendete Tatsachen zu stellen, risikolos und deshalb das geeignete außenpolitische Mittel sei. **Diese unzutreffende Einschätzung** der Westmächte und die britische **Appease-**

Hitler über die Besetzung des Rheinlandes: „Die 48 Stunden nach dem Einmarsch ins Rheinland sind die aufregendste Zeitspanne in meinem Leben gewesen. Wären die Franzosen damals in das Rheinland eingerückt, hätten wir uns mit Schimpf und Schande wieder zurückziehen müssen, denn die militärischen Kräfte, über die wir verfügten, hätten keineswegs auch nur zu einem mäßigen Widerstand ausgereicht."[15]

mentpolitik bildeten deshalb die **Grundlage der Außenpolitik Hitlers** in den folgenden Jahren.

Der spanische Bürgerkrieg (Juli 1936–April 1939)

Legion Condor: Freiwilligenverbände der Wehrmacht, die bis auf 6 000 Mann (Luftwaffen-, Nachrichten-, Transportverbände und Panzertruppen) ausgebaut und laufend ausgewechselt wurden. Die Legion Condor trug wesentlich zum Sieg Francos bei.

Auf dem spanischen Kriegsschauplatz kämpften Soldaten und Freiwillige aus verschiedenen Ländern den grundsätzlichen Kampf der damaligen Zeit zwischen demokratisch-parlamentarischen Vorstellungen und diktatorischer bzw. faschistischer Machtpolitik. Die deutsche „**Legion Condor**" erprobte unter „realistischen Voraussetzungen" ihre neue Kriegsmaschinerie. Wie Göring feststellte, fand insbesondere die Luftwaffe in Spanien ein Testfeld für neue Waffen und hatte so „Gelegenheit, im scharfen Schuss zu erproben, ob das Material zwecksentsprechend entwickelt wurde".[16] Die **Westmächte** warteten einmal mehr ab und einigten sich schließlich auf die typische Formel: Keine Intervention gegen die Intervention.

Die „Achse Berlin-Rom" (25.10.1936)

Die Unterstützung der italienischen Annexion* Abessiniens durch Hitler veränderte das Verhältnis der beiden Diktatoren grundlegend. Mussolini beendete seinen prowestlichen Kurs und wirkte nun auf Österreich ein, seine Beziehungen zum Deutschen Reich zu regeln. Am 25. Oktober 1936 wurde deshalb in Berlin ein deutsch-italienischer **Kooperationsvertrag** unterzeichnet. Die Unterhändler (Hans Frank und Mussolinis Schwiegersohn, Graf Ciano), fanden für dieses Bündnis das Bild des europäischen politischen Wagens, der auf der „Achse von Faschismus und Nationalsozialismus vorwärts gefahren" werden müsse. Wenige Tage später (1.11.) verkündete Mussolini in einer großen Propagandashow in Mailand die „Achse Berlin-Rom", „um die die übrigen Staaten Europas sich gruppieren könnten." Dieses Bündnis wurde durch den Beitritt Italiens zum Antikomintern-Pakt (1937) und durch den Stahlpakt (1939) ausgebaut.

Der Kooperationsvertrag wurde durch den Antikomintern-Pakt und 1939 durch den Stahlpakt (s. S. 103) ergänzt.

s. S. 103

Der Antikomintern-Pakt (25.11.1936)

Nachdem im Oktober 1936 Hitler und Mussolini die „Achse Berlin–Rom" ins Leben gerufen hatten, wurde wenige Wochen danach der **Antikomintern-Pakt zwischen** dem **Deutschen Reich** und dem traditionellen Gegner der UdSSR in Asien, **Japan**, geschlossen. Ihm trat im November des folgenden Jahres **Italien** bei. Die Vertragspartner vereinbarten zusammen mit „dritten Staaten, deren innerer Friede durch die Zersetzungsarbeit der Kommunistischen Internationale bedroht wird, … Abwehrmaßnahmen im Geiste dieses Abkommens zu ergreifen".[17] Damit kündigte sich bereits die Mächtekonstellation des Zweiten Weltkrieges an. Für Hitler war zu diesem Zeitpunkt „die Politik der Überraschungen zu Ende". Dies bedeutete mit anderen Worten, dass er auf Grund des Verhaltens der Westmächte und der von ihnen offensichtlich tolerierten „Politik der vollendeten Tatsachen" und auf Grund des Vertrauens in die Stärke des Deutschen Reiches den Zeitpunkt für eine unverhüllte Lebensraumpolitik gekommen sah.

Hitlers Aufstieg über gebeugte demokratische Politiker ohne Rückgrat (Karikatur von David Low zur Rheinlandbesetzung, 1936)

7.6 Die 2. Phase der NS-Außenpolitik (1936–1939)

Die Vorbereitung des Krieges

Diese Phase der expansiven Ausweitung wurde eingeleitet durch eine **veränderte Wirtschaftspolitik** und die **Umbesetzung wichtiger Ämter**. Hitler entließ den Reichskriegsminister von Blomberg und den Oberbefehlshaber der Wehrmacht von Fritsch und übernahm selbst dessen Amt. Umbesetzungen in politischen und diplomatischen Ämtern ergänzten diese „Säuberung" und schalteten etwaige Opposition von vornherein aus. Diese Politik präzisierte und terminierte Hitler 1936 bzw. 1937 in seiner geheimen **Denkschrift zum Vierjahresplan** und in der Rede vor den militärischen Spitzen des Reiches (**Hoßbach-Protokoll**). In seiner Denkschrift stellte Hitler eine Reihe von rüstungstechnischen Forderungen an die Wirtschaft und forderte, dass Armee und Wirtschaft in vier Jahren einsatzbereit bzw. kriegsfähig zu sein hätten. In seiner Rede vor politischen und militärischen Spitzen des Reiches beschrieb er detailliert seine außenpolitischen Ziele der nächsten Jahre und die hierfür ins Auge gefassten Mittel und Methoden. Hitler zeigte seine Entschlossenheit, unter günstigen Bedingungen „auch schon im kommenden Jahr [also 1938] loszuschlagen". Falls es zu einer kriegerischen Verwicklung komme, müsste zuerst die Flankenbedrohung durch die Niederwerfung der Tschechoslowakei und Österreichs ausgeschaltet werden. Dann könne man gegen den Westen vorgehen. Eine militärische Intervention Großbritanniens und Frankreichs befürchtete Hitler nicht, da beide Länder wohl eine Lösung dieser Frage durch das Deutsche Reich erwarteten. Diese Einschätzung der Westmächte erwies sich beim Anschluss Österreichs und der Behandlung der Sudetenfrage als durchaus zutreffend.

So ersetzte z. B. von Ribbentrop den bisherigen Außenminister von Neurath

s. S. 81
s. S. 89

Der Anschluss Österreichs (12. 3. 1938)

Die ehemalige Donaumonarchie galt in Österreich und im Ausland allgemein als „deutsch". Im November 1918 bezeichnete sich Österreich auf Grund des von Wilson propagierten freien Selbstbestimmungsrechts der Völker per Staatsgesetz als einen Teil der Deutschen Republik. Noch 1919 hieß das Land offiziell „Deutschösterreich". Der Völkerbund verbot derartige Zusammengehörigkeitsbestrebungen strikt. Dennoch blieb der Gedanke der Zusammengehörigkeit immer stark. Dafür sorgte schon die

Deutsche Nationalsozialistische Arbeiterpartei (DNSAP), die seit 1920 dort existierte und der Münchner Parteizentrale unterstellt war. Als sie 1932 bei Landtagswahlen große Gewinne erzielte, war die Chance der Beteiligung an der Macht oder gar deren Übernahme in Wien gegeben. Dagegen entwickelte sich eine starke Opposition nahezu aller österreichischen Parteien. Der autoritär regierende Kanzler Engelbert Dollfuß lehnte sich vorsichtshalber an das im Grunde ungeliebte Italien an. Dies führte zu einer innenpolitischen Krise, die in einem Putsch der **DNSAP** gipfelte. Der in Deutschland vorbereitete **Putsch** wurde zwar rasch niedergeschlagen (25. 7. 1934) und bewirkte nichts, kostete jedoch Kanzler Dollfuß das Leben. Unter seinem Nachfolger Schuschnigg entwickelten sich die Verhältnisse immer mehr in Richtung Anschluss. Zum einen gewann das Deutsche Reich auf Grund seines wirtschaftlichen und politischen Aufschwungs großes Ansehen bei weiten Kreisen der österreichischen Bevölkerung, zum anderen verstärkte Hitler seit der Annäherung an Italien den politischen Druck. Bereits im Juli **1936** schlossen das Deutsche Reich und Österreich ein **Abkommen**, das die Beteiligung der DNSAP an „der politischen Verantwortung" in naher Zukunft vorsah. Gleichzeitig sicherte Schuschnigg zu, Österreich werde sich als deutscher Staat bekennen und eine dementsprechende Politik betreiben.

Als offensichtlich wurde, dass Schuschnigg auf die Westmächte nicht rechnen konnte, sah er zu Beginn des Jahres 1938 die letzte Rettung in einem direkten Gespräch mit Hitler. Dieser empfing ihn auf dem Berghof (oberhalb von Berchtesgaden, 12. 2. 1938). In typischer Weise setzte er ihn brutal unter Druck, drohte ihm unverhüllt, machte ihn für alle Folgen eines Nichtzusammenschlusses verantwortlich und stellte schließlich ultimative, auf drei Tage befristete Forderungen. Diese gipfelten in der sofortigen Regierungsbeteiligung der DNSAP und der Koordination, d.h. der Gleichschaltung der österreichischen Außenpolitik mit der deutschen. Einen Monat später unternahm **Schuschnigg** einen letzten verzweifelten Schritt: Er setzte für den 13. März 1938 eine **Volksabstimmung** an, die das Bekenntnis zu einem „freien und deutschen, unabhängigen und sozialen, christlichen und einigen Österreich" zum Ergebnis haben sollte. Dies betrachtete Hitler als „Verrat". Unter Androhung militärischer Maßnahmen erzwang er die Übergabe der **Regierungsgeschäfte an** den österreichischen DNSAP-Innenminister **Seyß-Inquart**. Auf dessen Bitte hin erfolgte prompt die **Besetzung Österreichs** durch deutsche Truppen (**12. 3. 1938**), um dort „Ruhe und Ordnung" wiederherzustellen. Der generalstabsmäßig vorbereitete und propagandistisch imposante Einzug der deutschen Truppen sowie die Anwesenheit des Führers wurden von der Mehrheit der Bevölkerung mit Jubel

Aus der Vereinbarung vom 11. 7. 1936: „Die österreichische Regierung wird ihre Politik im Allgemeinen, wie insbesondere gegenüber dem Deutschen Reiche, stets auf jener grundsätzlichen Linie halten, die der Tatsache, dass Österreich sich als deutscher Staat bekennt, entspricht." [18]

Hitler: „Ich sage Ihnen, ich werde die ganze so genannte österreichische Frage lösen, und zwar so oder so! … Entweder wir kommen zu einer Lösung oder die Dinge sollen laufen … Hier ist der Entwurf. Verhandelt wird nicht." [19]

begrüßt. Diese Reaktion bewog Hitler, der ursprünglich nur eine lockere Verbindung der beiden Länder beabsichtigt hatte, am **14. März** die **„Wiedervereinigung"** per Gesetz zu verkünden. Damit erhielt Österreich bzw. die Ostmark, wie es von nun an hieß, dieselben Gesetze wie das Deutsche Reich. Wie üblich wurde der Anschluss Österreichs per gelenkter Volksabstimmung bestätigt.

Die europäischen Mächte reagierten in der gewohnten Weise: Großbritannien und Frankreich protestierten ohne allzu großen Nachdruck, der Duce akzeptierte den Anschluss ohne große Begeisterung, nach außen hin aber in „beispielloser Bündnistreue", wie Hitler dankbar erklärte. Die Tschechoslowakei und Polen kommentierten die Geschehnisse offiziell nicht. Wieder einmal schien das Ergebnis die Mittel der Außenpolitik Hitlers zu rechtfertigen.

Die Münchner Viermächtekonferenz (29./30. 9. 1938)

1920 umfasste die Tschechoslowakei:
49 % Tschechen
23 % Deutsche (= 3,5 Mio.)
22 % Slowaken
6 % andere Nationalitäten (Ungarn, Polen, Ruthenen)

Nachdem Österreich „heim ins Reich" geholt worden war, konzentrierte sich Hitler auf die Besetzung der Tschechoslowakei. Als Hebel diente Hitler das „deutsche Problem". Dieses existierte seit 1919, da die Tschechoslowakei entgegen den Bestimmungen des Versailler Vertrages den deutschen Volksgruppen das Selbstbestimmungsrecht verweigerte und sie – wie auch die anderen Minoritäten – von der Beteiligung an der politischen Macht ausschloss. Hitler forcierte nun unter Hinweis auf die „unerträgliche Situation der Volksdeutschen*" den Druck von außen und ließ gleichzeitig seine Anhänger von innen her arbeiten. Als günstig erwies sich, dass ca. 2/3 der Sudetendeutschen in einer nationalsozialistischen Partei (**Sudetendeutsche Partei**, SdP) organisiert waren. Bereits im November 1937 stellte deren Führer, Konrad Henlein, in Übereinstimmung mit Hitler fest, dass eine „Lösung der tschechischen Frage" nur vom Reich her kommen könne.

Parole der NS-Propaganda: „Völkische Selbstbestimmung!"

In dieser Situation erhielt Hitler wiederum Unterstützung vom britischen Prime Minister **Neville Chamberlain**, der den „ehrlichen Makler" spielen wollte. Er **akzeptierte die Forderung nach Selbstbestimmung der Deutschen in der Tschechoslowakei**. Allerdings sollten die überwiegend deutsch besiedelten Gebiete nicht von der Tschechoslowakei abgetrennt werden, sondern nur mehr Autonomie erhalten.

Seit April 1938 arbeiteten Hitler und Henlein systematisch zusammen. Dieser schraubte seine Forderungen an die Prager Regierung so hoch, dass sie unannehmbar wurden. Hitler wiederum geißelte die Haltung der Prager Regierung als „halsstarrig" und „unversöhnlich". Am **30. 5. 1938** erließ er die **Weisung für den „Fall Grün"**, die die **Zerschlagung der Tschechoslowakei** „in

z. B. völlige Unabhängigkeit und Gleichberechtigung der sudetendeutschen Volksgruppe.

absehbarer Zeit" zum Inhalt hatte. Der „Fall Grün" sollte laut Hitler durch einen provozierten Zwischenfall ausgelöst werden, „der Deutschland den Anlass zum militärischen Eingreifen gibt."[20] Die Verhältnisse eskalierten, als es im Sommer 1938 zu Kriegsdrohungen und Mobilmachung auf beiden Seiten kam. Obwohl Chamberlain nun Hitler die Abtretung des Sudetenlandes zubilligte, forderte dieser sie am 26. September ultimativ von der Tschechoslowakei. Die drohende Kriegsgefahr veranlasste Mussolini, für den dieser Zeitpunkt einer militärischen Auseinandersetzung äußerst ungünstig gewesen wäre, eine **Viermächtekonferenz** zur Lösung des Problems vorzuschlagen. Sie fand unter Beteiligung der Regierungschefs Chamberlain, Daladier, Hitler und Mussolini am **29./ 30. September** in **München** statt. Ohne Beteiligung der Tschechoslowakei einigten sich die Teilnehmer auf die **Abtretung des Sudetenlandes an das Deutsche Reich**. Dafür wollten die vier Mächte als Gegenleistung die Grenzen der Tschechoslowakei garantieren. Hitler und Chamberlain vereinbarten darüber hinaus, auch in Zukunft anfallende Probleme auf diese Weise zu lösen. Die Welt atmete auf, Chamberlain glaubte, den Frieden gerettet zu haben. Die beteiligten Staatsmänner wurden daheim mit großem Jubel empfangen und als Friedensmacher gefeiert. Hitler war von dieser Lösung nicht begeistert, da sie in seinen Augen – gemessen an der Weisung für den „Fall Grün"– nur ein „halber Sieg" war.

Hitler: „Es ist mein unabänderlicher Beschluss, die Tschechoslowakei in absehbarer Zeit durch eine militärische Aktion zu zerschlagen. Den politisch und militärisch geeigneten Zeitpunkt abzuwarten oder herbeizuführen, ist Sache der politischen Führung." [21]

Die deutsch-britische und die deutsch-französische Nichtangriffserklärung

Da Hitler bereits die „Erledigung der Resttschechei" und die „Lösung der polnischen Frage" beschlossen hatte, versuchte er, das Verhältnis zu den Westmächten zu verbessern und dadurch ihr Engagement in Osteuropa zu verringern. Deshalb vereinbarte er mit Chamberlain eine deutsch-britische Nichtangriffserklärung (30. 9. 1938). Wenige Wochen später unterzeichneten Ribbentrop und sein französischer Kollege Bonnet eine deutsch-französische Nichtangriffserklärung (6. 12. 1938), von der sich Hitler auch eine Lockerung der Bindungen Frankreichs zu Moskau versprach.

Die „Erledigung der Resttschechei" (16. 3. 1939)

Nach der Münchner Konferenz stellte Hitler seine Taktik sofort wieder um. Unmittelbar vor der Konferenz hatte er am 26. September erklärt: „Ich habe Chamberlain versichert, dass das deutsche Volk nichts anderes will als Frieden … Ich wiederhole es hier, dass es – wenn dieses Problem gelöst ist – für Deutschland in Europa kein territoriales Problem mehr gibt … dass ich am tschechischen Staat nicht interessiert bin. Wir wollen keine Tschechen."[22] Nach der Konferenz galt diese Aussage nicht mehr. Am 21. Oktober erging ein **Geheimbefehl Hitlers** „zur **Erledigung der Resttschechei**" an die Wehrmacht, der drei Aufgaben nannte. Die Wehrmacht sollte jederzeit auf folgende Fälle vorbereitet sein:

1. Sicherung der Grenzen des Deutschen Reiches und Schutz gegen einen überraschenden Luftangriff.
2. Erledigung der Resttschechei.
3. Inbesitznahme des Memellandes.

Unter dem Druck der Verhältnisse versuchte der tschechoslowakische Staatspräsident Hacha durch persönliche Gespräche mit Hitler zu retten, was noch zu retten war. In Berlin erging es ihm (am 15. 3. 1939) jedoch genauso wie zuvor Schuschnigg. Hitler erpresste ihn auf brutale Weise, indem er ihn vor die Wahl stellte, die „Resttschechei" auszuliefern oder den unvermeidlichen Kampf mit der deutschen Wehrmacht aufzunehmen. Als Hitler mit der Bombardierung Prags drohte, resignierte Hacha und legte am **15. 3. 1939** „das Schicksal des tschechischen Volkes vertrauensvoll in die Hände Hitlers". Daraufhin veranlasste Hitler noch am selben Tag die **Besetzung der Tschechoslowakei**. Diese wurde aufgeteilt in das **Protektorat Böhmen und Mähren**, das zwar eine autonome Verwaltung behielt, jedoch ins Reich eingegliedert wurde, und in die **Slowakei**, die sich als selbstständiger Staat proklamieren durfte. Da sie jedoch einen „Schutzvertrag" mit dem Deutschen Reich abschließen musste, wurde sie zum Satellitenstaat. Mit der „Erledigung der Resttschechei" und der Kündigung des deutschbritischen Flottenabkommens vom 18. 6. 1935 hatte Hitler seine Friedenstaktik endgültig aufgegeben. Die „pazifistische Platte war nun abgespielt", wie er sagte. Die **Ernüchterung in den westlichen Ländern**, die der Euphorie der Münchner Konferenz gewichen war, führte zur **Aufgabe der britischen Appeasementpolitik** und löste verzweifelte Anstrengungen Großbritanniens und Frankreichs aus, den deutschen Rüstungsvorsprung aufzuholen und durch verstärkte diplomatische Bemühungen den Frieden zu retten.

Das Memelland „kehrt heim ins Reich" (22. 3. 1939)

Litauen hatte bereits seine Bereitschaft signalisiert, das 1923 besetzte Memelland freiwillig an das Deutsche Reich abzutreten, da es sich vom Deutschen Reich Sicherheit gegenüber Polen und vor allem gegenüber der UdSSR versprach. Wenige Tage nach der „Erledigung der Resttschechei" wurde deshalb das Memelgebiet unter entsprechendem propagandistischen Triumph dem Deutschen Reich wieder einverleibt.

„Der Einmarsch der deutschen Truppen ist unabwendbar. Wenn Sie Blutvergießen vermeiden wollen, telefonieren Sie am besten mit Prag und geben Weisung an ihre Regierung."[23]

Vgl. die Äußerung Hitlers auf der Auftaktseite dieses Kapitels, S. 85

Durch den Versailler Vertrag verlor Deutschland das Memelland, das von den Alliierten verwaltet wurde. Nach der Besetzung durch Litauen bestätigten die Alliierten 1924 zwar die Autonomie des Memellandes, überließen die Souveränität darüber jedoch Litauen.

Der Hitler-Stalin-Pakt (23. 8. 1939)

Zustandekommen

Unmittelbar nach der „Lösung" der tschechischen Frage wandte sich Hitler der „Lösung des polnischen Problems" zu. Als sich Polen weigerte, auf territoriale Wünsche und Forderungen Hitlers (Einverleibung Danzigs, Veränderung des polnischen Korridors) einzugehen, stellte der Führer die Weichen für den Krieg, der von der NS-Propaganda wie üblich vorbereitet wurde. Als die Angriffe und Drohungen gegenüber Polen immer unverhüllter und extremer wurden, garantierten Frankreich und Großbritannien die Grenzen Polens. Chamberlain erklärte am 31. 3. 1939 vor dem britischen Unterhaus, dass Großbritannien an der Seite Polens kämpfen werde, falls es zu Aggressionen käme, die den polnischen Staat bedrohten. Damit machte er die britische Außenpolitik sehr stark vom Verhalten Polens abhängig, was auf heftige Kritik auch in seiner eigenen Partei stieß. Die NS-Propaganda bezeichnete diese Garantie erneut als „Einkreisung", die man auf Dauer nicht hinnehmen könne. Zwei Tage später gab das Oberkommando der Wehrmacht den Befehl, den „Fall Weiß" (d. h. die „Erledigung Polens") so zu bearbeiten, dass seine Durchführung ab dem 1. September 1939 jederzeit möglich sei.

Hitlers Entschluss, dieses „Problem baldmöglichst" zu lösen, stand im Mai 1939 endgültig fest. Daran änderten auch verstärkte Bemühungen der Westmächte und der USA nichts, die versuchten, der Expansion des Deutschen Reiches durch ein Bündnis- und Garantiesystem im östlichen und südöstlichen Europa einen Riegel vorzuschieben. Als Reaktion darauf schlossen Hitler und Mussolini am 22. Mai einen „Freundschafts- und Bündnispakt", den so genannten **Stahlpakt**, eine sehr weitgehende und beide Seiten verpflichtende Militärallianz. In dieser Situation setzte im Sommer das **Wettrennen um die Gunst Stalins** ein. Dieser schlug aus der Position des von beiden Seiten Umworbenen kräftig Kapital. Mit der Feststellung, für die Westmächte „nicht die Kastanien aus dem Feuer zu holen", verband er hohe Forderungen, die praktisch auf die Überlassung des gesamten Baltikums hinausliefen. Außerdem forderte er im Falle eines Krieges Durchmarschrecht durch Polen und Rumänien. Derartige Zugeständnisse konnten und wollten die europäischen Westmächte auf Grund ihres Misstrauens gegenüber Stalin nicht machen. Dadurch verbesserten sich die Chancen Hitlers, der ohne Skrupel um des eigenen Vorteils willen bereit war, Stalins territoriale Forderungen zu akzeptieren und damit das Schicksal der baltischen Staaten zu besiegeln. Trotzdem kamen die Verhandlungen zwischen den beiden Diktatoren bzw. ihren Unterhändlern nur sehr zögernd voran.

Aus einer Besprechung Hitlers mit der Wehrmachtsführung (23. 5. 1939): „Danzig ist nicht das Objekt, um das es geht. Es handelt sich für uns um die Arrondierung des Lebensraumes im Osten und die Sicherstellung der Ernährung. Aufrollen des Ostsee- und Baltikumproblems …" [24]

Der Abgeordnete Duff Cooper: „Wir haben noch nie in unserer Geschichte die Entscheidung, ob Großbritannien Krieg führt, einem der kleineren Staaten überlassen." [25]

Großbritanien und Frankreich geben Garantieerklärungen für Polen, Rumänien und Griechenland ab. Im August wird ein englisch-polnischer Bündnispakt unterzeichnet.

Aus dem „Stahlpakt" Art. III: „Wenn es … dazu kommen sollte, dass einer von ihnen in kriegerische Verwicklungen … gerät, wird ihm der andere Vertragschließende Teil sofort als Bundesgenosse zur Seite treten und ihn mit allen seinen militärischen Kräften zu Lande, zur See und in der Luft unterstützen." [26]

Als Hitler seinen Angriffstermin (Ende August) gefährdet sah, forcierte er in ungewöhnlicher Weise die Verhandlungen, indem er sich selbst einschaltete und sich per Telegramm an Stalin wandte, um ein möglichst schnelles Militärabkommen zu erreichen. Er gestand Stalin die Regelung des Baltikums in seinem Sinne zu, versprach ihm Hilfe gegen Japan und schloss am **19. August** ein von Stalin gewünschtes **Wirtschaftsabkommen**. Am folgenden Tag wandte er sich sogar noch einmal an den bisher verteufelten ideologischen Erzfeind und drängte auf den raschen Abschluss eines Militärabkommens. Als Stalin am 22. August zusagte, setzte Hitler den Angriff auf Polen auf den 26. August fest. Am selben Tage erklärte er vor den Befehlshabern der Wehrmacht, dass er den Krieg durch irgendeinen propagandistischen Anlass auslösen werde, „gleichgültig, ob glaubhaft". Am **23. August** unterzeichneten in Moskau die Außenminister Ribbentrop und Molotow den deutsch-sowjetischen Nichtangriffspakt (= **Hitler-Stalin-Pakt**), der die Voraussetzung für den Krieg gegen Polen bildete.

Hitler begründete sein Vorgehen damit, dass die Spannungen zwischen Deutschland und Polen unerträglich geworden seien.

Inhalt

Der Nichtangriffs-Pakt betont in der Präambel den beiderseitigen Wunsch der Festigung des Friedens und zerfällt in den offiziellen Vertragstext und ein geheimes Zusatzabkommen. Der **offizielle Text** nennt u. a. folgende **Bestimmungen**:

Laufzeit des Vertrages: 10 Jahre mit automatischer Verlängerung um 5 Jahre, wenn er nicht rechtzeitig gekündigt wird.

– Beide Seiten wollen sich Gewaltakte, aggressiver Handlungen und eines Angriffs gegeneinander enthalten.
– Wird einer der beiden Vertragspartner „Gegenstand kriegerischer Handlungen seitens einer dritten Macht", so wird der andere strikte Neutralität wahren.
– Probleme, die zwischen beiden entstehen, sollen durch Schlichtung gelöst werden.

Das **geheime Zusatzprotokoll** regelte die Abgrenzung der beiderseitigen Interessensphären in Osteuropa. Als deutsche Grenze bei einer „territorial-politischen Umgestaltung" der baltischen Staaten wird die nördliche Grenze Litauens genannt, als Grenze bei einer Teilung Polens die Flüsse Narew, Weichsel und San. Bessarabien soll an die UdSSR kommen.

Hitler und Stalin nach der Niederlage Polens.
Hitler: „Der Abschaum der Menschheit, denke ich."
Stalin: „Der blutige Mörder der Arbeiter, nehme ich an."
(Karikatur von David Low im „Evening Standard")

Bedeutung

Der Hitler-Stalin-Pakt besiegelte das Schicksal Polens, denn er bedeutete eine **Blankovollmacht Stalins für Hitler**. Die Bemühungen der Westmächte, einen Krieg zu verhindern, waren nun endgültig gescheitert und Churchill bezeichnete den Pakt als den „Höhepunkt der diplomatischen Misserfolge" der Westmächte. Der Überfall auf Polen war nicht nur ein **radikaler Kurswechsel** der beiden Diktatoren, die sich bisher als ideologische Erzgegner angesehen hatten, sondern brachte ihnen auch **handfeste Vortei-**

le und ermöglichte vor allem Hitler den massiven Einsatz militärischer Mittel „bei kalkulierbarem Risiko". Im Einzelnen brachte das Abkommen **Hitler** folgende **Gewinne**:

– Die Isolierung Polens;
– die Vermeidung eines Zweifronten-Krieges;
– erhebliche wirtschaftliche Vorteile durch garantierte Rohstofflieferungen aus der UdSSR. Damit wurde eine britische Blockade praktisch wirkungslos.

Auch für **Stalin** brachte der Pakt wesentliche **Vorteile**:

– Die UdSSR wurde nicht in den Krieg verwickelt, den die feindlichen kapitalistischen und faschistischen Kräfte unter sich austrugen.
– Dies brachte die Chance mit sich, dass sie sich zerfleischten und die UdSSR die Vormachtstellung in Europa einnehmen würde.
– Der Krieg im Westen erlaubte Stalin die risikolose Ausdehnung seines Machtbereiches in Osteuropa.

Die Entfesselung des Zweiten Weltkrieges

Trotz verschiedener Bemühungen, in letzter Minute den Frieden zu erhalten, ließ sich Hitler nicht vom Vorgehen gegen Polen abhalten, sondern begann den Krieg durch einen fingierten **Überfall** polnischer Soldaten **auf** den deutschen **Sender Gleiwitz**. Auf Grund dieser zielgerichteten Auslösung des Krieges verwendet die wissenschaftliche Literatur oft nicht den neutralen Begriff „Auslösung", sondern spricht von der **„Entfesselung" des Zweiten Weltkrieges**, um die Kriegsschuldfrage von vornherein zu klären.

Im Gegensatz zum Ersten Weltkrieg gab es zur Enttäuschung der Nationalsozialisten keine euphorische Kriegsstimmung im Volk, als Hitler am **1. September** den **Beginn des Krieges** verkündete: „Seit 5.45 Uhr wird zurückgeschossen." In dieser Rede machte er, trotz des grenzenlosen Selbstbewusstseins und Siegeswillens deutlich, was die Deutschen im Falle einer als völlig unwahrscheinlich angenommenen Niederlage zu erwarten hatten. Er, Hitler, „werde niemals, niemals kapitulieren".

Am **3. September**, stellte die britische Regierung ein auf zwei Stunden befristetes Ultimatum, den Rückzug der deutschen Truppen, die bereits tief in Polen standen, zu veranlassen. Ihm folgte noch am selben Tage die **Kriegserklärung der Westmächte**. Der Kriegseintritt Großbritanniens ernüchterte und deprimierte die führenden Nationalsozialisten sehr, und Göring gab die gedrückte Stimmung in der Reichskanzlei wieder, als er düster bemerkte: „Wenn wir diesen Krieg verlieren, dann möge uns der Himmel gnädig sein!"[29]

Aus einem DDR-Geschichtsbuch: „Der Abschluss des Vertrages war ein der damaligen Situation entsprechender, kluger und auf weite Sicht berechneter Schritt der Sowjetregierung. Er durchkreuzte die Pläne zur Bildung einer mächtigen antisowjetischen Einheitsfront, sicherte der Sowjetunion für eine bestimmte Zeit den Frieden und schuf Voraussetzungen für den späteren Sieg der UdSSR und der friedliebenden Völker im Zweiten Weltkrieg."[27]

Den Begriff prägte Walter Hofer mit seinem 1964 erschienenen Buch „Die Entfesselung des Zweiten Weltkrieges".

Hitler soll enttäuscht bemerkt haben: „Mit diesem Volk kann ich keinen Krieg führen."[28]

Zusammenfassung

Die Außenpolitik des Dritten Reiches

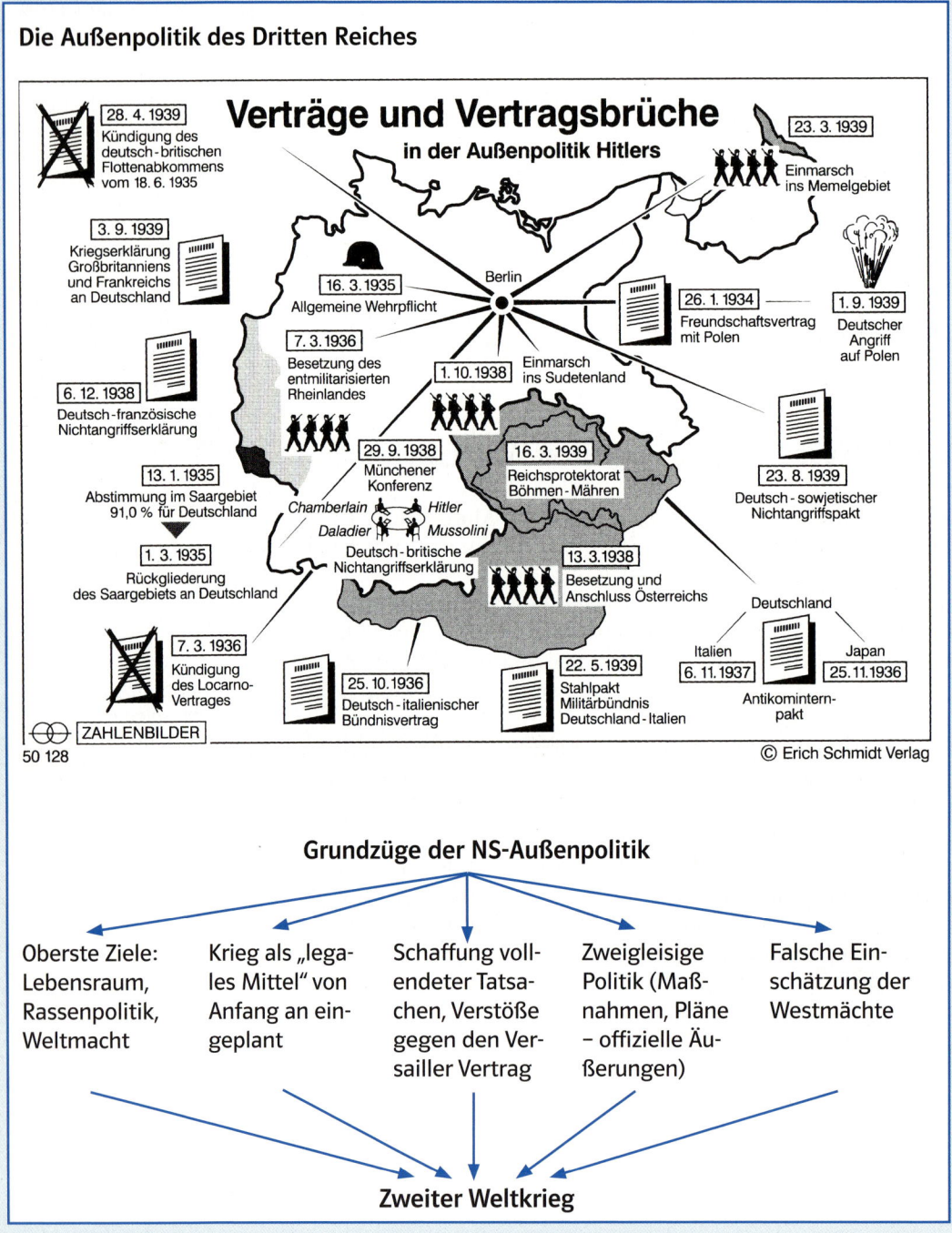

Verträge und Vertragsbrüche
in der Außenpolitik Hitlers

28. 4. 1939
Kündigung des deutsch-britischen Flottenabkommens vom 18. 6. 1935

3. 9. 1939
Kriegserklärung Großbritanniens und Frankreichs an Deutschland

6. 12. 1938
Deutsch-französische Nichtangriffserklärung

13. 1. 1935
Abstimmung im Saargebiet 91,0 % für Deutschland

1. 3. 1935
Rückgliederung des Saargebiets an Deutschland

7. 3. 1936
Kündigung des Locarno-Vertrages

ZAHLENBILDER
50 128

16. 3. 1935
Allgemeine Wehrpflicht

Berlin

7. 3. 1936
Besetzung des entmilitarisierten Rheinlandes

29. 9. 1938
Münchener Konferenz
Chamberlain   Hitler
Daladier   Mussolini
Deutsch-britische Nichtangriffserklärung

1. 10. 1938
Einmarsch ins Sudetenland

16. 3. 1939
Reichsprotektorat Böhmen-Mähren

13. 3. 1938
Besetzung und Anschluss Österreichs

25. 10. 1936
Deutsch-italienischer Bündnisvertrag

22. 5. 1939
Stahlpakt Militärbündnis Deutschland-Italien

23. 3. 1939
Einmarsch ins Memelgebiet

26. 1. 1934
Freundschaftsvertrag mit Polen

1. 9. 1939
Deutscher Angriff auf Polen

23. 8. 1939
Deutsch-sowjetischer Nichtangriffspakt

Deutschland
Italien   Japan
6. 11. 1937   **25. 11. 1936**
Antikomintern-pakt

© Erich Schmidt Verlag

Grundzüge der NS-Außenpolitik

Oberste Ziele: Lebensraum, Rassenpolitik, Weltmacht

Krieg als „legales Mittel" von Anfang an eingeplant

Schaffung vollendeter Tatsachen, Verstöße gegen den Versailler Vertrag

Zweigleisige Politik (Maßnahmen, Pläne – offizielle Äußerungen)

Falsche Einschätzung der Westmächte

Zweiter Weltkrieg

Der Zweite Weltkrieg

Dresden nach dem Bombardement vom 13. auf den 14. Februar 1945

16-jähriger Luftwaffenhelfer
während der letzten Kriegstage

Überlebende eines Luftangriffs
auf Mannheim

Hitler über seine „Pflicht zum Kriege"

„Den Krieg führe ich. Den geeigneten Zeitpunkt zum Kampf bestimme ich. Es gibt nur einen günstigen. Ich werde auf ihn warten. Mit eiserner Entschlossenheit. Und ich werde ihn nicht verpassen. Ich werde meine ganze Energie darauf verwenden, ihn herbeizuzwingen. Das ist meine Aufgabe. Erzwinge ich das, dann habe ich das Recht, die Jugend in den Tod zu schicken."[1]

8.1 Die Zeit der Blitzkriege

Der Polenfeldzug (1.–18.9.1939)

Am 17.9.1939 besetzte die Rote Armee den östlichen Teil Polens entsprechend dem geheimen Zusatzprotokoll vom 23.8.1939.

Der Krieg gegen Polen begann weder mit einer offiziellen Kriegserklärung, noch hatte er ein formelles Ende. Bereits nach acht bis zehn Tagen war der Feldzug aufgrund des konzentrierten Einsatzes der Sturzkampfbomber (Stuka) und der Panzerverbände, der stärksten Waffen der Wehrmacht, entschieden und nach nicht ganz drei Wochen beendet.

Nach dem Anschluss Österreichs zunächst inoffizielle Bezeichnung für das Deutsche Reich. Im Verlauf des Zweiten Weltkrieges auch offiziell gebraucht.

Etwa die Hälfte des von den deutschen Truppen besetzten Westpolens (Posen und Westpreußen) wurde dem „Großdeutschen Reich" eingegliedert. Der Rest um Warschau, Lublin und Krakau wurde als „Generalgouvernement für die besetzten polnischen Gebiete" zu einer Art von kolonialem Nebenland. Unmittelbar danach begann Anfang Oktober unter Leitung Himmlers im besetzten Polen die „Ausschaltung des schädigenden Einflusses von solchen fremden Bevölkerungsteilen, die eine Gefahr für das Deutsche Reich und die deutsche Volksgemeinschaft bedeuten". Nach dem Sieg über Polen machte Hitler (am 6. Oktober) Großbritannien das berühmte „große Angebot" eines „endgültigen Friedens", dem sich Stalin sofort anschloss. Dessen Annahme hätte de facto die Anerkennung der bestehenden Lage bedeutet, was in Großbritannien allgemein als unzumutbar und indiskutabel betrachtet wurde.

Die Besetzung Dänemarks und Norwegens

Der norwegische Hafen Narvik war Umschlagplatz für 40 % der deutschen Eisenerzeinfuhr aus Schweden.

Für die deutsche Rüstungs- und Kriegswirtschaft war die Sicherung der Erzimporte aus dem neutralen Schweden lebenswichtig. Um einer drohenden Besetzung Nordnorwegens und Nordschwedens durch die Westmächte zuvorzukommen, ließ Hitler am 9.4.1940 die so genannte „Weserübung" anlaufen, die mit der Besetzung Dänemarks und Norwegens endete. Während die Dänen keinen Widerstand leisteten, konnte die Besetzung Norwegens erst am 9. Juni nach heftigen Kämpfen gegen norwegische und britische Truppen mit der Eroberung des wichtigen Hafens Narvik abgeschlossen werden.

Der Westfeldzug (10. 5. – 22. 6. 1940)

Im Mai 1940 begann der eigentliche Westfeldzug, nachdem der Krieg gegen Frankreich in den ersten Monaten (seit dem 3. 9. 1939) einen ausgesprochen merkwürdigen Verlauf genommen hatte. Die Franzosen hatten sich trotz erheblicher zahlenmäßiger Überlegenheit hinter der Maginot-Linie* verschanzt, die Deutschen hinter dem Westwall. Nach der (völkerrechtswidrigen) Eroberung und **Besetzung** der neutralen Staaten **Belgien, Holland** und **Luxemburg** durch deutsche Truppen brachte die für die Franzosen unerwartete **Operation „Sichelschnitt"** in kurzer Zeit die Entscheidung. Vier Tage nach Angriffsbeginn kapitulierten die niederländischen Truppen, am 28. Mai die belgischen. Wenige Wochen später, am **22. Juni 1940**, musste Frankreich die **Kapitulation** im Wald zu **Compiègne** an historischer Stätte unterzeichnen. Der größere, nördliche Teil Frankreichs blieb besetzt, der kleinere, südliche mit Regierungssitz in Vichy (**„Vichy-Frankreich"**) wurde in Einvernehmen mit den Deutschen von dem französischen Marschall Pétain als „Staatschef" autoritär regiert. Elsass-Lothringen wurde annektiert, über 2 Mio. kriegsgefangene Franzosen kamen zum „Arbeitseinsatz" nach Deutschland.

Sehr umstritten war Hitlers Haltebefehl vom 24. Mai, der den Westmächten die Möglichkeit gab, ca. 340 000 Soldaten aus dem Kessel von **Dünkirchen** nach England zurückzuziehen. Diese von Feind und Freund gleichermaßen unverstandene Maßnahme Hitlers, die militärisch gesehen zu den großen Fehlern des (laut Goebbels) „größten Feldherrn aller Zeiten" gehörte, hatte wohl folgende Motive:

– Hitler rechnete noch immer mit der Möglichkeit einer deutsch-britischen Übereinkunft.
– Eine Vernichtung der britischen Streitkräfte und die Besetzung des „germanischen" Großbritanniens strebte Hitler aus ideologischen Gründen zu diesem Zeitpunkt noch nicht an.
– Offensichtlich glaubte er, sich diese Maßnahme aufgrund seiner bisherigen militärischen Erfolge leisten zu können.

Ergebnisse des Westfeldzuges:

– Hitlers ohnehin schon hohes Prestige wuchs in Deutschland noch mehr.
– Er befand sich auf dem Höhepunkt seiner Macht.
– Die Vormachtstellung des Dritten Reiches auf dem Kontinent schien unerschütterlich.
– Die Generalität geriet auch auf rein militärischem Gebiet gegenüber dem „genialen Feldherrn Hitler" ins Hintertreffen.
– Hitler überschätzte immer mehr die eigene Position und unterschätzte die Kampfbereitschaft Großbritanniens.

Diese Kriegsphase wurde von den Franzosen als „Drôle de guerre" (= komischer Krieg), von den Deutschen als „Sitz-" bzw. „Witzkrieg" bezeichnet.

Umgehung der Maginot-Linie durch Holland und Belgien hindurch und dann Einschwenken nach Süden.

Unterzeichnung des Waffenstillstands vom 11.11.1918

In Großbritannien und Frankreich als „Wunder von Dünkirchen" bezeichnet

Die Luftschlacht um England
(Juli–November 1940)

*Aus Churchills Regierungs-
erklärung: „Ich habe nichts
zu bieten als Blut, Tränen,
Mühsal und Schweiß. Uns
steht eine Prüfung von
allerschwerster Art bevor.
Wir haben viele, viele lange
Monate des Kämpfens und
Leidens vor uns …"[2]*

Einen ersten, entscheidenden Rückschlag brachte **die Luft-schlacht um England**, die das **Ende der Blitzkriege** bedeutete. Dort hatte der neue Regierungschef Churchill (seit Mai 1940) durch mitreißende Reden den Durchhaltewillen seiner Landsleute gestärkt. Die seit Juli 1940 tobende Luftschlacht, die die Voraussetzung für die Besetzung Englands schaffen sollte, brachte England zwar große Verluste, Hitler jedoch nicht den erwarteten Sieg. Trotz starker Zerstörungen in Südostengland, London und Mittelengland musste sie im November abgebrochen werden. Damit war die Operation „Seelöwe" gescheitert, ein Ende des Westfeldzuges war nun nicht mehr absehbar.

8.2 Die Ausweitung des Krieges

Der Balkanfeldzug (6.4.–1.6.1941)

Nach dem Sieg über Frankreich und dem Scheitern der Schlacht um England ging Hitler an die Neuordnung Südosteuropas. Ungarn, Rumänien und Bulgarien schlossen sich durch Bündnisverträge der Achse Berlin–Rom an, Jugoslawien und Griechenland wurden im Frühjahr 1941 nach teilweise schweren Kämpfen erobert, besetzt und im Falle Jugoslawiens aufgeteilt. Der nordwestliche Teil kam zum Großdeutschen Reich, der an die Adria angrenzende zu Italien, der Rest erhielt eine begrenzte Unabhängigkeit.

*Jugoslawien kapitulierte am
17.4., Griechenland am 21.4.
Den Schlusspunkt des Bal-
kanfeldzuges bildete die Eroberung Kretas am 1.6.1941.*

Die erste Phase des Afrikafeldzuges
(Februar 1941 – September 1942)

Im Frühjahr 1940 hatte Mussolini sich von den deutschen Erfolgen verleiten lassen und englische Besitzungen in Nordafrika angegriffen. Da er den englischen Truppen jedoch nicht standhalten konnte, musste Hitler Truppen zur Unterstützung schicken, die unter General Erwin Rommel in Tunesien, Libyen und Ägypten zunächst erfolgreich waren. Problematisch war, dass sich durch den Afrikafeldzug die Fronten enorm vergrößerten und der Krieg für die deutschen Truppen immer stärker zu einem logistischen Problem wurde.

Das Unternehmen „Barbarossa" (Beginn 22.6.1941)

Motive

In der „**Weisung Nr. 21**" befahl Hitler unter dem Stichwort „**Barbarossa**" am 18.12.1940 den Angriff auf die UdSSR, der im Mai des folgenden Jahres beginnen sollte. Dies hielt den Führer jedoch nicht davon ab, am 10.1.1941 einen erneuten Wirtschaftsvertrag mit der UdSSR abzuschließen. Das Eingreifen der deutschen Truppen auf dem Balkan und vor allem in Nordafrika verschob den Angriffstermin, der nun für den **22. Juni 1941** befohlen wurde, obwohl Deutschlands Verbündeter in Asien, Japan, wenige Wochen zuvor einen Nichtangriffspakt mit der UdSSR geschlossen hatte. Folgende **Motive** Hitlers bewirkten die unerzwungene Eröffnung des Zweifronten-Krieges:

Wirtschaftliche Überlegungen
– Die Versorgung mit rumänischem Erdöl und finnischem Nickel (für Panzerplatten) sollte sichergestellt werden.
– Mit Hilfe der reichen Rohstoffquellen der UdSSR sollte ein Ausgleich zur verstärkten Materialhilfe der USA für die Gegner des Dritten Reiches geschaffen werden.
– Die Versorgung der Bevölkerung mit Nahrungsmitteln aus der UdSSR konnte nach Ansicht Hitlers unbegrenzt gewährleistet werden. Hierbei spielte vor allem die Ukraine, die „Kornkammer" Russlands, eine große Rolle.
– Gewinnung eines Kolonialraumes für deutsche Siedler und damit Verwirklichung seines Lebensraumprogrammes.

Militärische Überlegungen
– Englands Hoffnung auf eine eventuelle russische Hilfe sollte zerstört werden.
– Hitler beabsichtigte, durch die Besiegung der UdSSR Japan von sowjetischem Druck zu befreien. Der Verbündete sollte dann durch eine aggressive Politik in Asien die USA binden und von einem Kriegseintritt abhalten.

Ideologisch-politische Erwägungen
– Ausrottung der „jüdisch-bolschewistischen" Führungsschicht der UdSSR einschließlich ihrer (angeblichen) „biologischen Wurzel", der Millionen Juden in Ost- und Mitteleuropa.
– Dezimierung der slawischen Bevölkerung Osteuropas und Unterwerfung des Rests unter die deutsche Herrschaft.
– Beendigung der expansiven Politik der UdSSR im östlichen und südöstlichen Europa.

Aus Hitlers „Weisung Nr. 21": „Die deutsche Wehrmacht muss darauf vorbereitet sein, auch vor Beendigung des Krieges gegen England, Sowjetrussland in einem schnellen Feldzug niederzuwerfen (Fall Barbarossa)…" [3]

General Halder über Hitlers Ausführungen vom 31.7.1940: „Englands Hoffnung sind Russland und Amerika. Wenn Hoffnung auf Russland wegfällt, fällt auch Amerika weg. … Ist aber Russland zerschlagen, dann ist Englands letzte Hoffnung getilgt. Der Herr Europas und des Balkans ist dann Deutschland. Entschluss: Im Zuge dieser Auseinandersetzung muss Russland erledigt werden. Frühjahr 1941. Je schneller wir Russland zerschlagen, umso besser." [4]

Hitler vor den Befehlshabern der Wehrmacht (Sept.1941): „Kampf zweier Weltanschauungen gegeneinander. Vernichtendes Urteil über Bolschewismus; ist gleich soziales Verbrechertum… Es handelt sich um einen Vernichtungskampf." [5]

Die erste Phase des Ostfeldzuges

Obwohl Stalin aus verschiedenen Quellen von Hitlers Angriff unterrichtet war, glaubte er ihnen nicht. Dies ermöglichte den deutschen Truppen **große Anfangserfolge**: ein rasches Vordringen, große Kesselschlachten und die Gefangennahme von ca. 1,3 Mio. russischen Soldaten innerhalb der ersten drei Monate. Die Ukraine wurde besetzt, Leningrad eingeschlossen, das sowjetische Industriegebiet im Süden des Landes, das Donezbecken, besetzt. In dieser aussichtsreichen Situation, als die Vorhut der deutschen Truppen bereits 40 km vor den Toren Moskaus stand, brachte eine Regenperiode im Oktober und der früh einsetzende harte Winter, der „General Frost", die deutschen Truppen zum Stehen. Obwohl Hitlers Ziel der raschen Niederwerfung gescheitert war, hielt er in einer Mischung aus propagandistischer Siegeszuversicht und Fehleinschätzung der Lage an der Behauptung fest, der Gegner sei geschlagen und werde sich nie wieder erholen.

Der Charakter des Ostfeldzuges

Hitler vor der Reichswehrführung (30.3.1941): „Kampf gegen Russland: Vernichtung der bolschewistischen Kommissare und der kommunistischen Intelligenz. Die neuen Staaten müssen sozialistische Staaten sein, aber ohne eigene Intelligenz. Der Kampf wird sich sehr unterscheiden vom Kampf im Westen. Im Osten ist Härte mild für die Zukunft. Die Führer müssen von sich das Opfer verlangen, ihre Bedenken zu überwinden." [6]

Ende März 1941 instruierte Hitler die Reichswehrführung in aller Deutlichkeit über den geplanten Vernichtungskrieg gegen die UdSSR. Tatsächlich war der Ostfeldzug keine Fortsetzung des bisherigen Krieges und mit diesem nicht vergleichbar. Sein Charakter war völlig andersartig. Während sich die militärische Auseinandersetzung im Westen auf der Stufe eines europäischen Normalkrieges befand, war der Ostfeldzug von Anfang an ein **rassenideologischer Vernichtungs- und Versklavungskrieg**. Diese Komponente, belegt durch die Vernichtung der osteuropäischen Juden und die sowjetischen Verluste in Höhe von 20 Mio. Menschen, überlagerte wirtschaftliche und machtpolitische Motive und bestimmte den Charakter und die Verbissenheit dieses Kriegs. Daran hatte vor allem die SS durch die von ihr errichteten und betriebenen **Konzentrationslager** sowie durch das **brutale Vorgehen gegen die polnische und sowjetische Zivilbevölkerung** entscheidenden Anteil. Beide Seiten hielten sich schon bald nicht mehr an die bisher gültigen Regeln des Krieges, weshalb **Partisanentätigkeit und grausame Vergeltungsmaßnahmen** den Ostfeldzug bis zu seinem Ende mitbestimmten.

Der Kriegseintritt Japans und der USA

Am 7. Dezember 1941 überfielen 355 Maschinen der japanischen Marine-Luftwaffe ohne Kriegserklärung den amerikanischen Marinestützpunkt **Pearl Harbor** (Hawaii), versenkten fünf Schlachtschiffe, beschädigten drei weitere und vernichteten zahlreiche Flugzeuge und Militäreinrichtungen. Für dieses Vorgehen Japans gab es folgende **Gründe**:

- Die USA hatten den Import japanischer Waren drastisch gesenkt und damit große Wirtschaftsprobleme in dem unter einer Bevölkerungsexplosion leidenden Inselstaat erzeugt.

- Ein amerikanisches Erdöl- und Eisenembargo verschärfte diese Situation noch weiter.

- Amerikanische und japanische territorial-politische Interessen im fernöstlichen Raum kollidierten miteinander.

Im Gegensatz zu der einhelligen Verurteilung des japanischen Vorgehens, die nach 1945 in der Literatur dominierte, wird heute von Historikern vielfach angenommen, dass Präsident Roosevelt die Auseinandersetzung mit Japan um die Hegemonie in der Südsee und Asien bewusst angestrebt hat. Dafür spricht das harte wirtschaftliche Vorgehen der USA gegen Japan, das die eigenen Interessen in diesem Umfang nicht nötig gemacht hätten. Oft wird auch mit überzeugenden Belegen behauptet, dass der Überfall auf **Pearl Harbor** für Roosevelt keinesfalls völlig überraschend gewesen sein kann. In diesem Zusammenhang wird auf den japanischen Überfall als idealen Stimmungsmacher für einen von Roosevelt als „notwendig" angesehenen amerikanischen Kriegseintritt hingewiesen. Jedenfalls erklärten die USA am folgenden Tag Japan den Krieg, der nun als „Sache der nationalen Ehre" jedem Amerikaner unumgänglich erschien. In unbegreiflicher Verblendung und Selbstüberschätzung erklärte Hitler als treuer Partner Japans den USA wenige Tage danach den Krieg (11.12.1941). Mit dieser Entwicklung erhielt der Krieg eine **neue Dimension**, er wurde zum **Weltkrieg**. Gleichzeitig bedeutete der Kriegseintritt der USA aufgrund ihrer ungeheuren Wirtschaftskraft, ihres riesigen Waffenpotentials und ihrer ausgeruhten, frischen Truppen die entscheidende Wende. Die Niederlage der Achsenmächte war jetzt nur noch eine Frage der Zeit, zumal die USA ihre Kriegspartner, vor allem die UdSSR, massiv mit Kriegsmaterial unterstützten, und die Wehrmacht auch in dieser Hinsicht langsam aber sicher ins Hintertreffen geriet.

Der Historiker Gerhart Binder (1977): „Lange Zeit galt es für sicher, dass die USA völlig von dem japanischen Überfall überrascht worden seien. Diese These ist, wie neue Quellen ergeben, bestreitbar. Gewiss ist das amerikanische Volk in keiner Weise kriegslüstern gewesen. Der amerikanische Präsident, Franklin Delano Roosevelt, aber war seit langem überzeugt, dass die USA in diesem Krieg die Diktatoren zu besiegen hätten."[7]

Heeresstärke der USA 1941–1945 (ca.)

	Offiziere	Mannschaften	gesamt
1941	99.500	1.341.500	1.441.000
1942	206.500	2.868.000	3.074.500
1943	579.500	6.413.500	6.993.000
1944	777.000	7.216.000	7.993.000
1945	991.500	7.375.000	8.366.500

Kriegsmaterialproduktion der USA 1940–1945
(in Mio. Dollar)

	2. Hälfte 1940	1941	1942	1943	1944	1. Hälfte 1945
1. Flugzeuge	342	1737	6095	12 519	16 046	6855
2. Schiffe	391	1852	6957	12 489	13 431	4884
3. Kampf- u. mot. Fahrzeuge	260	1340	4943	6524	5372	2695
4. Geschütze usw.	89	396	2007	3647	3120	1394
5. Munition	806	2320	6263	10 033	11 030	6184

8.3 Rückzug und Niederlage

Die zweite Phase des Afrikafeldzuges (September 1942 bis Mai 1943)

Zunächst hatte die strategisch meisterhafte Führung der deutschen Truppen in Nordafrika durch den „Wüstenfuchs" Rommel die gewünschten Erfolge gebracht. Seit Frühjahr 1942 verschlechterte sich jedoch die Lage. Entscheidend war, dass die deutsche Logistik aufgrund der vom Führer prognostizierten Blitzkriege nicht auf derartig lange Nachschubwege eingerichtet war. Außerdem war es der deutschen Luftwaffe nicht gelungen, den britischen Luftstützpunkt Malta als Sprungbrett nach Afrika auszuschalten. Die Eroberung der libyschen Hauptstadt Tripolis und die Besetzung von Tunis durch britische Truppen im Frühjahr 1943 stehen für das Ende des Afrikafeldzuges. Am 13. Mai 1943 fand der „Heldenkampf der deutschen und italienischen Afrikaverbände", wie das Oberkommando der Wehrmacht verkündete, „mit der Kapitulation … sein ehrenvolles Ende"[8], und 252 000 deutsche und italienische Soldaten gerieten in Gefangenschaft. Damit waren

Nordafrika und vor allem das Mittelmeer fest in feindlicher Hand, die Südflanke für den Angriff auf die „Festung Europa" offen.

Die Niederlage im Osten

Seit Dezember 1941 fungierte Hitler auch als Oberbefehlshaber des Heeres. Im Jahre 1942 begannen sich die unzureichende Vorbereitung des Ostfeldzuges und der militärische Größenwahn Hitlers unheilvoll auszuwirken. Zwar konnte die Front gehalten werden, entscheidende Gewinne waren jedoch nicht mehr möglich. Der Vorstoß in den Süden der UdSSR zu den kaukasischen Erdölfeldern von Batum und Baku scheiterte bei **Stalingrad**. Der Name dieser erbittert umkämpften Stadt, die das Zentrum der sowjetischen Rüstungsindustrie war, steht symbolisch für die Niederlage im Osten. Diese wurde offensichtlich durch die **Kapitulation der** eingekesselten **6. Armee** unter Feldmarschall Paulus **am 2.2.1943** in Stalingrad. Pathetische Durchhalteparolen, die Hitler und Göring unmittelbar vor der Kapitulation verkündeten, wurden in nüchterner Erkenntnis der Lage von den im Kessel von Stalingrad Eingeschlossenen mit der telegrafischen Antwort: „Vorzeitige Leichenreden unerwünscht!" beantwortet. Nach der Kapitulation der 6. Armee musste die Front permanent „begradigt" werden, wie die NS-Propaganda den Rückzug der deutschen Truppen der Heimat erklärte.

„Lebensraum im Osten"

Weihnachtslied
DES LANDSERS

Traurige Nacht, schaurige Nacht!
Alles schläft, einsam wacht
Nur der Landser im eisigen Wind,
Denkt an sein fernes lockiges Kind.
Ach und die Heimat ist weit!

Traurige Nacht, schaurige Nacht!
Ohne Ruh tobt die Schlacht.
Fern ist die Heimat, und fern ist das Glück.
Nie mehr kehr ich zur Heimat zurück,
Niemals mehr seh ich mein Kind!

Traurige Nacht, schaurige Nacht!
Schluß, Kamrad! Aufgewacht!
Packt Eure Affen und macht Euch nach Haus
Und mit dem Krieg ists für allezeit aus!
Weihnachten seid ihr zu Haus!

Stille Nacht, glückliche Nacht!
Sieh Dein Kind, wie es lacht!
Sieh Dein Weib, wie es herzt Dich und küßt,
Weil Du endlich nun heimgekehrt bist!
Friede auf Erden ist dann!

Deutsche Soldaten! Wollt Ihr Eure nächsten Weihnachten daheim feiern? Dann macht Schluß mit dem Krieg!

70 000

Eurer Kameraden haben sich in der letzten Novemberwoche

bei Stalingrad gefangengegeben.

Folgt dem Beispiel dieser 70 000!
Nach Kriegsende kehrt Ihr zu Euren Lieben heim!

An die in Stalingrad eingekesselten deutschen Truppen gerichtetes sowjetisches Propaganda-Flugblatt

Das Ende des Krieges

Trotz der Mobilisierung letzter Kraftreserven und der **Ausrufung des „totalen Krieges"*** durch Goebbels (18.2.1943) war der Krieg im Sommer 1943 im Prinzip verloren: England hatte nicht besiegt werden können, der Afrikafeldzug war verloren, die deutschen Truppen im Osten auf dem Rückmarsch. Der alliierte **Bombenkrieg**, der in den letzten Monaten des Krieges von Briten und Amerikanern verstärkt zur Terrorisierung der Zivilbevölkerung eingesetzt wurde, zerstörte die deutschen Städte in bisher nie dagewesenem Ausmaße. Dresden (13./14.2. 1945), Würzburg (16.3.1945) und zahlreiche weitere Großstädte stehen für diese brutale Taktik, die nur deshalb nicht als Kriegsverbrechen erster Ordnung kategorisiert wurde, weil die späteren Sieger sie angewandt hatten. Wie Hitler zutreffend gesagt hatte, wird der Sieger nicht nach der Berechtigung seiner Maßnahmen und Entscheidungen gefragt.

Die militärisch sinnlose Bombardierung Dresdens, die ausschließlich der Demoralisierung der Zivilbevölkerung diente, kostete ca. 30 000 Zivilisten das Leben und vernichtete unersetzliche Kunstschätze.

Im September 1943 schied Italien als Kriegspartner aus und schloss mit den Westmächten ein Waffenbündnis, womit sich der Kriegsschauplatz erneut erweiterte. Der **U-Boot-Krieg** im Atlantik war zu diesem Zeitpunkt ebenfalls **gescheitert**. Die endgültige Entscheidung brachte die **Landung der Alliierten in der Normandie** am 6.6.1944 und die Eröffnung der Front im Westen. Obwohl gegen Ende des Krieges selbst alte Männer und Jugendliche zur Entlastung des Heeres die Heimat verteidigen mussten (so genannter **Volkssturm***), war der Vorstoß der gegnerischen Streitkräfte nicht mehr aufzuhalten. Zu Beginn des Jahres 1945 standen die Westmächte an der Westgrenze des Reiches, die Rote Armee „befreite" Polen. Damit begann trotz letzter Durchhalteparolen und Ankündigung verschiedener „Wunderwaffen" die „Götzendämmerung". Immer noch fantasierte Hitler in seinem Berliner Führerbunker tief unter der Erde, nicht mehr im Vollbesitz seiner körperlichen und geistigen Kräfte, über den Endsieg. Nach der Heirat mit Eva Braun, seiner Lebensgefährtin (29.4.), verfasste **Hitler** sein privates und politisches Testament und beging am **30.4. Selbstmord**. Andere NS-Größen, z.B. Goebbels mit seiner ganzen Familie, folgten ihm; manche versuchten, sich in letzter Minute ins Ausland, meist nach Südamerika, zu retten. Die **Kapitulation** am **8.Mai 1945** beendete das Dritte Reich, das „tausendjährige", nach 12 Jahren und damit den Krieg in Europa.

Alliiertes Code-Wort: D-Day (= Decision-Day)

In Asien erzwangen die Amerikaner, nach erbittertem Kampf und der verlustreichen Eroberung wichtiger Inseln im Pazifik durch den Abwurf der ersten **Atombomben** auf die Städte **Hiroshima (6.8.)** und **Nagasaki (9.8.)**, die Kapitulation Japans.

Bilanz des Zweiten Weltkrieges

a) Menschenverluste der am Zweiten Weltkrieg **in Europa** beteiligten Staaten:

Gefallene deutsche Soldaten	3 000 000
Vermisste deutsche Soldaten	1 300 000
Deutsche Zivilbevölkerung	500 000
Verluste durch Vertreibung und Verschleppung Deutscher	2 250 000
US-Streitkräfte	229 000
Westliche Alliierte	610 000
Zivilbevölkerung der westlichen Alliierten	690 000
Streitkräfte der ost- und südosteuropäischen Länder	1 000 000
Zivilbevölkerung der ost- und südosteuropäischen Länder	8 000 000
Sowjetische Streitkräfte	13 600 000
Sowjetische Zivilbevölkerung	6 700 000

b) Gesamtverluste des Zweiten Weltkrieges **weltweit**

Menschenverluste ca.	ca. 55 000 000
Kriegsbeschädigte	35 000 000

Zusammenfassung

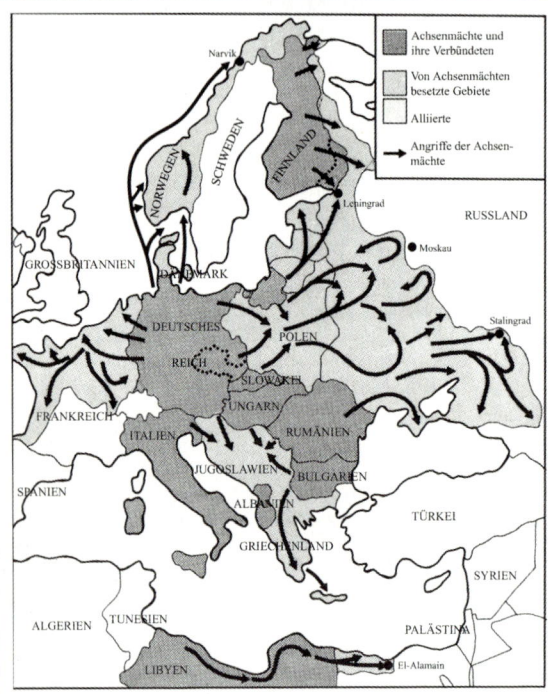

▲ 1939 – 1942   ▼ 1943 – 1945

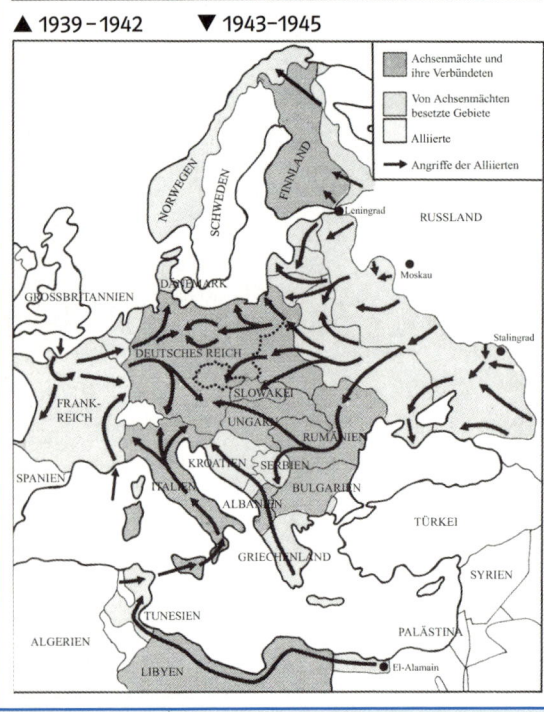

Der Zweite Weltkrieg

1939	01.09.	Kriegsbeginn in Polen
	03.09.	Großbritannien und Frankreich erklären Deutschland den Krieg
1940	09.04.	Besetzung Dänemarks und Norwegens
	10.05.	Beginn des Westfeldzuges
	22.06.	Kapitulation Frankreichs
	Juli	Luftschlacht um England
	Nov.	(Operation „Seelöwe")
1941	Febr.	Beginn des Afrikafeldzuges für die deutschen Truppen
	06.04.	Beginn des Balkanfeldzuges
	01.06.	Ende des Balkanfeldzuges
	22.06.	Überfall auf die UdSSR (Unternehmen „Barbarossa")
	07.12.	Überfall auf Pearl Harbor
	08.12.	Kriegseintritt der USA
1943	02.02.	Stalingrad
	13.05.	Ende des Afrikafeldzuges
1944	06.06.	Landung der Alliierten in der Normandie
1945	30.04.	Hitler begeht Selbstmord
	08.05.	Ende des Krieges in Europa, bedingungslose Kapitulation Deutschlands
	06.08.	Atombombenabwurf auf Hiroshima bzw.
	09.08.	Nagasaki
	02.09.	Kapitulation Japans

Der Unrechtscharakter des Dritten Reiches

Täter und Opfer im Getto* von Lodz (Links: Der Leiter der deutschen Getto-Verwaltung)

„Auf dem Weg ins Gas." Juden in Auschwitz.

Zeichnung eines jugendlichen KZ-Häftlings. Jeder einzelne Schlag musste laut mitgezählt und nach dem „Vollzug" folgende Meldung erstattet werden: „Lagerzögling Nr. …, 15 Stockhiebe dankend erhalten!"

9.1 Der nationalsozialistische Terror in Deutschland

Die SS wurde 1946 in den Nürnberger Prozessen als verbrecherische Organisation eingestuft.

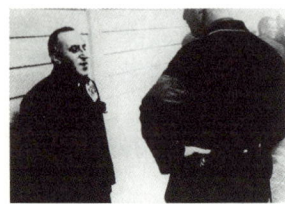

Der Pazifist und Friedensnobelpreisträger (1935) Carl von Ossietzky im Konzentrationslager (1933), wo er 1938 verstarb.

Der **Terror** in Deutschland, den in erster Linie Gestapo, SA und SS ausübten, betraf nicht nur **politische Gegner** und **Juden**, sondern generell **Minderheiten**. Sie wurden als „artfremd", als „Schmarotzer", „Parasiten" oder „Volksschädlinge" angesehen und deshalb inhaftiert, deportiert, unmenschlich behandelt oder ermordet. Der Inhaftierung dienten so genannte **Konzentrationslager**, die seit 1933 auf der Rechtsgrundlage der Reichstagsbrandverordnung eingerichtet wurden. Sie waren Sonderlager für politische Gegner, Zwangsarbeitslager und Stätten der Massenvernichtung (im Osten Europas). Terror und Diskriminierung betrafen auch jugendliche „Außenseiter", für die es zwei spezielle Konzentrationslager (Moringen und Uckermark) gab. Missliebige Personen konnten allein durch Verwaltungsanweisungen, ohne rechtliche Grundlage, in ein Konzentrationslager eingewiesen werden. Dort waren Häftlinge bedingungslos der Gewalt der SS und der Gestapo ausgeliefert. Prügelstrafen, Erschlagen, Erhängen, Ertränken und grausamste Folterungen gehörten zu den alltäglichen Methoden der „Behandlung". Die Lebensverhältnisse (Hygiene, Kleidung, Verpflegung und ärztliche Versorgung) waren völlig unzureichend. Daraus resultierte zusammen mit unmenschlichen Arbeitsbedingungen und medizinischen Menschenversuchen eine **außerordentlich hohe Sterblichkeitsrate**. Internierungs- bzw. **Haftgründe** waren:

- Opposition und Widerstand
- Rassische Gründe (Juden, Sinti, Roma), „Rassenschande"
- „sittliche" und/oder „sexuelle Verwahrlosung"
- Homosexualität
- religiöse Gründe (z. B. Zeugen Jehovas)
- Sippenhaft, z. B. bei missliebigen politischen Aktivitäten naher Verwandter
- gesundheitliche Gründe (Behinderte, psychisch Kranke)
- „Renitenz", „Unerziehbarkeit", „Kriminalität", „Arbeitsverweigerung", „Arbeitsbummelei" oder Sabotage
- Verweigerung des HJ- oder BDM-Dienstes
- Ausschluss aus der HJ bzw. der SA (Disziplinarmaßnahme)

- Zugehörigkeit zu verbotenen Jugendorganisationen („Swing-Jugend", die amerikanischen Jazz bevorzugte, konfessionelle Jugendgruppen, „Edelweiß-Piraten", „Wandervögel" etc.).

Die Zahl der in Deutschland zwischen 1933 und 1945 Inhaftierten, Verurteilten und Getöteten wird im Allgemeinen mit ca. 2,2 Mio. Menschen angegeben, die der aus politischen Gründen Hingerichteten mit etwa 32000 Menschen. Auch der erbarmungslose Einsatz von Häftlingen und ca. 9 Mio. aus den besetzten Gebieten oft regelrecht verschleppten **„Fremdarbeitern"*** (NS-Amtsdeutsch: „fremdvölkische Arbeitskräfte") zur Steigerung der Rüstungs- und der landwirtschaftlichen Produktion ließ die Sterblichkeitsquote aufgrund der schlechten Lebens- und Arbeitsbedingungen in Deutschland in diesem Zeitraum steil ansteigen. Im Oktober 1939 wurde aufgrund eines Führererlasses mit der **„Euthanasie***", d.h. der planmäßigen Tötung „lebensunwerten Lebens" begonnen. Der hierfür geschaffene „Reichsausschuss zur wissenschaftlichen Erforschung erb- und anlagebedingter schwerer Leiden" erfasste zunächst „lebensunwerte" Kinder, dann auch Erwachsene. Diese so genannten „Ballastexistenzen" oder „unnützen Fresser" (Geisteskranke, unheilbare Pflegefälle, Missgebildete) wurden durch Medikamente, Spritzen, Gas oder Entzug von Nahrung getötet. Auf Proteste, insbesondere von kirchlicher Seite, ließ Hitler 1941 die Euthanasie teilweise einstellen. Die Ermordung von Kindern und KZ-Häftlingen wurde jedoch bis zum Kriegsende fortgesetzt. Mindestens 100000 Menschen wurden im Rahmen des Euthanasieprogramms ermordet.

In der bayerischen Strafvollzugsanstalt Stadelheim bei München wurden zwischen 1860 und 1930 33 Todesurteile, zwischen 1933 und 1945 1200 Todesurteile vollstreckt.

9.2 Die Verfolgung der Juden

Historische Voraussetzungen in Deutschland

Schon mittelalterliche und frühneuzeitliche Chroniken bestätigen die Existenz des Antisemitismus in fast allen europäischen Ländern. Im 19. Jahrhundert wurde er durch die pseudowissenschaftliche Rassenlehre und einen ebenso falsch verstandenen wie falsch interpretierten Darwinismus verstärkt. In **Deutschland** allerdings entstand aufgrund der innen- und außenpolitischen Entwicklung **nach dem Ersten Weltkrieg** ein **verschärfter Antisemitismus**, der vor allem in den Rechtskreisen neben dem „Kampf" gegen den Versailler Vertrag und gegen das demokratische „System" zu den Grundlagen politischen Denkens gehörte. In typi-

So schiebt z.B. die rechtsextreme Propaganda der Weimarer Republik die Schuld an der Niederlage des Ersten Weltkrieges auf die „jüdisch-marxistischen Novemberverbrecher".

scher Vereinfachung wurde „der Jude" als Urheber allen Übels, als Feind der ganzen Nation, als Inkarnation des Bösen schlechthin abgestempelt.

Entscheidend war, dass der noch reichlich diffuse Antisemitismus durch Hitler zu einer primitiven, jedoch sehr wirksamen Ideologie zusammengefasst und von der NSDAP intensiv vertreten wurde. Die Verfolgung der Juden, die sich als „logische Konsequenz" dieses Antisemitismus ergab, lässt sich in vier Phasen mit steigender Intensität einteilen.

Hetze und Terror (1933–1935)

Typische Parolen auf Ortstafeln: „Der Vater der Juden ist der Teufel" oder „Juden betreten den Ort auf eigene Gefahr".

Zu den Geächteten gehörten u.a.: Marx, Bloch (Philosophen), Freud, Hirschfeld (Wissenschaftler), Heine (Dichter), Heinrich Mann, Brecht, Kästner, Remarque, Kerr, Schnitzler, Hemingway, London (zeitgenössische in- und ausländische Autoren).

Zunächst sind **Maßnahmen und Aktionen** gegen Juden noch **vereinzelt** und nicht in großem Umfang organisiert. Sie richten sich gegen jüdische Kaufhäuser, Geschäfte und Privatpersonen und umfassen **Boykottmaßnahmen und Drohungen**. Im Rahmen der „kulturellen Säuberung" wenden sich die SA und einzelne NSDAP-Anhänger bereits wenige Wochen nach der Machtüberlassung gegen jüdische Schriftsteller, Literaten, Musiker und Künstler. Davon betroffen waren auch arische Personen, deren Werke als „undeutsch" oder „vom jüdischen Geist angekränkelt" angesehen wurden. Ein erster Höhepunkt derartiger Aktionen war die von Goebbels organisierte **Bücherverbrennung** in fast allen Universitätsstädten (**10.5.1933**). Die NS-Propaganda richtete sich „wider den undeutschen Geist", „gegen Dekadenz und moralischen Verfall". Gegeißelt wurden „Gesinnungslumperei und politischer Verrat" sowie ein „volksfremder Journalismus".

Der Zwang für alle Staatsbediensteten, die arische Abstammung nachzuweisen, bedeutete eine **erste Diffamierung und Deklassie-**

SA-Leute am 1.4.1933 als Boykottposten vor einem jüdischen Kaufhaus in Berlin

rung jüdischer Staatsbürger auf breiter Ebene. Hierbei spielte es keine Rolle, dass zahlreiche jüdische Familien seit Generationen deutsch waren, sich als solche fühlten und in vielen Fällen großartige Leistungen für ihr Vaterland vollbracht hatten. Von Monat zu Monat wurde der Druck auf die Kommunen und Länderverwaltungen stärker, ihre Verwaltungen „judenrein" zu machen. Als Folge dieser Aktivitäten setzte noch im Jahre 1933 eine starke Emigration wohlhabender jüdischer Familien, Künstler und Wissenschaftler ein. Trotz aller Verfolgung blieben viele Juden in Deutschland, da sie meinten, es werde schon nicht so hart kommen und die Verfolgung werde sich, wie schon so oft in der Geschichte ihres Volkes, nach einer gewissen Zeit wieder legen. Auch ist festzuhalten, dass die extreme **antisemitische Propaganda bei linientreuen Nationalsozialisten** auf **große Akzeptanz** stieß, **im Volke** jedoch, vor allem auf dem Lande, nur **geringe Zustimmung** fand.

Die Nürnberger Gesetze und ihre Anwendung (1935–1945)

Inhalt

Im Jahre 1935 plante die NS-Staatsführung umfassende Maßnahmen, um den Juden die Existenzgrundlage systematisch zu entziehen. Da auch ein totalitärer Staat seine Maßnahmen gern juristisch legitimiert, schuf sie mit den so genannten Nürnberger Gesetzen die pseudorechtliche Grundlage der Judenverfolgung. Das **„Reichsbürgergesetz"** vom 15. 9. 1935 stellte u. a. fest:

- Reichsbürger kann nur *der* Staatsangehörige deutschen oder artverwandten Blutes sein, der durch sein Verhalten beweist, dass er gewillt und geeignet ist, in Treue dem deutschen Volk und Reich zu dienen.

- Der Reichsbürger ist der alleinige Träger der vollen politischen Rechte.

Das am selben Tage erlassene **„Gesetz zum Schutz des deutschen Blutes und der deutschen Ehre"** sollte „Voraussetzungen für den Fortbestand des deutschen Volkes" schaffen und „die deutsche Nation für alle Zukunft sichern". Es legte fest:

- Eheschließungen zwischen Juden und „Staatsangehörigen deutschen oder artverwandten Blutes" sind verboten.

- Derartige Ehen werden aufgelöst.

Präambel dieses Gesetzes: „Durchdrungen von der Erkenntnis, dass die Reinheit des deutschen Blutes die Voraussetzung für den Fortbestand des deutschen Volkes ist, und beseelt von dem unbeugsamen Willen, die deutsche Nation für alle Zukunft zu sichern, hat der Reichstag einstimmig das folgende Gesetz beschlossen, das hiermit verkündet wird."[1]

- Außerehelicher Geschlechtsverkehr zwischen Juden und Staatsangehörigen deutschen oder artverwandten Blutes ist verboten.

- Juden ist das Hissen und Zeigen der Reichsflagge verboten.

Insgesamt 250 Gesetze, Verordnungen, Verfügungen und Anordnungen erweiterten die Nürnberger Gesetze.

Nulla poena sine lege, d. h. keine Strafe ohne gesetzliche Grundlage

Bewertung

Die beiden Nürnberger Gesetze bildeten die **pseudojuristische Grundlage einer Entrechtungs- und Verfolgungskampagne**. Der Unrechtscharakter dieser „Gesetze" wird vor allem daran deutlich, dass sie rückwirkend Tatbestände verfolgten und bestraften, die bisher als solche noch gar nicht existiert hatten. Damit wurde einer der elementarsten Grundsätze heutiger Rechtsprechung verletzt.

Der Judenstern

Ihn mussten die Juden
– seit 1939 in den besetzten Ostgebieten,
– seit 1941 im gesamten Reichsgebiet,
– seit 1942 in Frankreich, Belgien und den Niederlanden tragen.

Die systematische Einengung des Lebensraumes der Juden (1938–1942)

Seit 1938 ging die NS-Führung daran, den Freiheits- und Lebensraum der Juden systematisch und drastisch zu beschränken. Eine Fülle von **Maßnahmen** betraf sowohl die wirtschaftliche Existenz als auch die Privatsphäre der Juden. Hierzu gehörten:

- **Berufsverbot** für Ärzte, Rechtsanwälte, Geschäftsführer, Kaufleute, Handwerker.

- **Besitzverbot**: Juden durften weder Geschäfte noch Wertmetalle (Gold, Platin, Silber), Edelsteine, Perlen, Rundfunkgeräte, Schreibmaschinen, Fahrräder, Autos, Motorräder, Kameras, Pelze, elektrische und optische Geräte besitzen.

- **Diskriminierende Maßnahmen**: Alle Juden mussten den Vornamen Israel oder Sara tragen. Sie durften weder Theater, Kino, Konzerte, Vorträge noch Ausstellungen kultureller Art besuchen. Sie mussten um 20 Uhr zu Hause sein, durften sich nicht in Sperrgebieten aufhalten, keine Fernsprecher und Fahrkartenautomaten benutzen, keine Wälder und Grünanlagen betreten und keine Zeitungen oder Zeitschriften beziehen. Jeder Jude musste einen „Judenstern" an seiner Kleidung tragen. Sie erhielten keine Fisch- und Fleischwaren, keine Weizenerzeugnisse, keine Vollmilch und keine Süßwaren.

Diskriminierung jüdischer Mitschüler, Wien 1938. („Der Jude ist unser größter Feind! Hütet euch vor dem Juden!")

Einen ersten Höhepunkt des brutalen Vorgehens gegen Juden brachte die von Goebbels inszenierte „**Reichskristallnacht***". Auslösendes Moment war die Ermordung des deutschen Legationsrates vom Rath in Paris durch den polnischen Juden Herszel Grynspan, der auf diese Weise die ungerechte Behandlung seiner Eltern rächen wollte. Dies war für Goebbels der geeignete Anlass. Wie die Presse verkündete, kam es in der Nacht vom 9. auf den 10. November 1938 im ganzen Reich zu „spontanen" Ausschreitungen, die als „berechtigter und gerechter Volkszorn" bezeichnet wurden. Synagogen gingen in Flammen auf, jüdische Geschäfte wurden zerstört und geplündert, hunderte von Juden ermordet, tausende z. T. schwer verletzt, ca. 20 000 in ein Konzentrationslager eingeliefert. Als die Juden nicht nur keine Entschädigung dafür erhielten, sondern für die Ermordung vom Raths auch noch eine „Sühneleistung" in Höhe von 1 Mrd. Mark bezahlen mussten, war auch dem letzten Optimisten im In- und Ausland klar, in welche Richtung die „Behandlung" der Juden laufen würde. Die „spontane Aktion" wurde von Goebbels bereits nach einem Tag beendet, da die **Mehrheit der Bevölkerung** äußerst **betroffen** und **ablehnend** reagierte.

In der Folgezeit nahm die **Einweisung** von Juden **in Konzentrationslager** immer stärker zu. Dort wurden sie ebenso wie die politischen Gegner härtesten Arbeits- und Lebensbedingungen unterworfen und starben häufig an Erschöpfung, extremer Ausbeutung oder bestialischen Misshandlungen. Hierbei erlangten die seit 1936 der SS unterstehenden Konzentrationslager Dachau, Sachsenhausen, Bergen-Belsen, Buchenwald, Flossenbürg, Ravensbrück und Mauthausen traurige Berühmtheit.

Die „Endlösung" der Judenfrage (1942–1945)

Am **20. Januar 1942** berieten in Berlin hohe SS-Führer und politische Beamte unter Leitung von Reinhard Heydrich über die systematische Massenvernichtung der Juden, die euphemistisch als „Endlösung*" bezeichnet wurde. Die so genannte **Wannseekonferenz** war nötig geworden, weil Massenerschießungen sich als „zu umständlich" und „wenig effizient" erwiesen hatten, sich nicht verheimlichen ließen und weil die SS befürchtete, dass in der Nähe der Vernichtungslager stationierte Wehrmachtsteile seelisch belastet werden könnten. Mit folgenden **Maßnahmen** sollte die „Endlösung" der Judenfrage erreicht werden:

– Durchkämmung Europas von Westen nach Osten, Erfassung aller Juden und Abtransport in Vernichtungslager im Osten Europas.
– Errichtung von riesigen Lagern, deren Vernichtungskapazität der Gesamtzahl der „zu behandelnden Juden" entsprechen sollte.

Anstelle des zynischen NS-Begriffes „Reichskristallnacht" spricht die Fachliteratur sachlich von der Reichspogrom*-Nacht.

Das entsprechende Gesetz bestimmte: „Den Juden deutscher Staatsangehörigkeit in ihrer Gesamtheit wird die Zahlung einer Kontribution von 1 Milliarde RM an das Deutsche Reich auferlegt."[2]

Dafür wurde nun die „Gettoisierung" der Juden systematisch betrieben.

Aus dem Bericht eines „Einsatzkommandos" der SS (November 1941): „Was die eigentliche Exekutive anbelangt, so sind von den Kommandos der Einsatzgruppe bisher etwa 80000 Personen liquidiert worden.
Darunter befinden sich etwa 8000 Personen, denen aufgrund von Ermittlungen eine deutschfeindliche oder bolschewistische Tätigkeit nachgewiesen werden konnte. Der verbleibende Rest ist aufgrund von Vergeltungsmaßnahmen erledigt worden. Die größte dieser Aktionen fand unmittelbar nach der Einnah-

*me Kiews statt;
es wurden hier-
zu ausschließlich
Juden mit ihrer gesamten
Familie verwandt."³*

- Der Arbeitseinsatz der Juden „in entsprechender Weise" sollte bereits zur „natürlichen Verminderung der arbeitsfähigen Juden" führen.
- Eine „entsprechende Behandlung" für den „endlich verbleibenden Restbestand".

Diese „Behandlung", wie die Ermordung der Juden zynisch umschrieben wurde, fand in den polnischen **Vernichtungslagern** Sobibor, Belzec, Chelmno, Maidanek, Treblinka und vor allem in Auschwitz statt. Dort wurden hunderttausende Juden aus ganz Europa durch „natürliche Verminderung" (extremste Arbeits- und Lebensbedingungen) bzw. durch Massenerschießungen, Vergasung mit Autoabgasen oder in Gaskammern durch Zyklon-B-Gas ermordet.

Das Ausmaß der Judenverfolgung

Die Zahl der jüdischen Opfer des NS-Terrors kann aufgrund der SS-Praktiken und der wenig präzisen Transport- und Vernichtungsstatistiken nicht exakt beziffert werden. Sie bewegt sich zwischen 4,6 und 6 Mio. Menschen. Neben dieser Zahl schockiert vor allem der mit geradezu unheimlicher Systematik und bürokratischer Sachlichkeit durchgeführte **Völkermord** (lat. Genozid*, griech. Holocaust*), wobei sich nahezu alle Beteiligten im Nachhinein auf „Befehl und Gehorsam" beriefen. Die Hälfte der ermordeten Juden, deren Zahl von Himmlers Beauftragtem für Statistik, Korherr, auf 5,3 Mio. berechnet wurde, kam in den polnischen Vernichtungslagern während des Zweiten Weltkrieges um.

9.3 Die Behandlung der unterworfenen Völker

Nach der Phase der Blitzkriege begann die NS-Führung 1942 mit der „Neuordnung Europas", deren Ergebnis ein „Großgermanisches Reich deutscher Nation" sein sollte. Dieses Konzept beinhaltete nach der Vorstellung Hitlers die Besiedelung der Krim, Galiziens, des Baltikums, der Wolgakolonie und des Gebiets um Baku mit Deutschen und die Einbeziehung dieser Gebiete ins Reich. Die mit der Neuordnung verbundene Behandlung der unterworfenen Völker hing von ihrer Einschätzung entsprechend der NS-Rassenpolitik ab. Die als germanisch angesehenen Holländer, Flamen, Balten und Skandinavier sollten „veredelt", d. h. germanisiert und

Mit den so gewonnenen 30 Millionen Menschen wollte Himmler die „Blutbasis" auf insgesamt 120 Mio. „Germanen" erweitern.

ihre Gebiete als Gaue dem Reich angegliedert werden. Die slawischen Völker Mittel- und Osteuropas, die als minderwertig galten, sollten „je nach Bedarfslage" verdrängt, umgesiedelt oder physisch vernichtet werden. Dieses Programm bedeutete in der Praxis konkret die Ermordung von mindestens 1 Mio. Polen und Russen der Oberschicht durch so genannte Einsatzgruppen* der SS. Diese waren in Wirklichkeit reine Tötungskommandos. Die **Behandlung der unterworfenen Völker** durch die SS war **von Willkür und blutigem Terror bestimmt**. Vor allem Strafaktionen gegenüber der Zivilbevölkerung wegen „Nichtbeachtung von Befehlen" oder „Unterstützung von Partisanentätigkeit" wurden oft als reine Vergeltungsmaßnahmen verübt. Dies bedeutete z. B., dass eine willkürlich festgesetzte Anzahl von Zivilisten erschossen, in Konzentrationslager abtransportiert und Dörfer dem Erdboden gleichgemacht wurden. Derartige „Vergeltungsmaßnahmen" wurden u. a. in Oradour (Frankreich), Lidice (Tschechien), Kiew (Ukraine) und Marzabotto (Italien, 1944) durchgeführt.

Nach den Vorstellungen Hitlers und Himmlers sollte die „minderwertige" Bevölkerung im Osten Europas systematisch versklavt und auf einem sehr niedrigen Bildungsniveau gehalten werden. Hierfür waren geplant:

– Lediglich Besuch einer vierklassigen Volksschule.
– Unterrichtsziele: einfaches Rechnen bis 500, die Fähigkeit, den eigenen Namen schreiben und Befehle und Erlasse lesen zu können; Gehorsam gegenüber den Deutschen sollte ein unantastbares Gebot sein und durch die Forderung ergänzt werden, im Sinne der deutschen Besatzungsmacht ehrlich, brav und fleißig zu sein.

Einen Monat nach Kriegsausbruch gab Hitler im Oktober 1939 Anweisungen zur Durchführung der Besatzungspolitik. Sie machen seine Lebensraum- und Rassenpolitik und die für ihre Durchführung vorgesehenen Maßnahmen deutlich. Nachdem der Führer als **„notwendige Maßnahmen" Erschießen, Aussiedeln** etc. angesprochen hatte, legte er das grundsätzliche Ziel dar. Es komme darauf an, den „riesenhaften Kuchen handgerecht zu zerlegen, damit wir ihn erstens beherrschen, zweitens verwalten und drittens ausbeuten können".

Der Generalplan Ost sah die Aussiedlung von 65 % der Ukrainer, 70 % der Weißruthenen und 50 % der Tschechen nach Sibirien vor.

Bekanntmachung des deutschen Stadtkommandanten von Kiew: „In Kiew wurde eine Nachrichtenanlage böswillig beschädigt. Da die Täter nicht ermittelt werden konnten, wurden 400 Männer aus Kiew erschossen. Kiew, den 29. November 1941."[4]

Aus einer Denkschrift Himmlers (Mai 1940): „Die Bevölkerung des Generalgouvernements [Polen] setzt sich dann zwangsläufig nach einer konsequenten Durchführung dieser Maßnahmen im Laufe der nächsten zehn Jahre aus einer verbleibenden minderwertigen Bevölkerung ... zusammen. Diese Bevölkerung wird als führerloses Arbeitervolk zur Verfügung stehen und Deutschland jährlich Wanderarbeiter und Arbeiter für besondere Arbeitsvorkommen (Straßen, Steinbrüche, Bauten) stellen."[5]

Zusammenfassung

Der Unrechtscharakter des Dritten Reiches

Unmittelbar nach der Machtüberlassung verschärfte die NSDAP ihr Vorgehen gegen Andersdenkende, politische Oppositionelle, so genannte „Ballastexistenzen", ethnische, religiöse und gesellschaftliche Minderheiten. Sie alle wurden als „artfremd", als „Schädlinge" oder „Parasiten" abqualifiziert. Stätten des hauptsächlich von Gestapo, SA und SS begangenen Terrors waren die Konzentrationslager, die als Sonderlager für Kriminelle, politische Gegner, Zwangsarbeiter- und Massenvernichtungslager dienten. Dort wurden die meist ohne rechtsstaatliche Grundlage Eingewiesenen brutal und grausam misshandelt.

Der NS-Terror richtete sich vor allem gegen die Juden. Zunächst wurden sie durch vereinzelte Maßnahmen und Aktionen bedroht und diffamiert. Die Nürnberger Gesetze von 1935 bildeten die pseudorechtliche Grundlage der gezielten Ausgrenzung und Verfolgung der jüdischen Mitbürger. In den Folgejahren wurde der Lebensraum durch Berufs- und Besitzverbote sowie diskriminierende Maßnahmen permanent eingeengt. Seit Anfang 1942 betrieben die Nationalsozialisten systematisch die Massenvernichtung (NS-Jargon „Endlösung") der europäischen Juden. 4,6 bis 6 Mio. Juden wurden ermordet, die Hälfte von ihnen wurde in den im Osten Polens errichteten Massenvernichtungslagern erschossen, vergast oder durch unmenschliche Lebens- und Arbeitsbedingungen getötet.

Die Behandlung der unterworfenen Völker richtete sich nach ihrer „rassischen Wertigkeit". Die „Behandlung" der als „minderwertig" angesehenen slawischen Völker Mittel- und Osteuropas war von unmenschlicher Härte und Grausamkeit der SS bestimmt. Ca. 1 Mio. der Oberschicht angehörigen Polen und Russen wurden aus rassenideologischen Erwägungen ermordet. Die unterworfenen Völker sollten nach dem Krieg dem Großgermanischen Reich als Sklavenvölker dienen.

Der NS- Unrechtsstaat: Opfer und Maßnahmen

Terror in Deutschland
- Politische Gegner, ethnische, religiöse, rassische Minderheiten
- „Volksschädlinge"
- „Ballastexistenzen"
- Fremdarbeiter

↓

KZ, Misshandlungen, Ermordung, extreme Lebensbedingungen

Die Judenverfolgung
- Hetze und Terror
- Nürnberger Gesetze
- Systematische Einengung des Lebensraums
- „Endlösung" in den Konzentrationslagern in Polen

↓

„Endlösung" durch Massenvernichtung (Holocaust)

Die unterworfenen Völker
- Behandlung nach „rassischer Wertigkeit"
- Liquidierung der russischen und polnischen Oberschicht
- Versklavung der Völker im Osten Europas

↓

Germanisierung, Versklavung oder Vernichtung

Der Widerstand im Dritten Reich

Hattinger Edelweißpiraten 1940

Die führenden Köpfe der „Weißen Rose": Hans und Sophie Scholl, Christoph Probst

Aus dem Abschiedsbrief von Harro Schulze-Boysen („Rote Kapelle") kurz vor seiner Hinrichtung:

„Geliebte Eltern!

… Wenn Ihr hier wäret, unsichtbar seid Ihr's: Ihr würdet mich lachen sehen angesichts des Tods. Ich habe ihn längst überwunden. In Europa ist es nun einmal so üblich, dass geistig gesät wird mit Blut. Mag sein, dass wir nur ein paar Narren waren; aber so kurz vor Toresschluss hat man wohl Recht auf ein bißchen ganz persönliche historische Illusion …

Euer Harro."[1]

10.1 Die Problematik der Darstellung

Der **Widerstand** wird **in** der deutschen **Fachliteratur ausführlich** und detailliert **behandelt**. Hierfür gibt es verschiedene Gründe:

- Es soll der Nachweis erbracht werden, dass nicht alle Deutschen Nationalsozialisten waren und das deutsche Volk insgesamt und pauschal nicht mit den Nationalsozialisten gleichgesetzt werden kann.

- Die Beschäftigung mit dem Widerstand, seinen rechtlichen und moralischen Grundlagen soll das Rechtsempfinden schärfen und das generelle Widerstandsrecht gegenüber willkürlicher, die Menschenrechte unterdrückender Machtausübung betonen.

Die **Problematik der Darstellung** ergibt sich im Wesentlichen aus folgenden Faktoren:

- Der Widerstand im Dritten Reich war insgesamt sehr komplex in seinen Erscheinungsformen und bezüglich seiner Motive.

- Die östliche und westliche Geschichtsschreibung, in erster Linie natürlich die der beiden deutschen Staaten, konnte sich aufgrund ihrer ideologischen Standortgebundenheit auf keinen gemeinsamen Nenner einigen. Während die Geschichtsschreibung der DDR den kommunistischen Widerstand als Legitimationsbasis für sich in Anspruch nahm, beschäftigte sich die bundesrepublikanische Historiografie vor allem mit dem bürgerlichen und militärischen Widerstand, da dessen Motive mit dem demokratischen Selbstverständnis der Bundesrepublik übereinstimmen.

- Meist werden nur der militärische und der studentische Widerstand stellvertretend für die anderen Formen des Widerstandes behandelt, da sie sich einprägsamer und emotionalisierender beschreiben lassen, als der programmatische, im Endeffekt aber oft wenig aktive Widerstand Einzelner oder bestimmter Gruppen.

Das DDR-Geschichtsbuch für die 9. Klasse behauptete: „Die Arbeiterklasse und die werktätigen Bauern waren Hauptträger dieser Bewegung [des Widerstandes]. Sie stellten die Masse der illegalen Kämpfer und brachten die meisten Opfer. Die kommunistischen- und Arbeiterparteien waren die führende Kraft im Widerstandskampf. Ihre Mitglieder standen in allen Ländern in der ersten Reihe des Kampfes."[2]

10.2 Ursachen des Widerstandes

Aus der Fülle der ethnisch-nationalen, gesellschaftlichen, politischen, wertkonservativen, religiösen oder ethischen Motive, die zum Widerstand führten, müssen vor allem die folgenden erwähnt werden:
– Die Beseitigung der Demokratie bzw. der ihr zugrunde liegenden Prinzipien;
– die Verfolgung von Andersdenkenden und von Minderheiten, besonders der Juden;
– die generelle Missachtung menschlicher Freiheit und Würde;
– die Anzettelung und Ausweitung des Krieges;
– die aussichtslose militärische Lage bzw. die Chance eines erträglichen Friedens;
– die Dokumentation gegenüber dem Ausland, dass es Deutsche gab, die sich nicht mit dem Dritten Reich bzw. seinem Führer identifizieren lassen wollten.

10.3 Formen des Widerstandes

– Verweigerung von Befehlen;
– Sabotage;
– Flugblätter, Wandparolen;
– geistiger Widerstand, d. h. der Versuch, politische, juristische, gesellschaftliche Modelle für die Zeit nach Hitler zu entwickeln;
– Attentatsversuche.

10.4 Widerstandsgruppen

Widerstand linker Gruppen

Unter dem Eindruck der Verfolgung der **KPD** nach dem Reichstagsbrand organisierten sich zahlreiche kleine kommunistische Widerstandsgruppen, die im Untergrund arbeiteten und meist illegale Publikationen wie Zeitungen und Flugblätter verbreiteten. Aufgrund ihrer oft öffentlichen Proteste gelang es der Gestapo rasch, diese Gruppen zu zerschlagen. Die KPD setzte danach ihren Widerstand vom Exil aus fort (UdSSR, Frankreich, Mexiko).

Werner Bergengruen, Die Lüge (1938):
„Wo ist das Volk, das dies schadlos an seiner Seele ertrüge?
Jahre und Jahre war unsere tägliche Nahrung die Lüge.
Festlich hoben sie an, bekränzten Maschinen und Pflüge, sprachen von Freiheit und Brot,
und alles, alles war Lüge.
Borgten von heldischer Vorzeit aufrauschende Adlerflüge, rühmten in Vätern sich selbst
und alles, alles war Lüge.
…
Noch das Blut an den Händen umflorten sie Aschenkrüge, sangen der Toten Ruhm, und alles, alles war Lüge.
Lüge atmen wir. Bis ins innerste Herzensgefüge sickerte, Tropfen für Tropfen der giftige Nebel der Lüge. Und wir schrien zur Hölle, gewürgt, erstickt von der Lüge, dass im Strahl der Vernichtung die Wahrheit herniederschlüge." [3]

Wie die KPD unterschätzte auch die **SPD** zunächst den Nationalsozialismus und sah Parallelen zur Zeit der Sozialistengesetze
(1878–1890). Der SPD nahe stehende Teile der Arbeiterschaft, die
in Opposition zum Nationalsozialismus gingen, zogen sich zunächst in kleine Diskussionsgruppen zurück und erörterten die
gesellschaftspolitischen Strukturen einer Neuordnung Deutschlands nach dem Nationalsozialismus. Die Parteiführung ging ins
Exil und betrieb von dort aus Widerstand. Allerdings verhinderten
die Fehleinschätzung des Nationalsozialismus sowie innerparteiliche Kontroversen einen einheitlichen, effizienten Widerstand
der SPD. **Gewerkschaftlicher Widerstand** begann sich nach anfänglicher Zurückhaltung unter der Führung von Wilhelm Leuschner, Jakob Kaiser und Max Habermann zu organisieren, erreichte
jedoch keine Geschlossenheit und trotz der engen Verbindung zur
SPD auch kein gemeinsames Vorgehen. Neben den beiden großen Parteien leisteten **kleinere Verbände**, z. B. die „Sozialistische
Arbeiterpartei Deutschlands" (SAP), der „Internationale Sozialistische Kampfbund" (ISK), die „Kommunistische Partei Deutsch-
lands/Opposition" (KPO) von Anfang an Widerstand.

Zu den aktivsten kleinen **Widerstandsgruppen** gehörten die folgenden:

Tarnschrift der SoPaDe, der
Exil-SPD von 1934 mit fikti-
ver Verlagsangabe. Auf S. 4,
zweiter Abschnitt, begann
das SoPaDe-Manifest „Kampf
und Ziel des revolutionären
Sozialismus".

■ „**Roter Stoßtrupp**": Eine Gruppe meist junger Arbeiter und An-
gestellter und einige Studenten, die in Berlin gegen das Regime
gerichtetes Material sammelten, vervielfältigten und im Reich
verbreiteten.

■ „**Neu Beginnen**": Junge Sozialisten, die sich schon vor der
Machtüberlassung im Kampf gegen den Nationalsozialismus
engagiert und ein gemeinsames Vorgehen der Arbeiterschaft
gefordert hatten. Danach bekämpften sie das NS-Regime von
Prag, Frankreich, England und den USA aus mit ihrer Zeitschrift
„Neu Beginnen".

*Diese Bezeichnung prägte
die Gestapo als Codename
für die Enttarnung als sie im
Juli 1942 ein Sonderkomman-
do „Rote Kapelle" aufstellte.*

*Schulze-Boysen war Ober-
leutnant im Reichsluftfahrts-
ministerium, Harnack Regie-
rungsrat im Wirtschaftsmi-
nisterium.*

■ Die „**Rote Kapelle**" war die größte Widerstands- und Spionageorganisation während des Zweiten Weltkrieges. Sie bestand
aus einer politisch stark differenzierten Gruppe von Künstlern,
Journalisten, Schriftstellern und Linksintellektuellen, die zum
Teil in einflussreichen staatlichen Stellen saßen. Ihre führenden
Köpfe waren Harro Schulze-Boysen und Arvid Harnack. Sie verteilten illegale Flugblätter, klebten anti-nationalsozialistische
Anschläge, verhalfen Systemgegnern zur Flucht und organisierten Sabotageakte. Andere Mitglieder unterhielten seit 1940
Funkkontakte zur Moskauer Zentrale, versorgten die UdSSR mit
Spionagematerial (besonders zur Rüstung) und warnten auch
unter Angabe des exakten Angriffstermins vor dem Überfall auf
die UdSSR. Aufgrund ihrer Funktätigkeit wurde die Gruppe im

August 1942 enttarnt, mehr als 100 Mitglieder verhaftet, gefoltert und meist hingerichtet. Die „Rote Kapelle" wurde von der Gestapo pauschal als kommunistische Spionageorganisation hingestellt. Unter ihren Mitgliedern gab es jedoch viele, die weniger aus politisch-ideologischen Gründen Widerstand betrieben, sondern denen es in erster Linie um die Befreiung von der Hitler-Diktatur ging.

Bürgerliche Widerstandsgruppen

Sie entstanden aufgrund der zunächst positiven Einstellung zum Nationalsozialismus erst Mitte der Dreißigerjahre, waren **politisch stark differenziert** und entwickelten **keinen koordinierten Widerstand**. Gemeinsam ist ihnen eine vorwiegend preußisch orientierte Wertetradition und die Wiederherstellung der Rechtsstaatlichkeit nach dem Ende des NS-Regimes. Folgende Gruppen erreichten eine gewisse Bedeutung:

- Die „**Mittwochsgesellschaft**": Sie wurde von einem kleinen Kreise von Wissenschaftlern verschiedener Fachrichtungen gebildet und beschäftigte sich ihrer Zusammensetzung entsprechend mit den ethischen, moralischen und staatsrechtlichen Aspekten des Dritten Reiches und der Zeit danach. Konkrete Umsturzpläne existierten nicht.

  Mitglieder waren z. B. der Chirurg Sauerbruch, der Philosoph Spranger, der Staatsrechtler Jessen

- Der „**Freiburger Kreis**": Er bestand aus Mitgliedern der 1942 aufgelösten „Akademie für Deutsches Recht" unter Leitung von Gerhard Ritter. Die Diskussionsschwerpunkte entsprachen denen der „Mittwochsgesellschaft".

- Der „**Solf-Kreis**": Er entstand um die Witwe des früheren Botschafters Wilhelm Solf und setzte sich überwiegend aus oppositionellen Beamten des Auswärtigen Amtes zusammen.

- Der „**Kreisauer Kreis**": In ihm fanden sich Konservative und Sozialisten, Großgrundbesitzer und Gewerkschafter, Protestanten und Katholiken um den schlesischen Grafen James von Moltke zusammen, nach dessen Gut der Kreis benannt ist. Obwohl der Kreis keine konkreten Umsturzpläne entwickelte – er befasste sich vor allem mit einem künftigen demokratischen Staatsaufbau – kommt ihm aufgrund seiner Zusammensetzung und seiner zahlreichen Kontakte zu anderen Widerstandsgruppen die größte Bedeutung zu. Deshalb wurde er auch im Zuge der Verfolgung des militärischen Widerstandes von der Gestapo aufgelöst. Todesurteile gegen Mitglieder wurden mit der Begründung

  Weitere Mitglieder: Graf York von Wartenburg, Pater A. Delp, von Trott zu Solz, Th. Haubach, E. Gerstenmeier

Carl Friedrich Goerdeler
(1884–1944)

verhängt, sie hätten sich mit Fragen beschäftigt, „die zur ausschließlichen Zuständigkeit des Führers gehören".

■ Die Gruppe um **Carl Friedrich Goerdeler**: Der ehemalige Leipziger Oberbürgermeister verkörperte den bürgerlich-konservativen Politiker, der sich zunächst von den Nationalsozialisten hatte beeindrucken lassen. Die NS-Rassenpolitik und der militärisch übersteigerte Nationalismus machten ihn aufgrund seiner konservativ-christlichen Einstellung zum Widerstandskämpfer. Seine Bedeutung ergibt sich vor allem aus der Koordination des bürgerlichen und des militärischen Widerstandes.

Kirchlicher Widerstand

Die katholische Kirche

Obwohl die katholische Kirche bereits vor 1933 die NS-Ideologie verurteilt und als unvereinbar mit der katholischen christlichen Lehre bezeichnet hatte, arrangierte sie sich rasch mit dem NS-Regime. Das **Konkordat** vom **20. Juli 1933** bedeutete in der Praxis, dass sich die katholische Kirche auf die Seelsorge zurückzog und gegen Zusicherung bestimmter Forderungen bereit war, eine neutrale Haltung gegenüber dem Regime einzunehmen. Trotz der noch 1933 einsetzenden Verfolgung katholischer Geistlicher war die **Haltung** der katholischen Kirche **nicht einheitlich**, da der Nationalsozialismus aus verschiedenen Gründen Sympathien genoss und auch viele Bischöfe zunächst die „nationale" Regierung zu unterstützen bereit waren. Als jedoch rasch deutlich wurde, dass das Konkordat, das von Priestern und Laien scharf kritisiert wurde, keinen Schutz gewährleistete, verstärkte sich die Opposition von Geistlichen, deren vorrangige Ziele die **Behauptung der kirchlichen Autonomie** und die **Verteidigung kirchlich-christlicher Werte** waren. Sie wurde deutlich in offiziellen theologischen Stellungnahmen (z.B. gegen Alfred Rosenbergs „Der Mythus des 20. Jahrhunderts"), in mutigen Predigten und in Hirtenbriefen. Ihren Höhepunkt erreichte sie mit der von Kardinal Faulhaber initiierten **Enzyklika*** „Mit brennender Sorge" (14.3. **1937**). Sie ist das einzige päpstliche Rundschreiben in deutscher Sprache, das sich mit der Lage der katholischen Kirche in Deutschland beschäftigt und beinhaltet eine energische Kritik am nationalsozialistischen „Neuheidentum" und seinem „Götzenkult" um Rasse, Volk und Staat. Auf die Konzentrationslager und die Verfolgung der Juden geht Papst Pius XI. (1922–1939) allerdings mit keinem Wort ein. Diese Enzyklika wird jedoch durch eine weitere vom 19.3.1937 abgeschwächt, in der der gemeinsame antibolschewistische

z.B. katholische Bekenntnisschule, Freiheit des Bekenntnisses, Ausübung der Religion, kirchliche Pressefreiheit

So warnte z.B. ein Hirtenbrief 1936 anlässlich des Spanischen Bürgerkrieges eindringlich vor dem Bolschewismus und unterstützte damit Hitlers Eingreifen.

Anordnung der Gestapo München vom 27.3.1937 zur Enzyklika: „Da das Rundschreiben [des Papstes an die deutschen Erzbischöfe] hochverräterische Angriffe gegen den nationalsozialistischen Staat enthält, wird Folgendes angeordnet:
1. Sämtliche außerhalb der Kirchen und Pfarrhöfe greifbaren Exemplare des Rund-

Kampf der Kirche und des Nationalsozialismus im Mittelpunkt steht. Auch sein Nachfolger, Pius XII. (1939–1958) protestierte nicht, obwohl er über den Holocaust genau informiert war, da er der Meinung war, dass eine Einmischung die Situation nur noch verschlimmert hätte. Allerdings gewährte er zahlreichen Juden in Italien Kirchenasyl und bewahrte tausende Juden durch diplomatisches Engagement vor Ermordung und Deportation. Angesichts der Zurückhaltung beider Päpste ist der **mutige Kampf vieler Geistlicher** umso bemerkenswerter. So erstattete der **Bischof** von Münster, Graf **von Galen**, im Zusammenhang mit der Euthanasie offiziell Anzeige wegen Mordes. Während ihn sein hohes Amt schützte, büßten viele Pfarrer ihren Widerstand mit der Inhaftierung oder dem Tode.

schreibens sind zu beschlagnahmen …

2. Sämtliche Personen, die sich mit der Verteilung der Schriften außerhalb der Kirchen und Pfarrhäuser beschäftigen, sind, soweit es sich nicht um Geistliche handelt, sofort festzunehmen und umgehend dem Gericht zur strafrechtlichen Aburteilung zu überstellen…"[4]

Die evangelische Kirche

Sie tat sich aufgrund ihrer **Tradition als Landeskirche** und der damit verbundenen Auffassung „christlicher Obrigkeit" mit dem Widerstand schwerer. Zunächst wurde sie von den „**Deutschen Christen**" beherrscht, die sich bezeichnenderweise „**SA Jesu Christi**" nannten und als „Kameraden in der Front des christlichen und nationalen Sozialismus" betrachteten. In Opposition gegen diese Haltung gründete Pastor Martin **Niemöller**, unterstützt von Karl **Barth** und Dietrich **Bonhoeffer**, noch im Jahre 1933 den „**Pfarrernotbund**". Im Mai des folgenden Jahres distanzierte sich die „**Bekennende Kirche***" (Pfarrer und Gläubige), die sich aus dem „Pfarrernotbund" entwickelte, auf ihrer Barmer Synode deutlich von Hitler und dem Nationalsozialismus und forderte dadurch die Verfolgung durch die Gestapo heraus. Aktiven Widerstand wollte die evangelische Kirche, die sich von der Loyalität gegenüber der nationalsozialistischen Obrigkeit nie lösen konnte, nicht leisten, beanspruchte jedoch ein „**Wächteramt**" gegenüber dem totalitären Staat. Deshalb protestierte die Bekennende Kirche 1936 in einer Denkschrift gegen die NS-Rassenlehre, gegen Führerkult, Antisemitismus und das Vorgehen der Gestapo und löste dadurch eine verschärfte Verfolgung durch die Gestapo aus.

„Entschließung" der Deutschen Christen vom 13.11.1933: „Wir fordern, dass eine deutsche Volkskirche Ernst macht mit der Verkündung der von aller orientalischen Einstellung gereinigten schlichten Frohbotschaft und einer heldischen Jesusgestalt als Grundlage eines artgemäßen Christentums, in dem an die Stelle der zerbrechenden Knechtseele der stolze Mensch tritt, der sich als Gotteskind dem Göttlichen in sich und seinem Volke verpflichtet fühlt."[5]

Die Bewertung des kirchlichen Widerstandes

Zahlreiche Äußerungen, oft auch von offiziellen Stellen, machen deutlich, dass der **kirchliche Widerstand** insgesamt vor allem in den ersten Jahren **nicht einheitlich** war. Deshalb hängt auch seine Beurteilung weitgehend vom jeweiligen Standort des Beurteilenden ab. Festzuhalten ist, dass die **Einstellung der Kirchen** zum Dritten Reich durchaus **zweiseitig** ist: Auf der einen Seite steht das mutige und engagierte Vorgehen Einzelner gegen das Regime. Auf der anderen Seite muss festgehalten werden, dass sich die Kirchen als Institutionen sicherlich geschlossener und mit mehr Nachdruck für unterdrückte und verfolgte Minderheiten hätten einsetzen können. Der kirchliche Widerstand, insbesondere der gegen die Judenverfolgung und gegen die Euthanasie erreichte **keine Breitenwirkung**. So lässt sich der Vorwurf nicht vermeiden, den Konrad Adenauer den Kirchen machte: „Ich glaube, dass, wenn die Bischöfe alle miteinander an einem bestimmten Tage öffentlich von der Kanzel aus dagegen [gegen das Unrecht] Stellung genommen hätten, sie vieles hätten verhüten können. Das ist nicht geschehen und dafür gibt es keine Entschuldigung."[6]

Opposition und Widerstand der Jugend

Trotz aller Indoktrination konnte die NSDAP **Widerstand Jugendlicher** nicht verhindern. Allerdings blieb er aufgrund ihrer Möglichkeiten **gering**. Er richtete sich in erster Linie gegen die totale Vereinnahmung durch den Nationalsozialismus und die Uniformität der HJ und äußerte sich meist in provokativ unangepasstem Verhalten (lange Haare, auffällige Kleidung, Bevorzugung amerikanischer Jazz- und Swingmusik), in Schlägereien mit der HJ, gewaltsamen Protesten und kleineren Sabotageakten oder im Rückzug in organisierte Gruppen, die dem Nationalsozialismus ablehnend gegenüber standen (kirchliche Jugend, Arbeiter-, Jugendcliquen). Sie gaben sich Namen, die ihre ersehnten Freiräume verdeutlichten („Navajos", „Mobs" oder „Piraten"). Es bildeten sich auch regionale Zusammenschlüsse von „jugendlichen Cliquen", deren Mitglieder aus allen Schichten kamen und die allein die Ablehnung des Nationalsozialismus einte. Einen derartigen Zusammenschluss bildeten im Rheinland Jugendliche, die sich nach ihrem Erkennungszeichen „**Edelweißpiraten**" nannten. Obwohl ihr Widerstand eher Jugendprotest und Generationskonflikte ausdrückte, ließ die Gestapo am 10.11.1944 dreizehn von ihnen zur Abschreckung öffentlich aufhängen.

Vor allem die zunehmende geistige Bevormundung und die Verfolgung von Minderheiten führte unter der **studentischen Jugend** zu Widerstand. In München entstand die Widerstandsgruppe „**Weiße Rose**". Führende Mitglieder waren die Geschwister Hans und Sophie Scholl, Willi Graf, Alexander Schmorell und Christoph Probst. In Flugblättern wandte sich die Gruppe gegen Hitler als „den Boten des Antichrists", gegen den NS-Imperialismus und Militarismus und forderte die Wiederherstellung rechtsstaatlicher Prinzipien. Die Geschwister Scholl wurden am 18. Februar 1943 festgenommen, als sie in der Münchner Universität Flugblätter verteilten. Der Kern der Gruppe wurde zum Tode verurteilt und hingerichtet.

Aus dem letzten Flugblatt der „Weißen Rose" (18.2.1943): „Der Tag der Abrechnung ist gekommen, der Tag der Abrechnung mit der verabscheuungswürdigsten Tyrannis, die unser Volk je erduldet hat. Im Namen der deutschen Jugend fordern wir vom Staat Adolf Hitlers die persönliche Freiheit, das kostbarste Gut der Deutschen zurück, um das er uns in der erbärmlichsten Weise betrogen hat ... Auch dem dümmsten Deutschen hat das furchtbare Blutbad die Augen geöffnet, das sie im Namen von Freiheit und Ehre der deutschen Nation in ganz Europa angerichtet haben und täglich neu anrichten."[7]

Militärischer Widerstand

In den ersten Jahren des Dritten Reiches gab es aus mehreren Gründen keinerlei militärischen Widerstand. Zunächst hatten die Militärs wie auch die höhere Beamtenschaft gehofft, ihre traditionellen innen-, außen- und militärpolitischen Ziele zusammen mit den Nationalsozialisten erreichen zu können.

Ferner spielten die Bevorzugung der Reichswehr gegenüber der SA, die Vereidigung der Soldaten auf Hitler, die Aufwertung des Militärischen generell, die innen- und außenpolitischen „Erfolge" der „nationalen Bewegung" und letztendlich auch die großen militärischen Erfolge der ersten Kriegsjahre eine wesentliche Rolle. Erst Hitlers „unabänderlicher Beschluss", die Tschechoslowakei bei nächstbester Gelegenheit zu überfallen, führte 1938 zu ersten massiven Protesten durch den Chef des Generalstabs, Generaloberst **Beck**. Er nahm seinen Abschied und war in der Folgezeit die **zentrale Figur des militärischen Widerstandes**. Im August 1938 entwarf er erste Pläne für einen Staatsstreich. Kontakte mit führenden britischen Politikern brachten keine zählbaren Ergebnisse und der Erfolg der Münchner Konferenz entzog dem Widerstand die Basis.

Ludwig Beck (1880–1944), Generaloberst und Chef des Generalstabs 1935–1938

Die Situation änderte sich mit Ausbruch des Zweiten Weltkrieges. Carl Friedrich **Goerdeler** gelang es, den militärischen Widerstand mit Teilen des bürgerlichen zu verknüpfen. Der militärische Widerstand brachte jedoch in den ersten Kriegsjahren aufgrund von Unentschlossenheit, Gewissenskonflikten und der großen militärischen Anfangserfolge Hitlers keine sichtbaren Erfolge.

Seit April 1943 wurde zielgerichteter Widerstand von Generalmajor Henning **von Tresckow** und der Integrationsfigur Claus **Schenk von Stauffenberg** geplant. Letzterer unternahm am **20. Juli 1944** während einer Lagebesprechung im ostpreußischen Führerhauptquartier ‚Wolfsschanze' den Versuch, Hitler durch eine Zeitbombe zu töten. Obwohl sie große Verwüstung anrichtete, erlitt Hitler nur leichte Verletzungen. Die Widerstandskämpfer wurden verhaftet und hingerichtet. Die „Vorsehung", die Hitler in solchen Fällen gerne bemühte, schien den Diktator gegen Attentate gefeit zu haben. Damit war gescheitert, was von Tresckow einen Monat zuvor als wichtigstes Ziel des Attentats genannt hatte: „… es kommt nicht mehr auf den praktischen Zweck an, sondern darauf, dass die deutsche Widerstandsbewegung vor der Welt und vor der Geschichte den entscheidenden Wurf gewagt hat. Alles andere ist daneben gleichgültig."

Claus Graf Schenk von Stauffenberg (1907–1944), Oberst

Weitere Mitglieder des militärischen Widerstandes: General von Stülpnagel, Admiral Canaris, General Oster, General Witzleben, General von Brockdorff, General Hoepner. Weitere Widerständler aus der Politik, der SPD und den Gewerkschaften: U. v. Hassel, Graf von der Schulenburg, W. Leuschner, J. Leber

Widerstand Einzelner

Nicht wenige Deutsche setzten ihr Leben aufs Spiel, weil sie Handlungen begingen, die mit hohen Zuchthausstrafen oder gar mit der Todesstrafe geahndet wurden. Sie halfen verfolgten Mitbürgern, versteckten Juden, warnten vor staatlichen Übergriffen oder kritisierten den Nationalsozialismus bzw. führende Vertreter. Daneben gab es eine **Fülle von vereinzelten** ausnahmslos erfolglosen **Widerstandshandlungen**, die von einzelnen Personen aus allen politischen und gesellschaftlichen Schichten verübt wurden. Von den ca. 40 Attentatsversuchen auf Hitler scheiterten einige nur knapp:

– Am Jahrestag des Hitlerputsches, am 9.11.1939, versuchte der Tischler Georg **Elser** Hitler durch eine Zeitzünderbombe im Münchner Bürgerbräukeller zu töten. Als sie detonierte, hatte Hitler das „Treffen alter Kämpfer" schon wieder verlassen.

– Eine als Kognakflasche getarnte Bombe, die der Offizier Fabian **von Schlabrendorff**, der Vetter von Tresckows, am 13.3.1943 in Hitlers Flugzeug schmuggeln ließ, detonierte nicht.

– Oberst **von Gersdorffs** Vorhaben, sich mit Hitler bei der Besichtigung von Beutewaffen in Berlin am 21.3.1943 in die Luft zu sprengen, scheiterte, weil Hitler die Ausstellung vorzeitig verließ.

10.5 Die Bewertung des Widerstandes

Der Publizist Richard Löwenthal (1986): „Der deutsche Widerstand dagegen war immer die Leistung einer Vielzahl zersplitterter, wenn auch qualitativ und manchmal quantitativ bedeutender Minderheiten – niemals eine Massenbewegung mit umwälzender Wirkung …" [8]

Obwohl zahlreiche Widerstandsgruppen entstanden und sich ein breit gefächertes Verhaltensspektrum von der Verweigerung bis zum aktiven Widerstand in praktisch allen Teilen der Bevölkerung entwickelte, entstand keine Widerstandsbewegung, **kein einheitlicher, wirksamer Widerstand** während des Dritten Reiches. Deshalb ist es treffender, von Widerstandskreisen bzw. Widerstandszellen zu sprechen. Eine Reihe von Faktoren erschwerte den Widerstand aller Kreise, reduzierte die Chance des Gelingens von vornherein und war verantwortlich dafür, dass mit Ausnahme der Gruppe um Stauffenberg der Widerstand keine Chance hatte, Hitler bzw. das nationalsozialistische System insgesamt zu beseitigen. Die **Gründe** sind im Einzelnen:

- Die Außerkraftsetzung der Grundrechte erschwerte den systematischen Aufbau und die Koordination des Widerstandes innerhalb und unter den Widerstandsgruppen.
- Der nationalsozialistische Polizeistaat ermöglichte die nahezu totale Überwachung und Bespitzelung.
- Die Ausschaltung des Parlaments, der Parteien und potenzieller Widerstandsgruppen verhinderte die Bildung von Kernzellen des Widerstandes.
- Die Zerrissenheit der Arbeiterschaft, die in ihren Organisationen keine Basis für einen gemeinsamen Widerstand fand.
- Die Gleichschaltung der Presse.
- Der Gewissenskonflikt der Wehrmacht, der sich aus dem soldatischen Eid auf Hitler ergab.
- Die großen innen- und außenpolitischen Anfangserfolge Hitlers.
- Die z.T. sehr unterschiedlichen politischen Ordnungsvorstellungen für ein Deutschland nach Hitler.
- Von der überwiegenden Mehrheit der traditionell obrigkeitshörigen und indoktrinierten Bevölkerung konnte weder Verständnis noch Unterstützung erwartet werden.
- Die Alliierten entzogen dem Widerstand durch die angestrebte und propagierte „bedingungslose Kapitulation" und durch die Terrorisierung der Zivilbevölkerung den Boden und erleichterten es den Nationalsozialisten, den Widerstand als „Verrat an den deutschen Frontsoldaten" zu brandmarken.

Die **Bedeutung** des Widerstandes gegen den Nationalsozialismus liegt deshalb in erster Linie in der Dokumentation, dass nicht alle Deutschen Nationalsozialisten waren bzw. das Regime mittrugen und in der Stärkung geistig-liberaler Traditionen, auf die nach 1945 aufgebaut werden konnte. Deshalb trifft die Einschätzung Richard Löwenthals zu: „Die Menschen, die aus den Gefängnissen und Lagern kamen, wie Kurt Schumacher und Fritz Erler, oder die aus der politischen Emigration heimkehrten, wie Ernst Reuter und Willy Brandt, leisteten einen entscheidenden Beitrag zum demokratischen Wiederaufbau – und das gleiche gilt auch für jene, die ohne den aktiven politischen Kampf in schweigender Verweigerung ihre Integrität bewahrt haben, wie Konrad Adenauer, und für die Schriftsteller der „inneren Emigration", die nun ihre Schubladen öffnen konnten. Sie alle haben wesentlich zur Glaubwürdigkeit des neuen demokratischen Deutschland gegenüber den Siegermächten und der Außenwelt im Allgemeinen beigetragen."[10]

Der britische Premierminister W. Churchill (1945): „In Deutschland lebte eine Opposition, die … zu dem Edelsten und Größten gehörte, was in der politischen Geschichte aller Völker je hervorgebracht wurde. Diese Männer kämpften ohne jede Hilfe von innen und außen – einzig getrieben von der Unruhe ihres Gewissens. … In den Toten ist der Widerstand sichtbar geworden. Diese Toten vermögen nicht alles zu rechtfertigen, was in Deutschland geschah. Aber ihr Tod und ihr Opfer sind das Fundament eines neuen Aufbaus."[9]

Zusammenfassung

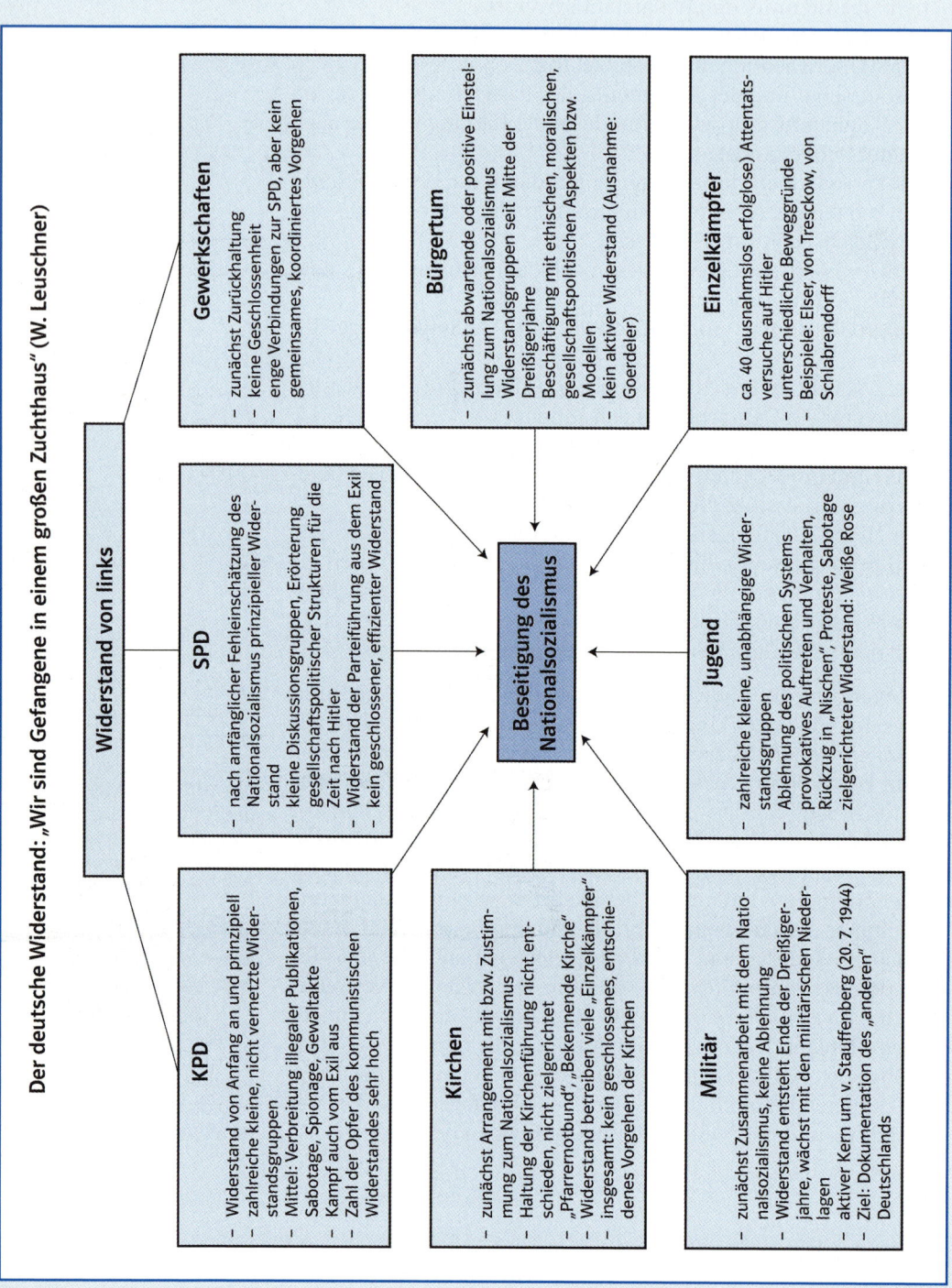

Der deutsche Widerstand: „Wir sind Gefangene in einem großen Zuchthaus" (W. Leuschner)

Widerstand von links

KPD
- Widerstand von Anfang an und prinzipiell
- zahlreiche kleine, nicht vernetzte Widerstandsgruppen
- Mittel: Verbreitung illegaler Publikationen, Sabotage, Spionage, Gewaltakte
- Kampf auch vom Exil aus
- Zahl der Opfer des kommunistischen Widerstandes sehr hoch

SPD
- nach anfänglicher Fehleinschätzung des Nationalsozialismus prinzipieller Widerstand
- kleine Diskussionsgruppen, Erörterung gesellschaftspolitischer Strukturen für die Zeit nach Hitler
- Widerstand der Parteiführung aus dem Exil
- kein geschlossener, effizienter Widerstand

Gewerkschaften
- zunächst Zurückhaltung
- keine Geschlossenheit
- enge Verbindungen zur SPD, aber kein gemeinsames, koordiniertes Vorgehen

Bürgertum
- zunächst abwartende oder positive Einstellung zum Nationalsozialismus
- Widerstandsgruppen seit Mitte der Dreißigerjahre
- Beschäftigung mit ethischen, moralischen, gesellschaftspolitischen Aspekten bzw. Modellen
- kein aktiver Widerstand (Ausnahme: Goerdeler)

Kirchen
- zunächst Arrangement mit bzw. Zustimmung zum Nationalsozialismus
- Haltung der Kirchenführung nicht entschieden, nicht zielgerichtet
- „Pfarrernotbund", „Bekennende Kirche"
- Widerstand betreiben viele „Einzelkämpfer"
- insgesamt: kein geschlossenes, entschiedenes Vorgehen der Kirchen

Militär
- zunächst Zusammenarbeit mit dem Nationalsozialismus, keine Ablehnung
- Widerstand entsteht Ende der Dreißigerjahre, wächst mit den militärischen Niederlagen
- aktiver Kern um v. Stauffenberg (20. 7. 1944)
- Ziel: Dokumentation des „anderen" Deutschlands

Jugend
- zahlreiche kleine, unabhängige Widerstandsgruppen
- Ablehnung des politischen Systems
- provokatives Auftreten und Verhalten, Rückzug in „Nischen", Proteste, Sabotage
- zielgerichteter Widerstand: Weiße Rose

Einzelkämpfer
- ca. 40 (ausnahmslos erfolglose) Attentatsversuche auf Hitler
- unterschiedliche Beweggründe
- Beispiele: Elser, von Tresckow, von Schlabrendorff

Beseitigung des Nationalsozialismus

Diese Schandtaten: Eure Schuld!

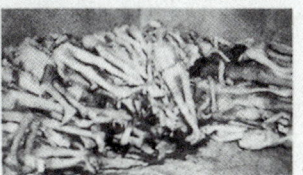

In Nürnberg und anderswo

„Er hat mir's doch befohlen!"
Karikatur 1946

Karikatur 1975

11.1 Erklärungs- und Definitionsmodelle

Seit Kriegsende gab es sehr unterschiedliche Versuche, den Nationalsozialismus zu erklären, die jedoch keine eindeutige Definition hervorgebracht haben:

- Marxistische Historiker sehen den Nationalsozialismus als eine extrem **radikale Form der bürgerlich-kapitalistischen Herrschaft**, indem sie auf die enge Verbindung von faschistischen Bewegungen und Kapital- bzw. Industriegruppen verweisen, die aus politisch-militärischen Gründen (Rüstung, Krieg) von den Machtinhabern bevorzugt werden.

s. S. 10 ff.

- Andere Wissenschaftler bevorzugen den Begriff „**Faschismus**", da er am besten geeignet sei, die gesellschaftspolitischen und ideologischen Grundlagen des Nationalsozialismus zu verdeutlichen. Gemeinsam sei faschistischen Bewegungen, dass sie von Mittelschichten getragen würden, die in politischen und vor allem wirtschaftlichen Krisensituationen Zuflucht und Rettung bei rechtsradikalen, antikapitalistischen und antisozialistischen Protestbewegungen suchten. Auch Teile der Oberschicht unterstützten faschistische Bewegungen, da sie sich von ihnen Schutz und Stabilisierung der bestehenden Machtverhältnisse versprachen.

Der Historiker K. D. Bracher: „... weder die Faschismus- noch die Totalitarismustheorie, beide politisch leicht zu missbrauchen, werden ihrem Anspruch voll gerecht, das Phänomen der Diktatur im 20. Jahrhundert auf einen Nenner zu bringen, so wie auch eine generelle Kommunismustheorie der sich wandelnden Realität der Linksdiktaturen kaum mehr zu entsprechen vermag."[1]

- Eine weitere Gruppe von Wissenschaftlern lehnt diese Charakterisierung ab. Der Nationalsozialismus sei zwar eine extreme Variante des Faschismus, könne jedoch aufgrund seiner Radikalität (Konzentrationslager, Vernichtungslager, systematischer Völkermord etc.) nicht mit anderen faschistischen Bewegungen in einen Topf geworfen werden. Sie fordern deshalb, den Nationalsozialismus anhand des Begriffes **Totalitarismus** und dessen charakteristischen Merkmalen zu verdeutlichen. Zu diesen gehören die alleinige Ideologie mit revolutionärem Anspruch, die Legalisierung des von oben gesteuerten Terrors, die Glorifizierung der Gewalt im Dienste einer visionären nationalen Zukunft, die Monopolisierung der Macht, die totale Erfassung und Ausrichtung der Gesellschaft mit dem Ziel, den „neuen Menschen" zu schaffen, die Unterdrückung und Ausschaltung jeglicher Opposition sowie die Gleichsetzung der unkontrollierten Machtausübung mit dem (angeblichen) Willen der „Volksgemeinschaft". Kritiker des Totalitarismusbegriffs wenden dagegen ein, dass er so unterschiedliche Systeme wie den Stalinismus und den Nationalsozialismus umfasse, zu sehr die Herrschaftsform und die Herrschaftsausübung in den Mittelpunkt stelle und andere, wesentliche Aspekte (z. B. die politisch-sozialen Grundlagen) nicht gebührend berücksichtige.

11.2 Vergangenheit, die nicht vergehen will

Die unausweichliche Auseinandersetzung mit den Gräueltaten des Dritten Reiches aufgrund der Öffnung der Konzentrationslager und aufgrund der Nürnberger Kriegsverbrecherprozesse sowie die Behandlung des Nationalsozialismus in den Medien und der Literatur führte nach 1945 zu einer bis heute andauernden intensiven öffentlichen, publizistischen, rechtlichen und moralischen Beschäftigung mit dem Nationalsozialismus als der dunkelsten Epoche der deutschen Geschichte. Da diese Diskussionen sich immer wieder an NS-Prozessen, neuen Erkenntnissen oder umstrittenen Äußerungen entzündeten, entstand der Begriff von der „Vergangenheit, die nicht vergehen will".

Die unmittelbare Nachkriegszeit war geprägt von der Diskussion um die „**Kollektivschuld**" der Deutschen. Dieser Begriff bedeutet den gegen eine Gruppe oder Gesamtheit erhobenen Schuldvorwurf unmoralischer oder verbrecherischer Handlungen Einzelner oder einer repräsentativen Gruppe, die die Gesamtheit durch Mitwirkung, Billigung oder Duldung ermöglicht oder nicht verhindert hat. Konkret lautete die Frage, die viele stellten: „Waren wir das, also das deutsche Volk oder nur unsere Eltern und Großeltern (die inzwischen tot oder an der Schwelle des Todes sind), das deutsche Bürgertum (oder eher Kleinbürgertum), der ‚Faschismus', nur ein paar Verbrecher unter uns (in einer im Ganzen ‚anständig' gebliebenen Nation), oder war es gar nur Hitler?"[2] Im Sinne der Kollektivschuld bekannte sich z. B. die evangelische Kirche am 19. Oktober 1945 zu einer „Solidarität der Schuld" mit dem deutschen Volk („Stuttgarter Schuldbekenntnis"). Die Gegner der Kollektivschuld lehnten diese von Anfang an ab, da es kein Kollektivgewissen als Voraussetzung für eine Kollektivschuld gebe (Martin Niemöller), weil sie die Auseinandersetzung mit der Vergangenheit behindere und weil sie nicht zwischen Tätern, Gegnern des Dritten Reiches und dessen Opfern unterscheide.

Konkret bekannte die evangelische Kirche, sich dem Nationalsozialismus nicht entschlossen genug entgegengestellt zu haben.

11.3 Die „Aufarbeitung" des Dritten Reiches

Die „**Aufarbeitung**" der jüngsten Vergangenheit verlief in der Bundesrepublik **in drei Phasen**. In den unmittelbaren Nachkriegsjahren erzwangen die Besatzungsmächte aus moralischen und politischen Gründen im Rahmen der Entnazifizierung die Auseinandersetzung der Besiegten mit dem Nationalsozialismus. Die Mehrheit der Deutschen war aufgrund ihrer extremen wirtschaftlichen, gesellschaftlichen und sozialen Lebensumstände wenig interessiert an einer kritischen Beschäftigung mit dem Dritten Reich. Diese **erste Phase** wurde von folgendem Erklärungsversuch der westdeutschen Geschichtswissenschaft bestimmt: Der Nationalsozialismus sei ein „**Betriebsunfall**" gewesen, eine absolute Ausnahmesituation, die Folge der Verkettung unglücklicher Faktoren. Damit wurde sowohl die Kontinuität der deutschen Geschichte bestritten und damit wurden die „ganz normalen Deutschen" von jeglicher Schuld frei gesprochen. Die Deutschen seien eben in einer äußerst problematischen politischen, wirtschaftlichen und gesellschaftlichen Situation Opfer eines skrupellosen, demagogischen Verbrechers geworden.

Die Aufarbeitung der Vergangenheit in der DDR ging einen anderen Weg: Eine historische Kontinuität und damit auch eine Mitschuld lehnte die DDR unter Hinweis auf den kommunistischen Widerstand ab. Zudem befand sie sich aus ideologischer Sicht bereits in der Phase des Aufbaus des Sozialismus, hatte also die kapitalistische Gesellschaftsform und den Faschismus als dessen extremste Erscheinung überwunden. Die Auseinandersetzung mit der nationalsozialistischen Vergangenheit geschah, staatlich verordnet und gelenkt, unter dem Deckmantel des politischen Kampfmittels „Antifaschismus*". Seine Funktion war es, die Identifizierung mit dem verordneten Sozialismus zu erzwingen.

Die **zweite Phase**, die Fünfziger- und Sechzigerjahre, führten zu einer veränderten Betrachtungsweise in der Bundesrepublik. Die These vom „Betriebsunfall" hielt genaueren Untersuchungen nicht stand, die eine eindeutige **Kontinuität der deutschen Geschichte** vom Kaiserreich bis zum Dritten Reich und eine **breite Unterstützung des Nationalsozialismus** belegen. Die Verzahnung der NSDAP mit allen Bereichen des Staates und der Wirtschaft wurden ebenso verdeutlicht wie die Möglichkeit des Einzelnen, sich der aktiven Mitwirkung bei entsprechender Zivilcourage zu entziehen. Damit konnte die „Opferrolle" des deutschen

In den Westzonen bildete die Entnazifizierung die Grundlage der Umerziehung auf demokratischer Grundlage, in der Sowjetischen Besatzungszone war sie das entscheidende Mittel der gesellschaftspolitischen Umstrukturierung.

Aus diesem Grund lehnte die DDR jegliche Art der Wiedergutmachung gegenüber dem Staat Israel bzw. gegenüber den Juden ab.

Kontinuitätsfaktoren: Militarismus, obrigkeitsstaatliches Denken, imperialistische und aggressive Außenpolitik, Antisemitismus, extremer Nationalismus

Volkes nicht mehr aufrechterhalten werden und die Erkenntnis setzte sich durch, dass ein nicht unerheblicher Teil des deutschen Volkes teils unter Druck oder aus jugendlicher Begeisterung, teils aber auch freiwillig und bereitwillig die NS-Herrschaft unterstützt hatte.

Eine wesentliche Veränderung im Denken der Bevölkerung bewirkten der Eichmann-Prozess in Jerusalem (1961) und die drei großen Auschwitz-Prozesse gegen Lageraufseher und Angehörige der Lagerverwaltung zwischen 1963 und 1966 sowie die Darstellung in den Medien. Auf die in den Prozessen behandelten Gräuel und Verbrechen reagierte die Bevölkerung unterschiedlich: Die einen forderten einen Schlussstrich unter die NS-Vergangenheit, die anderen verlangten rückhaltlose Aufklärung und umfassende Vergangenheitsbewältigung. Da außerdem die Verjährung der NS-Verbrechen 1965 nach geltendem Recht drohte, forderten viele die Aufhebung der Verjährung, während andere vor der „Zurechtbiegung" der Gesetze aus moralischen Überlegungen warnten. 1969 hob schließlich der Bundestag nach langen und heftigen Debatten die Verjährung für Völkermord und zehn Jahre später auch für Mord auf.

Adolf Eichmann hatte als Leiter des Judenreferats im Reichssicherheitshauptamt von 1941 bis 1945 die Deportation der Juden in die Vernichtungslager organisiert. 1960 wurde er vom israelischen Geheimdienst aus Argentinien entführt, 1961 in Israel zum Tode verurteilt und hingerichtet.

In der **dritten Phase**, den Achtzigerjahren wurde der **Nationalsozialismus** als eine **Erscheinungsform des Totalitarismus** angesehen und mit dem **Stalinismus**** auf eine Stufe gestellt. Historiker und Gesellschaftswissenschaftler schlussfolgerten aus dem Vergleich totalitärer Herrschaftssysteme, dass es eine allgemeine menschliche Bereitschaft gebe, autoritäre Herrschaften zu akzeptieren und sich auch extremer Herrschaftsausübung nicht zu verschließen. Da diese These von anderen, die die Einzigartigkeit der nationalsozialistischen Verbrechen betonten, heftig bekämpft wurde, entstand in den Achtzigerjahren der so genannte **Historikerstreit** in der Fachwissenschaft und der Publizistik.

s. S. 146 ff.

Auffallend ist, dass viele Deutsche die unterschiedlich starke Mitschuld am Dritten Reich aus verschiedenen Gründen verdrängten. Mit neuem Wohlstand und Selbstbewusstsein seit Mitte der Fünfzigerjahre verkapselte sich das bald nur noch diffuse Schuldbewusstsein, zumal wenn Verbrechen der Siegermächte „verrechnet" wurden. Auch eindeutige neue Forschungsergebnisse wurden eher pflichtgemäß hingenommen. Diese Einstellung änderte sich erst, als mit der Ausstrahlung der Fernsehserie „Holocaust" (1979) die Judenverfolgung zu einem medialen Großereignis wurde. In der Folgezeit wurde die öffentliche Diskussion und Aufarbeitung des Dritten Reiches immer wieder von Filmen (z. B. „Schindlers Liste", 1994), Veröffentlichungen Betroffener (z. B. Victor Klemperers Tagebücher) oder umstrittenen Forschungsergebnissen (z. B. Daniel Goldhagens „Hitlers willige Vollstrecker", 1996) angefacht. Die umfassendere Beschäftigung mit dem Nationalsozialismus änderte jedoch nichts an der Feststellung, die der Historiker Sebastian Haffner bereits 1978 bezüglich der Judenverfolgung getroffen hatte: „Man kann suchen, solange man will, man findet in der Geschichte nichts Vergleichbares." [3]

Deutlich ist auch eine auffallende Werteselektion da, wo der individuelle und subjektiv wahrgenommene Erlebniswert (HJ, BdM, Kraft durch Freude, Gemeinschaftserlebnis etc.) hochrangig war und bleiben soll (ältere Generation, Betroffene, nationalistisch Denkende, rechtsextremistische Gruppierungen). Viele ältere Deutsche – und zunehmend auch ganz junge – verurteilen Hitler zwar wegen der Entfesselung des Krieges, des Todes von Millionen von Menschen und speziell wegen des Holocausts, schätzen ihn jedoch „als Chef einer prosperierenden Ordnungsdiktatur mit gültigem Vorzeigecharakter." [4] Der Grund dafür besteht bei den Älteren, den Zeitgenossen darin, dass die subjektive Wahrnehmung Hitlers und des Dritten Reiches aufgrund von Erfolgen, propagandistischer Massenlenkung und persönlicher Identifizierung oft im Gegensatz zu dem steht, was die Forschung aufzeigt. Auch deshalb wollen sie sich nicht als Opfer von Betrug und Selbstbetrug bekennen. „Zu schwer wiegt die Einsicht", stellen die Historiker Bracher, Funke und Jacobsen fest, „dass die angebliche Lebensachse ‚Ein Volk – ein Reich – ein Führer' von Hitler zerbrochen wurde, dass man in seiner Hand nur Mittel zu jenem Zweck war, der erst 1941 voll durchschlug in der Entfesselung eines Welt- und Rassenkrieges ohne politische Strategie, ohne Ziel-Mittel-Relation, ohne Verantwortung für die Wohlfahrt des Volkes." [5]

Hitler am 29. 8. 1939 zu Göring: „Ich habe in meinem Leben immer va banque gespielt."

11.4 Der Historikerstreit

Taylor, A. J. P.: The Origins of the Second World War. Hoggan, D.: Der erzwungene Krieg. Irving, D.: Hitler's War 1977.

In den Siebzigerjahren relativierten einige angelsächsische Historiker die Schuld Hitlers, sprachen von dem (durch die Alliierten) „erzwungenen Krieg" bzw. stellten die Behauptung auf, Hitler habe von der Endlösung nichts gewusst. Damit lösten sie in der Geschichtswissenschaft der Bundesrepublik eine heftige Diskussion um die „**Einzigartigkeit**" **der** nationalsozialistischen **Judenvernichtung** aus.

Einige Historiker, die so genannten „**Revisionisten**" (Ernst Nolte, Andreas Hillgruber, Michael Stürmer) forderten die Einordnung des Dritten Reiches in größere Zusammenhänge und einen detaillierten **Vergleich mit ähnlichen oder gleichen Massenverbrechen**, z. B. mit denen der Russischen Revolution bzw. der stalinistischen UdSSR oder des kambodschanischen Pol Pot-Regimes. Sie verwiesen darauf, dass Stalins Herrschaft mehr Menschen das Leben gekostet hat als die Hitlers, dass die Zahl der Opfer des Kommunismus weltweit deutlich höher ist als die des Faschismus und Nationalsozialismus. Die ausschließliche Betrachtung des Dritten Reiches lehnten sie ab und bestritten die Einzigartigkeit der nationalsozialistischen Judenvernichtung bzw. relativierten sie.

Dagegen betonten die **Kritiker der „Revisionisten"**, in erster Linie der Sozialphilosoph Jürgen Habermas und der Herausgeber des Magazins SPIEGEL, Rudolf Augstein, aber auch zahlreiche Historiker die **Einzigartigkeit des Holocaust** und lehnten jeglichen Vergleich strikt ab, da er auf eine „Verrechnung" hinauslaufe und damit einen der Vergleichsgegenstände als „weniger schlimm" erscheinen lasse. Auschwitz (als Synonym für die „fabrikmäßige Vernichtung der Juden in Gaskammern"), sei so einzigartig, dass eine Relativierung durch einen Vergleich nicht zulässig sei, weil dies auf eine Verharmlosung des nationalsozialistischen Regimes und seiner Verbrechen hinauslaufe und die historische Verantwortung der Deutschen in ungerechtfertigter Weise verringere. Besonders heftig lehnten sie Noltes kausale Verknüpfung von Russischer Oktoberrevolution und Nationalsozialismus ab. Nolte hatte den Erfolg der Nationalsozialisten mit der im deutschen Bürgertum tief verwurzelten Furcht vor dem Bolschewismus und der sowjetischen Revolutionierung Europas erklärt und behauptet, dass Auschwitz (als Synonym für den Holocaust) die „aus Angst geborene Reaktion auf die Vernichtungsvorgänge der Russischen Revolution" gewesen sei. Seine Kritiker warfen ihm vor, dass er mit dieser Theorie Deutschland bzw. die Deutschen von der Verantwortung für die Gräueltaten der Nationalsozialisten entlaste.

Eine **neutrale Position** vertrat der Historiker **Immanuel Geiss**. Er forderte, dass eine Analyse, ein Vergleich möglich sein müsse, zumal er nicht identisch mit Gleichsetzung sei. Identifizierung mit der nationalen Geschichte und das Lernen aus ihr gehe nicht ohne die Einordnung des an sich Unfassbaren, ohne historische Vergleiche und ohne eine gewisse Relativierung.

Heute sind unter den Historikern und Publizisten die **Ansichten** zur Einzigartigkeit und Unvergleichbarkeit des Holocaust nicht mehr derart extrem, aber **immer noch unterschiedlich**. Unabhängig davon herrscht jedoch weitgehende Einigkeit in zweierlei Hinsicht. Erstens: Derartige Debatten sind nicht nur erlaubt, sondern notwendig, da sich nationale Identität nur aus der Erforschung und Kenntnis der geschichtlichen und kulturellen Wurzeln ergibt.

Ermordung von ca. 2 Mio. Kambodschanern durch das kommunistische Pol Pot-Regime zwischen 1976 und 1978

Der Historiker Christian Meier (1987):
„… und dessen[des jüdischen Volkes] Vernichtung dann planmäßig als administrativer Massenmord nach Methoden, die für Ungeziefer indiziert [hier: bestimmt] sind, ins Werk gesetzt wurden. Dafür fehlt es an Parallelen. Das war ein völlig neuartiges Verbrechen gegen Rang und Stand der Menschheit."[6]

Der Publizist D. Stolte (2003):
„… die industrielle Vernichtung von sechs Millionen Juden war … ein Menschheitsverbrechen, mit dem sich die Menschen immer wieder auseinander setzen werden – ja müssen. … Vergessen kann man eine Nichtigkeit; einer existentiellen Erfahrung muss man sich jedoch zur Vermeidung eines vergleichbaren Falles immer wieder aufs Neue erinnern und stellen."[7]

Zweitens: Diese Debatten dürfen ausschließlich der Darstellung der historischen Wirklichkeit und keinesfalls der Aufrechnung und Relativierung des Holocausts dienen.

11.5 Neonazismus

Deutsche National-Zeitung (1995):
„Jüdische Prediger des Hasses und der antideutschen Hetze stehen in etablierten bundesrepublikanischen Medien, Schul- und Geschichtsbüchern im Vordergrund. Hiesige Nationalmasochisten führen sie als Bundesgenossen ins Feld, um die eigene Nestbeschmutzung zu rechtfertigen." [8]

Der Neonazismus, der eine **Form des politischen Rechtsextremismus** ist, übernimmt die Grundlagen der nationalsozialistischen Ideologie und strebt deshalb einen totalitären, nationalistischen und rassistischen Führerstaat mit einer Einheitspartei an. **Träger** des Neonazismus sind rechtsextremistische Parteien, Gruppierungen und „Kameradschaften". Seit Kriegsende gab es **drei Wellen des Neonazismus** in Deutschland. Die erste bestimmte die Sozialistische Reichspartei (SRP) bis zu ihrem Verbot 1952, die zweite die Nationaldemokratische Partei Deutschlands (NPD) in der zweiten Hälfte der Sechzigerjahre und die dritte Die Republikaner (REP) und die Deutsche Volksunion (DVU) seit den Achtzigerjahren. Alle vier Parteien erreichten kurzfristig Wählerzulauf, zogen in einige Landesparlamente ein, versanken aber bald wieder in der politischen Bedeutungslosigkeit.

NPD-Plakat von 1995

Im Jahre 2002 gehörten 28 000 Deutsche einer rechtsextremen Partei an, 15 % weniger als im Jahr zuvor. Rechtsextreme Forderungen und Parolen finden ihren Ausdruck weniger in den Parteiprogrammen, sondern vielmehr in den Reden, Parolen und Verhaltensweisen einzelner Parteifunktionäre. Die Parteiführungen vermeiden es aus juristischen Gründen, dem Staat Angriffsflächen zu bieten und stellen ihre Parteien potenziellen Wählern als rechtsdemokratisch, national und ordnungsliebend dar. Das provokante Auftreten dieser Parteien und ihre nazistischen Parolen erzeugten oft turbulente und gewalttätige Gegenreaktionen. Erinnerungen an die letzten Jahre der Weimarer Republik wurden wach und mündeten im In- und Ausland in die viel gestellte Frage: „Ist Bonn Weimar?". **Neonazistische Parteien** haben bezüglich ihrer politischen Intensität und Bedeutung deutlich nachgelassen, da sie im Gegensatz zur Weimarer Republik gesellschaftlich und intellektuell **weitgehend isoliert** blieben und keine gemeinsamen Strategien entwickelten.

Neben den rechtsextremen Parteien gibt es nahezu 150 voneinander unabhängige **rechtsextremistische Gruppen und Organisationen**, denen nach Angaben des Bundesamts für Verfassungsschutz 2003 ca. 45 000 Personen, meist Jugendliche, angehörten. Der gewaltbereite Kern der Rechtsextremisten umfasste ca. 10 500 Personen, von denen im Jahre 2003 in etwa eben so viele Straftaten (meist Körperverletzungen) mit rechtsextremistischer Motivation verübt wurden. Als Neonazis gelten ca. 2600 Personen.

Die größte Gruppe gewaltbereiter rechtsextremistischer Jugendlicher sind die so genannten Skinheads, die eine Subkultur pflegen, die geprägt ist von ihrem „Outfit" (Stiefel, Bomberjacke, kurzgeschorene Haare), aggressiver Musik, hohem Alkoholkonsum und nazistischen Parolen (gegen Ausländer, Juden, Repräsentanten der Demokratie). Fast die Hälfte der ca. 10 000 Skinheads lebt im Osten Deutschlands, wo die hohe Arbeitslosigkeit in strukturschwachen Gebieten einen idealen Nährboden für ihre Parolen bildet.

Diese rechtsextremistischen Parteien und die Gruppierungen gewaltbereiter Jugendlicher haben als **gemeinsame Charakteristika** die Diffamierung des demokratischen Rechtsstaates, die Verbreitung nationalsozialistischen Gedankengutes in mehr oder weniger verschleierter Form, Fremdenfeindlichkeit, Antisemitismus, Antiliberalismus und die Unterordnung des Individuums unter die „Gemeinschaft". In den letzten Jahren benutzen sie verstärkt das Internet zur Verbreitung ihrer Propaganda.

Rechtsextreme Gewalttaten 2003 [9]

Niedersachsen	*104*
Sachsen	*89*
Nordrhein-Westfalen	*80*
Brandenburg	*78*
Sachsen-Anhalt	*66*
Schleswig-Holstein	*58*
Thüringen	*55*
Baden-Württemberg	*51*
Bayern	*51*
Berlin	*50*
Hessen	*24*
Rheinland Pfalz	*21*
Mecklenburg-Vorpommern	*15*
Hamburg	*13*
Saarland	*10*
Bremen	*7*

2002 gab es amtlichen Stellen zufolge ca. 1000 Homepages mit rechtsextremen Inhalten, dreimal so viele wie 1999.

Zusammenfassung

Die historische Dimension des Nationalsozialismus

Der Nationalsozialismus lässt sich aufgrund seines spezifischen Charakters nur schwer in ein gesellschaftliches Schema einordnen. Deshalb gibt es in der Fachliteratur unterschiedliche Erklärungs- und Definitionsmodelle. Der Nationalsozialismus wird gesehen als

- radikale Form der bürgerlich-kapitalistischen Herrschaft (marxistische Historiker);
- extreme Variante des Faschismus (Konzentrationslager, Vernichtungslager, systematischer Völkermord);
- totalitäre Herrschaft (allein gültige Ideologie mit revolutionärem Charakter, Legalisierung des von oben gesteuerten Terrors, Glorifizierung der Gewalt im Dienste einer visionären nationalen Zukunft, Monopolisierung der Macht, totale Erfassung und Ausrichtung der Gesellschaft mit dem Ziel, den „neuen Menschen" zu schaffen, Ausschaltung jeglicher Opposition, Gleichsetzung der unkontrollierten Machtausübung mit dem angeblichen Willen der Volksgemeinschaft).

Die Auseinandersetzung mit dem Nationalsozialismus und den von den Nationalsozialisten begangenen Verbrechen zieht sich bis in die heutige Zeit hin. Diese Aufarbeitung der jüngsten Vergangenheit verlief in drei Phasen:

- In den unmittelbaren Nachkriegsjahren wurde in der Bundesrepublik zunächst die Schuldfrage (gibt es eine Kollektivschuld der Deutschen oder eine ausschließliche Schuld der Nationalsozialisten?) heftig diskutiert und es dominierte zunächst die Ansicht, das Dritte Reich sei ein unglücklicher „Betriebsunfall" gewesen. Für die DDR existierte aus ideologischen Gründen (kommunistischer Widerstand im Dritten Reich, staatlich propagierter „antifaschistischer Kampf") eine Schuldfrage grundsätzlich nicht, weshalb eine Aufarbeitung nicht für notwendig angesehen wurde.
- In den Fünfziger- und Sechzigerjahren verdeutlichten Historiker starke Kontinuitätslinien zwischen dem Kaiserreich und dem Dritten Reich und wiesen nach, dass ein nicht unerheblicher Teil der Deutschen das NS-Regime getragen und aktiv unterstützt hatte.
- In den Achtzigerjahren beschäftigte sich der so genannte „Historikerstreit" mit der Frage, ob die NS- Verbrechen, insbesondere die fabrikmäßige Ermordung der Juden, einzigartig in der Geschichte seien oder ob sie mit ähnlichen Verbrechen kommunistischer Regime verglichen und damit relativiert werden könnten.

Heute besteht Konsens, dass derartige Debatten der Darstellung der historischen Wahrheit, nicht aber der Aufrechnung und Relativierung des Holocausts dienen dürfen. Der Neonazismus, der eine spezifische Form des Rechtsextremismus ist, wird von rechtsextremen Parteien (NPD, DVU, Republikaner) und von zahlreichen rechtsextremistischen Gruppen und Organisationen unterschiedlich direkt vertreten. Sie lösen aufgrund ihres braunen Gedankengutes und aufgrund gewalttätiger Aktionen zwar immer wieder gesellschaftliche und politische Konflikte aus, sind jedoch, da sie untereinander nicht vernetzt sind, momentan keine Bedrohung für Staat und Gesellschaft.

Fragen und Arbeitsaufträge

1. Europa am Vorabend des Dritten Reiches

1. Stellen Sie kurz den Charakter der europäischen Zwischenkriegszeit dar.
2. Erklären Sie, warum in dieser Zeit autoritäre und totalitäre Herrschaftssysteme entstehen.
3. Definieren Sie den Begriff „Faschismus" und nennen Sie dessen Träger bzw. Sympathisanten.
4. Erstellen Sie eine Liste der grundlegenden Charakteristika des Faschismus.
5. Erklären Sie, inwiefern die Entstehung der UdSSR die europäische Politik der Zwischenkriegszeit veränderte.
6. Stellen Sie die politischen Auswirkungen der Weltwirtschaftskrise dar.

2. Der Aufstieg der NSDAP

1. Skizzieren Sie die wesentlichen Stationen der NSDAP von ihrer Gründung bis zum 30. 1. 1933.
2. Wie wurde die Machtüberlassung im In- und Ausland gesehen?
3. Erörtern Sie, ob Hitler „legal" an die Macht gekommen ist.
4. Kommentieren Sie den Begriff „Machtüberlassung".
5. Nennen und erläutern Sie kurz die historischen Voraussetzungen sowie die politischen und gesellschaftlichen Faktoren, die das Dritte Reich ermöglichten.

3. Der Ausbau der Herrschaft zum totalitären Staat

1. Beschreiben Sie die innenpolitische Ausgangsposition für die NSDAP-Führung nach dem 30.1.1933.
2. Stellen Sie den Reichstagsbrand und seine Folgen dar.
3. Erläutern Sie die Bedeutung der Reichstagswahl vom 5. 3. 1933 und des „Tags von Potsdam".
4. Mit welchen wesentlichen Begründungen fordert Hitler das Ermächtigungsgesetz, mit welchen lehnt Otto Wels es ab?
5. Erklären Sie, warum die Mittelparteien diesem Gesetz zustimmten.
6. Nennen Sie die Inhalte dieses Gesetzes und erörtern Sie seine Problematik.
7. Worin liegt seine Bedeutung?

8. Stellen Sie die Ausschaltung der Parteien und Gewerkschaften dar.
9. Charakterisieren Sie Adolf Hitler anhand des „Röhm-Putsches".
10. Stellen Sie dar, wie Hitler die Macht durch Gleichschaltung sicherte.
11. Erläutern Sie den NS-Begriff „Führer".

4. Die nationalsozialistische Ideologie

1. Hitler wurde gelegentlich als reiner „Opportunist", als „prinzipienloser Nihilist" bezeichnet. Überprüfen Sie, ob diese Charakterisierung zutrifft.
2. Nennen Sie die historischen Voraussetzungen der NS-Ideologie.
3. Skizzieren Sie deren Elemente.
4. Überprüfen Sie die Stichhaltigkeit einzelner Elemente der NS-Ideologie.

5. Die politische Organisation des Dritten Reiches

1. Charakterisieren Sie die Struktur des Dritten Reiches anhand geeigneter Fachbegriffe.
2. Erläutern Sie den wesentlichen Unterschied bezüglich der politischen Organisation des Dritten Reiches und der der Ostblockstaaten.
3. Nennen Sie wichtige Sonderbeauftragte und stellen Sie ihre Sondervollmachten dar.
4. Erstellen Sie eine Liste der Grundlagen des Führerstaates und beschreiben Sie dessen Aufbau.
5. Verdeutlichen Sie die Erfassung der gesamten Bevölkerung anhand der Begriffe „horizontal" und „vertikal".
6. Mit welchen Mitteln und Methoden beeinflusste und indoktrinierte die NSDAP die Bevölkerung?

6. Die nationalsozialistische Wirtschaftspolitik

1. Nennen Sie Ziele und Maßnahmen der NS-Wirtschaft.
2. Erläutern Sie Funktion und Wirkungsweise der Mefo-Wechsel.
3. Welche Forderungen stellt Hitler in der geheimen Denkschrift?
4. Bewerten Sie die NS- Wirtschaftspolitik.

7. Die nationalsozialistische Außenpolitik

1. Überlegen Sie, ob der 30. Januar 1933 unter dem Aspekt der Außenpolitik eine Zäsur bedeutete.
2. Erläutern Sie Hitlers außenpolitischen Stufenplan.
3. Bis in die heutige Zeit ist immer wieder die Frage gestellt worden, ob die Radikalität Hitlers erkennbar war. Beantworten Sie diese Frage anhand aussagekräftiger Belege.
4. Erstellen Sie eine Liste der wesentlichen Ereignisse der NS-Außenpolitik in der ersten und zweiten Phase.
5. Verdeutlichen Sie die „Zweigleisigkeit" der NS-Außenpolitik, indem Sie außenpolitischen Maßnahmen bzw. Zielen friedensbeteuernde Aussagen Hitlers gegenüberstellen.
6. Stellen Sie die NS-Außenpolitik der Jahre 1938 und 1939 detailliert dar.
7. Diskutieren Sie die Behauptung, dass die Westmächte und die UdSSR den Ausbruch des Zweiten Weltkrieges hätten vermeiden können.
8. Stellen Sie die Motive dar, die Hitler und Stalin veranlassten, den deutsch-sowjetischen Nichtangriffspakt zu schließen.
9. Kommentieren Sie den Begriff „Entfesselung" des Zweiten Weltkrieges.

8. Der Zweite Weltkrieg

1. Stellen Sie die Phase der „Blitzkriege" dar.
2. Nennen Sie die wirtschaftlichen, militärischen und ideologisch-politischen Erwägungen, die zur Auslösung des Unternehmens „Barbarossa" führten.
3. Verdeutlichen Sie den unterschiedlichen Charakter des Krieges im Westen und im Osten Europas.
4. Worin bestand die Bedeutung des 7. 12. 1941?
5. Beschreiben Sie das Ende des Krieges anhand der Begriffe „Stalingrad", „Bombenkrieg", „D-Day" und „Kapitulation".

9. Der Unrechtscharakter des Dritten Reiches

1. Aus welchen Gründen wurden Menschen in ein Konzentrationslager eingewiesen?
2. Gliedern Sie die Verfolgung der Juden chronologisch und charakterisieren Sie die Phasen anhand von Begriffen.
3. Nennen Sie die Inhalte der Nürnberger Gesetze und bewerten Sie diese.

4. Begründen Sie die Bezeichnung des Dritten Reiches als „Unrechtsstaat".
5. Beschreiben Sie die „Endlösung".
6. Stellen Sie dar, wie unterworfene Völker behandelt wurden bzw. welche Rolle ihnen die Nationalsozialisten zudachten.

10. Der Widerstand im Dritten Reich

1. Erläutern Sie die Problematik der Darstellung des Widerstandes.
2. Nennen Sie Ursachen und Formen des Widerstandes.
3. Welche Gruppen des Volkes betrieben Widerstand?
4. Stellen Sie Motive und Formen des Widerstandes der Jugend und des Militärs dar.
5. Nehmen Sie Stellung zur Beurteilung des kirchlichen Widerstandes durch Konrad Adenauer.
6. Überlegen Sie, warum der Widerstand kaum Aussicht auf Erfolg haben konnte.
7. Erörtern Sie die Frage, ob der Widerstand nutzlos war.

11. Die historische Dimension des Nationalsozialismus

1. Interpretieren Sie die Karikaturen der Kapitelauftaktseite.
2. Erklären Sie, warum es so schwierig ist, den Nationalsozialismus zu definieren.
3. Charakterisieren Sie die Phasen der Aufarbeitung des Nationalsozialismus.
4. Erläutern Sie, warum die Gräuel des Dritten Reiches und die unterschiedlich starke Mitschuld daran von vielen Deutschen lange Zeit verdrängt wurden.
5. Welche Werteselektion lässt sich bei der Behandlung des Dritten Reiches immer wieder feststellen?
6. Stellen Sie dar, um was es bei dem so genannten Historikerstreit ging.

Arbeitsaufträge im Abitur und bei Klausuren

I. Wissen

Arbeitsaufträge	Erwartungen bezüglich Umfang, Intensität und Darstellungsform
Nennen Sie ...	Knappe Aneinanderreihung oder Auflistung von Fakten bzw. Einzelaspekten, deren Erklärung nicht nötig ist.
Zählen Sie auf ...	Knappe Auflistung von Fakten bzw. Einzelaspekten, deren Erklärung nicht nötig ist.
Skizzieren Sie ...	Knappe Darstellung eines Sachverhalts in seinen Grundzügen. Dabei Wiedergabe der wichtigen Einzelaspekte chronologisch und inhaltlich präzise.
Definieren Sie ...	Sprachlich kurze Erklärung eines Begriffes.
Stellen/legen Sie dar ...	Detaillierte Beschreibung eines Sachverhalts, wobei Zusammenhänge, Folgen, Auswirkungen etc. deutlich werden müssen.
Geben Sie wieder ...	Geordnete Präsentation von Lernwissen.
Zeigen Sie, dass/wie ...	Wiedergabe von umfangreichem, detailliertem Lernwissen. Sinnvolle Struktur/Gliederung nötig.
Beschreiben Sie ...	Reproduktion von umfangreichem, inhaltlich geordnetem Lernwissen.
Charakterisieren Sie ...	Umfassende Darstellung eines Sachverhalts anhand von kennzeichnenden, typischen Wesensmerkmalen.
Weisen Sie nach, dass ...	Reproduktion von umfangreichem Lernwissen.
Kennzeichnen Sie ...	Ausführliche Darstellung der wesentlichen Aspekte/Ereignisse, einer Epoche, einer bestimmten Politik etc.
Erläutern/Erklären Sie ...	Umfassende Darstellung eines Sachverhalts. Dabei müssen diejenigen Zusammenhänge deutlich und differenziert herausgestellt werden, die für das Verständnis eines komplexen Sachverhalts notwendig sind. „Differenziert" beinhaltet, dass dabei auch kurz auf positive oder negative Begleitaspekte, Folgen, Auswirkungen etc. eingegangen wird.

II. Können und Anwenden (von Methoden)

Arbeitsaufträge	Erwartungen bezüglich Umfang, Intensität und Darstellungsform
Belegen Sie an einem Beispiel, dass ...	Nachweis der Richtigkeit einer Maßnahme, Aussage, Behauptung etc. anhand von Lernwissen, das auf einen Einzelaspekt angewendet wird.
Ordnen Sie zu/ein ...	Darstellung eines Teilaspekts in seinem größeren Rahmen, der anhand von umfassendem Lernwissen beschrieben wird.
Wenden Sie ihre Kenntnisse über ... auf ... an	Knappe Anwendung von Lernwissen auf einen vorgegebenen Aspekt.
Vergleichen Sie ...	Umfassende Darstellung von Gemeinsamkeiten, Ähnlichkeiten, Unterschieden.
Stellen Sie gegenüber ...	Umfassender und detaillierter Vergleich zweier vorgegebener Aspekte.
Fassen Sie/thesenartig/ zusammen	Eingehende Analyse des Textes unter einem bestimmten, vorgegebenen Aspekt. Thesenartig: kurze, prägnante, jedoch vollständige Sätze.
Erschließen Sie aus ... Ermitteln Sie aus ... Leiten Sie ab ...	Eingehende Textanalyse, deren Ergebnis (z. B. Einstellung, Haltung, Einschätzung) nicht explizit im Text genannt wird, sondern sich als Quintessenz aus Inhalt und Sprache ergibt.
Analysieren Sie ...	Eingehende, differenzierte Untersuchung des Textes.
Erarbeiten Sie aus dem Text/anhand des Textes ... Arbeiten Sie heraus ...	Eingehende Analyse des Textes unter einem bestimmten Aspekt. Impliziert ist, dass die einzelnen Aspekte des zu erarbeitenden Sachverhalts im ganzen Text zu finden sind.

III. Problemerörterndes Denken, Werten und Beurteilen

Arbeitsaufträge	Erwartungen bezüglich Umfang, Intensität und Darstellungsform
Prüfen/Überprüfen Sie ...	Differenzierte Bekräftigung, Infragestellung, Ablehnung oder Erörterung eines Ereignisses, eines Sachverhalts auf der Basis von detailliertem Lernwissen und mit Hilfe von Belegen. Dabei Gegenüberstellung von positiven und negativen Aspekten, die bezüglich ihrer Bedeutung gewichtet werden müssen. Oft kein eindeutiges Gesamturteil, da einzelne Teilbereiche unterschiedlich oder gegensätzlich sein/bewertet werden können.
Erwägen Sie ...	Prüfung der Richtigkeit bzw. Angemessenheit einer Aussage/Maßnahme auf der Basis von detailliertem Lernwissen.
Beurteilen Sie ...	Umfassend begründete, inhaltlich und sprachlich überzeugende Stellungnahme auf der Basis von sicherem Lernwissen.
Nehmen Sie Stellung zu ...	Umfassende Beurteilung eines (meist problematischen) Sachverhalts, der aufgrund seiner Komplexität und Kompliziertheit unterschiedliche Betrachtungsweisen ermöglicht/erforderlich macht. Grundlage der Beurteilung ist detailliertes, sprachlich und inhaltlich überzeugend präsentiertes Lernwissen.
Untersuchen Sie, ob ...	Umfassend begründete, differenzierte Entscheidung, die sprachlich deutlich zum Ausdruck gebracht wird.
Begründen Sie ...	Umfassende Darstellung einer Problematik bzw. umfassend begründete Stellungnahme zu einem bestimmten Sachverhalt.
Diskutieren Sie ... Wägen Sie ab ... Erörtern Sie ... Setzen Sie sich mit ... auseinander	Eingehende, differenzierte Auseinandersetzung mit einer Problematik auf der Basis von umfangreichem, detailliertem Lernwissen. Dabei muss eine Beurteilung anhand wesentlicher Kriterien vorgenommen werden. Übersichtlicher Aufbau, logische Argumentation, begriffliche Klarheit, klares, abwägendes Urteil und Einbeziehung von Gegenpositionen werden verlangt.

Grundsätzlich gilt für jeden Arbeitsauftrag:

WAS ist verlangt? (Lerninhalte, Wissen, Fakten)

WIE ist es verlangt? (Methode, sprachliche Form, Detailliertheit, Lösungsumfang)

WELCHE zusätzlichen Anforderungen (Schwerpunktsetzung, Berücksichtigung bestimmter Betrachtungsweisen etc.) sind zu berücksichtigen?

Musterklausur

Diese Musterklausur dient der möglichst breiten Überprüfung und Selbstkontrolle von Wissen. Deshalb geht sie vom Umfang her (Anzahl der Fragen, Verknüpfung verschiedener Kapitel) über normale Anforderungen hinaus.

1.1 Leiten Sie aus dem Text die Kerngedanken der nationalsozialistischen Außenpolitik ab.

1.2 Erarbeiten Sie wichtige Elemente der nationalsozialistischen Ideologie, die – laut Hitlers Ausführungen – auch die Außenpolitik beeinflussten und skizzieren Sie diese.

2. Nennen Sie die wesentlichen Stationen der nationalsozialistischen Außenpolitik und erläutern Sie an mindestens zwei Beispielen, warum Hitlers Außenpolitik in der Literatur als „zweigleisig" bezeichnet wird.

3. Erläutern Sie das Verhältnis von Wirtschafts- und Außenpolitik im Dritten Reich und bewerten Sie unter Einbeziehung der beiden Statistiken und der auf S. 83 (Staatsverschuldung des Deutschen Reiches) die nationalsozialistische Wirtschaftspolitik.

4. Nehmen Sie Stellung zu der folgenden Behauptung Hitlers (aus einer Rede vom 27. 4. 1923): „Die Lebensbedingungen einer Nation werden letzten Endes nur gebessert durch den politischen Expansionswillen. Darin beruht das Wesen einer gesunden Bodenreform."

5. Überprüfen Sie anhand geeigneter Textstellen die Argumentationslogik Hitlers.

Entwicklung der Reichsausgaben insgesamt, der Militärausgaben und der Aufwendungen für Arbeitsbeschaffungsmaßnahmen von 1932 bis 1939

Schuldenstand am Ende der einzelnen Haushaltsjahre (31. März), Bestand an Mefo-Schulden (in Mrd. RM)

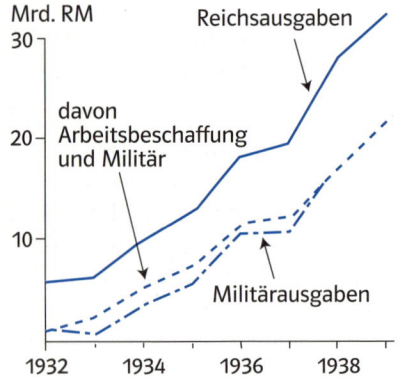

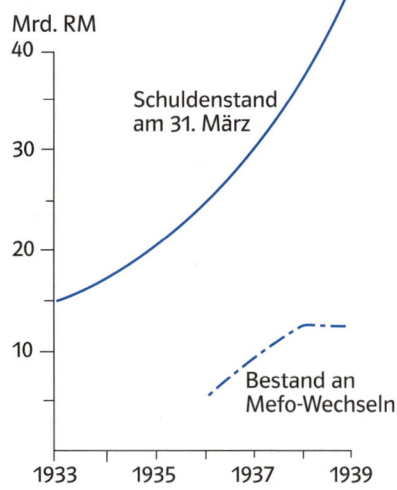

(Henning, Friedrich-Wilhelm: Das industrialisierte Deutschland 1914–1978. Paderborn, [5]1979, S. 152 bzw. S. 171)

Hitler über die nationalsozialistische Außenpolitik

„Die Außenpolitik des völkischen Staates hat die Existenz der durch den Staat zusammengefassten Rasse auf diesem Planeten sicherzustellen, indem sie zwischen der Zahl und dem Wachstum des Volkes einerseits und der Größe und Güte des Grund und Bodens andererseits ein gesundes, lebensfähiges, natürliches Verhältnis schafft. ... 5

Wir Nationalsozialisten [müssen] unverrückbar an unseren außenpolitischen Zielen festhalten, nämlich dem deutschen Volk den ihm gebührenden Grund und Boden auf dieser Erde zu sichern. Und diese Aktion ist die einzige, die vor Gott und unserer deutschen Nachwelt einen Bluteinsatz gerechtfertigt erscheinen lässt. ... Der Grund und Boden, auf dem dereinst deutsche Bauerngeschlechter kraftvolle Söhne zeugen können, wird die Billigung des Einsatzes der Söhne von heute zulassen, die verantwortlichen Staatsmänner aber, auch wenn von der Gegenwart verfolgt, dereinst freisprechen von Blutschuld und Volksopferung. Staatsgrenzen werden durch Menschen geschaffen und durch Menschen geändert. Die Tatsache des Gelingens eines unmäßigen Bodenerwerbs durch ein Volk ist keine höhere Verpflichtung zur ewigen Anerkennung desselben. Sie beweist höchstens die Kraft der Eroberer und die Schwäche der Dulder. ... So wie unsere Vorfahren den Boden, auf dem wir heute leben, nicht vom Himmel geschenkt erhielten, sondern durch Lebenseinsatz erkämpfen mussten, so wird auch uns in Zukunft den Boden und damit das Leben für unser Volk keine göttliche Gnade zuweisen, sondern nur die Gewalt eines siegreichen Schwertes. ... 20

Allerdings eine solche Bodenpolitik kann nicht etwa in Kamerun ihre Erfüllung finden, sondern heute fast ausschließlich nur mehr in Europa. Man muss sich damit kühl und nüchtern auf den Standpunkt stellen, dass es sicher nicht Absicht des Himmels sein kann, dem einen Volk fünfzig mal so viel an Grund und Boden zu geben als dem anderen. Man darf in diesem Falle sich nicht durch politische Grenzen von den Grenzen des ewigen Rechtes abbringen lassen. Wenn diese Erde wirklich für alle Raum zum Leben hat, dann möge man uns also den zum Leben nötigen Boden geben. Man wird das freilich nicht gerne tun. Dann jedoch tritt das Recht der Selbsterhaltung in seine Wirkung; und was der Güte verweigert wird, hat eben die Faust sich zu nehmen. ... 30

Damit ziehen wir Nationalsozialisten bewusst einen Strich unter die außenpolitische Richtung unserer Vorkriegszeit. Wir setzen dort an, wo man vor sechs Jahrhunderten endete. Wir stoppen den ewigen Germanenzug nach dem Süden und Westen Europas und weisen den Blick nach dem Land im Osten. Wir schließen endlich ab die Kolonial- und Handelspolitik der Vorkriegszeit und gehen über zur Bodenpolitik der Zukunft. Wenn wir aber heute in Europa von neuem Grund und Boden reden, können wir in erster Linie nur an Russland und die ihm untertanen Randstaaten denken. ...

Das Schicksal selbst scheint uns hier einen Fingerzeig geben zu wollen. Indem es Russland dem Bolschewismus überantwortete, raubte es dem russischen Volke jene Intelligenz, die bisher dessen staatlichen Bestand herbeiführte und garantierte. Denn die Organisation eines russischen Staatsgebiets war nicht das Ergebnis der staatspolitischen Fähigkeiten des Slawentums in Russland, sondern vielmehr nur ein wundervolles Beispiel für die Staaten bildende Wirkung des germanischen Elements in einer minderwertigen Rasse. ... Seit Jahrhunderten zehrte Russland von diesem germanischen Kern seiner oberen leitenden Schichten. Er kann heute als fast restlos ausgerottet und ausgelöscht angesehen werden. An seine Stelle ist der Jude getreten. So unmöglich es dem Russen an sich ist, aus eigener Kraft das Joch des Juden abzuschütteln, so unmöglich ist es dem Juden, das mächtige Reich auf die Dauer zu erhalten.“ 50

(Aus: Hitler, A.: Mein Kampf. München, [112-113] *1934, S. 152, 728, 739 ff, 742 f.)*

Lösung:

1.1 Im Text sind folgende Kerngedanken der nationalsozialistischen Außenpolitik enthalten:
- Der völkische Staat hat die Existenz der Rasse, die im Staat zusammengefasst ist, sicherzustellen (Z. 1 f.)
- durch Herstellung eines „gesunden" Verhältnisses zwischen der Größe des Volkes und dem zur Verfügung stehenden Boden (Z. 2–5);
- diese Aufgabe rechtfertigt einen „Bluteinsatz" (Z. 8–10);
- Staatsgrenzen können verändert werden (Z. 14 f.);
- politische Grenzen haben bei „ungerechter" Bodenverteilung keine Bedeutung gegenüber den „Grenzen ewigen Rechtes" (Z. 15–21, 23–27);
- der Boden und damit das Leben des deutschen Volkes werden in Zukunft nur gewaltsam zu sichern sein (Z. 17–21);
- eine derartige Bodenpolitik ist nur machbar in Europa (Z. 23);
- da man Deutschland dieses Recht nicht gewähren wird, muss es mit Gewalt genommen werden (Z. 30 f.);
- Neubeginn der Außenpolitik, die ihre Ziele nun im Osten Europas (vornehmlich Russland) zu erreichen hat (Z. 32–39).

1.2 Folgende typische Elemente der nationalsozialistischen Ideologie sind im Text enthalten:
- Rassenlehre: (Staaten gründende germanische Rasse; minderwertige slawische Rasse, Z. 45 f.)
- Nationalismus („völkischer Staat", „dem deutschen Volke den ihm gebührenden Grund und Boden zu sichern…", Z. 1)
- Gewaltprinzip („Bluteinsatz", „Blutschuld", „Änderung der Staatsgrenzen"; „Gewalt des siegreichen Schwertes"; Faustrecht, Z. 9, 13, 14 f., 21, 31)
- Sozialdarwinismus („Kraft der Eroberer", „Recht der Selbsterhaltung", Z. 17, 30)
- Imperialismus (Gewinnung und Ausbeutung von Lebensraum im Osten, Z. 22 f., 37–39)
- Elitedenken (germanisches Element in Russland, Z. 43–48.)
- Antisemitismus (Rolle des Judentums in Russland, Z. 49–51).

2. Die Erläuterung der „zweigleisigen" Außenpolitik Hitlers soll den Gegensatz deutlich machen zwischen der „Politik der vollendeten Tatsachen" (z. B. Verstöße gegen den Versailler Vertrag) bzw. offizieller Vertragspolitik einerseits und Friedensbeteuerungen andererseits, die Hitler in offiziellen Reden

ans Ausland richtet. Hierbei müssen seinen tatsächlichen Absichten, Motiven und Zielen, die er im kleinen Kreise (z. B. vor der Reichswehrführung oder engen Vertrauten) erläutert, die wesentlichen Aussagen seiner beschwichtigenden, Friedensliebe signalisierenden Reden gegenübergestellt werden. Hierfür bieten sich folgende Möglichkeiten an:

- Die Erläuterung seiner Lebensraumpolitik gegenüber der Reichswehrführung vom 3. 2. 1933 (S. 89) und seine Rede vom 17. 5. 1933 (S. 91).
- Die Einführung der allgemeinen Wehrpflicht (S. 93 f.) und Hitlers Reden vom 21. 5. 1935 (S. 94).
- Die Besetzung des Rheinlandes (7. 3. 1936, S. 95) und Hitlers Rede vom selben Tage.
- Der Vierjahresplan bzw. Hitlers geheime Denkschrift (S. 80 ff.) und die o. g. Reden aus den Jahren 1935 und 1936 (S. 94 f.).
- Die „Erledigung der Resttschechei": Hitlers Beteuerung vom 26. 9. 1938 „Wir wollen keine Tschechen" (S. 101 f.) und sein Geheimbefehl „zur Erledigung der Resttschechei" vom 21. Oktober (S. 102).
- Das Verhältnis zur UdSSR: Hitlers Besprechung mit der Führungsspitze der Wehrmacht vom 23. 5. 1939, in der er die „Arrondierung des Lebensraumes im Osten" als Nahziel verkündet, seine Weisung Nr. 21 (S. 111) und der Nichtangriffspakt vom 23. 8. 1939 (S. 103 ff.).

3. Die Lösung sollte folgende Elemente berücksichtigen und entsprechend darstellen (S. 77–84):

    a) Erläuterung:
    - Primat der Außenpolitik (Lebensraum im Osten), entscheidendes Mittel dieser Außenpolitik ist die militärische Stärke als Grundvoraussetzung für den angestrebten Krieg.
    - Dies bedeutete, dass volkswirtschaftliche Überlegungen und langfristige Planungen keine Rolle spielen.
    - Aus der in vier Jahren angestrebten Kriegsbereitschaft der deutschen Wirtschaft (vgl. geheime Denkschrift) ergibt sich die staatliche Lenkung der gesamten Wirtschaft (Produktion, Rohstoffzuweisung, Einsatz der Arbeitskräfte, Preis- und Lohnstopp, Kontrolle des „Reichsnährstandes" etc.)
    - Fazit: Aus den o. g. Gründen verliert die Wirtschaft ihre Eigenständigkeit, sie wird ein Mittel der Außenpolitik, hat sich dieser in allen Bereichen unterzuordnen und wird von ihr völlig abhängig.

b) Bewertung: Es sollte einleitend festgestellt werden, dass die Bewertung auch in der Fachliteratur nicht einheitlich ist, sondern von den Bewertungskriterien und – vor allem – von der Betrachtungsweise abhängt (isolierte wirtschaftliche Entwicklung 1933 bis 1939, Überwindung der Arbeitslosigkeit etc. oder langfristige, volkswirtschaftliche Bewertungskriterien). Nach einer kurzen Auflistung der wesentlichen Bewertungskriterien sollten als Fazit folgende Aspekte angesprochen und kurz erläutert werden:

- Die ausgeprägte volkswirtschaftliche Grundsatzlosigkeit,
- die Ausrichtung auf kurzfristige Erfolge,
- der extreme Anstieg der Militärausgaben, der (vgl. 1. Statistik) offensichtlich verantwortlich dafür war, dass die Reichsausgaben in ebenso extremer Weise anstiegen (zwischen 1932 und Mitte 1939 Steigerung um ca. das 33fache).
- Bevorzugung der Rüstungsindustrie,
- die extreme Staatsverschuldung, die zwischen 1932 und 1939 um das ca. 4fache, zwischen 1939 und 1945 um mehr als das 9fache anstieg.

Als Fazit sollte betont werden, dass eine derart kurzfristige, vorrangig auf Rüstung und Krieg ausgerichtete Wirtschaftspolitik die baldige, äußerst riskante Realisierung der außenpolitischen Ziele (Lebensraum, Hegemonie in Europa) voraussetzte. Eine derartige Wirtschaftspolitik lässt die Belange und Interessen der Bevölkerung völlig unberücksichtigt und trägt dazu bei, dass insgesamt nur Extreme erreicht werden können: Entweder die Sanierung durch einen gewonnenen Krieg, durch Unterdrückung und wirtschaftliche Ausbeutung oder – im Falle einer Niederlage – die wirtschaftliche Katastrophe.

4. Die Stellungnahme sollte zu dem Ergebnis führen, dass Hitler zwar in Kategorien denkt, die im 19. Jahrhundert weit verbreitet waren, dass seine Behauptung jedoch in deutlichem Gegensatz steht zu offensichtlichen historischen und wirtschaftlichen Überlegungen. Folgende mögliche Argumente sollten inhaltlich und sprachlich entsprechend berücksichtigt werden:

- Die Expansionspolitik des Deutschen Reiches (unter Wilhelm II.) bzw. die der europäischen Großmächte (Stichwort Imperialismus) hat wesentlich zum Ausbruch des Ersten Weltkrieges beigetragen und die Lebensbedingungen der Verlierer drastisch verschlechtert, aber auch die der Gewinner nicht verbessert. Als Details können (für Deutschland)

Gebietsverluste, wirtschaftliche Belastungen (Reparationen) bzw. die Inflation von 1923 genannt werden.

- Alle Großreiche entstanden durch Expansion, d.h. durch Kriege, Unterdrückung und Zwang. Aus diesen Gründen zerfielen alle Großreiche auch nach einer unterschiedlich langen Phase der Vorherrschaft wieder. In der Geschichte der Menschheit hat es keine auf Krieg und Unterdrückung basierende Expansion gegeben, die auf Dauer die Lebensbedingungen der Eroberer verbessert hätte.
- Hitler ignoriert die Fähigkeit von Menschen bzw. Nationen oder Staaten, durch Absprachen, Vereinbarungen und Verträge ein friedliches Miteinander und eine wirtschaftlich gewinnbringende Kooperation zu erreichen.
- Nationen bzw. Staaten können auch ohne Expansion und sogar auf engem Raum und/oder in einem (vergleichsweise) kleinen Staatsgebiet zu Wohlstand und politischer Bedeutung oder zumindest Ansehen gelangen. Beispiele: Hochindustrialisierte Länder wie Japan, die Bundesrepublik, Luxemburg, Schweiz etc.

5. Hitler geht (nicht nur in dieser Quelle) von unbewiesenen, angeblich offensichtlichen oder auf den ersten Blick logischen Behauptungen aus und leitet daraus Maßnahmen oder Verhaltensweisen ab, die als „notwendig" oder „gerechtfertigt" dargestellt werden.

Die Voraussetzung ist also falsch. Die darauf aufbauende Argumentation führt vordergründig zu einem Ergebnis, das – auf dieser Basis – nachvollziehbar oder gar einsichtig bzw. logisch erscheint. Da die Voraussetzung jedoch falsch oder einseitig ist, muss auch das Ergebnis dementsprechend sein. Belege: Expansion ist Aufgabe des Staates (Z. 1–8), „nur die Gewalt des siegreichen Schwertes" kann „den Boden und damit das Leben für unser Volk" sichern (Z. 20 f.), Faustrecht (Z. 26–31).

Die vordergründige, scheinbare Logik wird auch durch eine schwammige und ungenaue Terminologie erreicht, die vor allem Emotionen bedient. Deshalb erhalten Begriffe wie „gebührender Grund und Boden" (Z. 7 f.), „gerechtfertigter Bluteinsatz" (Z. 9), „Einsatz der Söhne" (Z. 11), „Grenzen des ewigen Rechtes" (Z. 27), „Recht der Selbsterhaltung" (Z. 30) „Güte" (Z. 31) etc. eine andere, unzutreffende bzw. falsche Bedeutung oder werden sinnentfremdet.

Zitat- und Literaturnachweis

Kap. 1

1 Zit. nach: Berg, Rudolf: Wege durch die Geschichte. Grundkurs Geschichte 12. Berlin, 1993, S. 285
2 Bracher, Karl Dietrich: Europa in der Krise. Innengeschichte und Weltpolitik seit 1917. Frankfurt/M, 1979, S. 31
3 Zit. nach: Schmid, Heinz Dieter: Fragen an die Geschichte. Das 20. Jahrhundert. Berlin, 1999, S. 31, Q.14a (im Folgenden Schmid)
4 Bracher, Karl Dietrich: Der Faschismus. In: Meyers Enzyklopädisches Lexikon, Bd. 8. Mannheim, 1973, S. 551
5 Zit. nach: Ripper, Werner: Weltgeschichte im Aufriss, 3/1. Frankfurt, 1976, S. 298
6 Ebenda, S. 301
7 Zit. nach: Größl, Wolf Rüdiger/Herrmann, Harald: Stundenblätter. Das Dritte Reich – Beispiel eines faschistischen Staates. Stuttgart, 1981, S. 148
8 Mussolini, Benito: Opera Omnia. Bd. XXVI. Florenz, 1953, S. 319
9 Zit. nach: Göbel, Walter: Geschichte. Unterrichtsmaterialien, 4. Ergänzung, Freising, o. J., S.71
10 ebenda S. 66
11 Zit. nach: Berg, S. 284
12 Zit. nach: Thürauf, Ulrich (Hrsg.): Schultheß' Europäischer Geschichtskalender. München, 1931, Bd. 72, S. 529 f.

Kap. 2

1 Informationen zur politischen Bildung, H. 123/126/127: Der Nationalsozialismus. Bonn, 1980, S. 1
2 Ebenda
3 Ebenda, S. 6
4 Ebenda, S. 11
5 Ebenda
6 Goebbels, Joseph: Vom Kaiserhof zur Reichskanzlei. München, 1937, S. 229
7 Schmid, S. 52, Q.1
8 Deuerlein, Ernst: Deutsche Kanzler. München, 1966, S. 41
9 Goebbels, S. 250
10 Schmid, S. 54, Q. 9
11 Informationen, S. 25
12 Goebbels, S. 252
13 Bracher, Karl Dietrich: Demokratie und Machtergreifung. Der Weg zum 30. Januar 1933. In: Bracher, Karl Dietrich/Funke, Manfred/Jacobsen, Hans-Adolf (Hrsg.): Nationalsozialistische Diktatur 1933–1945. Eine Bilanz. Bonn, 1986, S. 17 f.
14 Schönhoven, Klaus: Der Untergang der Weimarer Republik und der Aufstieg des Nationalsozialismus. Hg. SPD, Würzburg, 1983, S. 20

Kap. 3

1 Zit. nach: Schmid, S. 53, Q.7
2 Goebbels, S. 269
3 Ebenda, S. 254
4 Zit. nach: Schmid, S. 52, Q. 6
5 Goebbels, S. 299
6 Vogelsang, Thilo: Die nationalsozialistische Zeit. Deutschland von 1933 bis 1939. Frankfurt 1967, S. 31
7 Zit nach: Schönbrunn, Günter: Geschichte in Quellen. Weltkriege und Revolutionen 1914–1945. München, 3 1979, S. 303.
8 Zit. nach: Schönbrunn, S. 304
9 ebenda
10 Zit. nach: Schmid, S. 66, Q. 20b
11 Zit. nach: Conze, Werner: Der Nationalsozialismus, Teil II. Stuttgart, 1982, Nr. 29, S. 23 (im Folgenden: Conze I bzw. Conze II)
12 Zit nach: Conze I, Nr. 102, S. 77 f..
13 Zit. nach: Informationen, S. 29.
S. 48 Abbildung nach Größl/Herrmann, S.13

Kap. 4

1 Ernst Nolte (1963). Zit. nach: Größl/Herrmann, S. 19
2 Hitler, Adolf: Mein Kampf. 2 Bände in einem Band. München, 112-113. Auflage 1934, S. 506
3 Zit. nach: Schmid, Fragen an die Geschichte, Bd. 3. Frankfurt/M, 4 1981, S. 276, Q. 99
4 Hitler, S. 314
5 Hitler, S. 312
6 Hitler, S. 741 f.
7 Hitler, S. 334
8 Hitler, S. 357
9 NS-Schulungsschrift. Zit. nach: Hoffmann, Joachim: Spiegel der Zeiten, Ausgabe B, Bd. 4. Von der Russischen Revolution bis zur Gegenwart. Frankfurt/M, 4 1974, S. 83

Kap. 5

1 Zit. nach: Mosse, George: Der nationalsozialistische Alltag. So lebte man unter Hitler. Königstein/Ts., 1978, S. 267
2 Bracher, Karl Dietrich: Stufen totalitärer Gleichschaltung. In: Vierteljahreshefte für Zeitgeschichte 4, 1956, S. 42
3 Zit. nach: Conze II, Nr. 15, S. 14
4 Zit. nach: Zentner, Christian/Bedürftig, Friedemann: Das große Lexikon des Dritten Reiches. Augsburg 1993, S. 83
5 Zit. nach: Deutscher Gewerkschaftsbund (Hrsg.): 50 Jahre Machtergreifung. Arbeiterbewegung, Nationalsozialismus und Neofaschismus in Deutschland. Düsseldorf 1982, S. 66

6 Zit. nach: Conze II, Nr. 7, S. 6 f.

7 Zit. nach: Loch, Werner/Hoffmann, Alfons: Stundenvorbereitung. Der Nationalsozialismus in Unterrichtsbildern. Limburg, 1977, S. 92

8 Ebenda, S. 93

9 Ebenda, S. 83

10 Ebenda

11 Zit. nach: Binder, Gerhart: Geschichte im Zeitalter der Weltkriege, Bd. I, Stuttgart, o. J., S. 422

12 Zit. nach: Loch/Hoffmann, S. 84

13 Zit. nach: 50 Jahre Machtergreifung, S. 75

14 Zit. nach: Schmid, S. 64, Q. 19

S. 71 Abbildung „Der nationalsozialistische Erzieher", Nr. 42, 1934, aus: Mosse, S. 305

15 Zit. nach: Glaser, Hermann: Das Dritte Reich. Anspruch und Wirklichkeit. Freiburg 1961, S. 54

16 Zit. nach: Lotz, W.: Die neue Reichskanzlei. In: Kunst im Dritten Reich, Heft 9, S. 62

17 Zit. nach: Conze II, Nr. 8, S. 8

18 Zit. nach: Keßel, Willi/Böhn, Dieter: Zeiten und Menschen, Bd. 4. Europa und die Welt. Von 1890 bis zur Gegenwart. München, 1977, S. 121

Kap. 6

1 Zit. nach: Schönbrunn, S. 322

2 Zit. nach: Vogelsang, S. 75

3 Zit. nach: Schönbrunn, S. 321

Kap. 7

1 Zit. nach: Zeiten und Menschen, Bd. 4, S. 139

2 Hildebrand, Klaus: Hitlers Ort in der Geschichte des preußisch-deutschen Nationalstaates, in: Historische Zeitschrift 217 (1973), S. 584–632

3 Hildebrand, Klaus: Deutsche Außenpolitik 1933-1945. Kalkül oder Dogma? Stuttgart, [2] 1973, S. 144

4 Zit. nach Schmid 3, S. 308, Q. 7b

5 Zit. nach Schmid, S. 85, Q. 77

6 Zit. nach: Ripper, S. 408

7 Zit. nach: Conze II, Nr. 46, S. 40

8 Zit. nach: Maser, Werner: Mein Kampf. Der Fahrplan eines Welteroberers. Esslingen, 1976, S. 50

9 Zit. nach: Conze II, Nr. 43, S. 36

10 Zit. nach: Aufriss, S. 414

11 ebenda, S. 416

12 Zit. nach: Conze II, Nr. 46, S. 40

13 Zit. nach: Schönbrunn, S. 356

14 Zit. nach: Conze II, Nr. 45, S. 39

15 Zit. nach: Schönbrunn, Nr. 425, S. 362

16 Zit. nach: Zentner/Bedürftig, S. 348

17 Zit. nach: Schönbrunn, Nr. 429, S. 363

18 Ebenda, Nr. 436, S. 370

19 Zit. nach: Schmid 4, S. 80, Q. 60

20 Zit. nach: Schönbrunn, Nr. 457, S. 382

21 Zit. nach: Conze II, Nr. 58, S. 51

22 Zit. nach: Schmid, S. 82, Q. 66

23 Zit. nach: Freund, M.: Geschichte des Zweiten Weltkrieges in Dokumenten, Bd. 1. Freiburg, 1953, S. 447

24 Zit. nach: Schmid, S. 84, Q 72

25 Zit. nach: Vogelsang, S. 143

26 Zit. nach: Schönbrunn, Nr. 525, S. 432

27 Geschichte. Lehrbuch für Klasse 9. Berlin (Ost), 1975, S. 189

28 Zeiten und Menschen, Bd. 4, S. 136

29 Schmid, S. 85, Q. 76a

Kap. 8

1 Zit. nach: Vogt, Hannah: Schuld oder Verhängnis? Frankfurt/M, [7] 1968, S, 153

2 Zit. nach: Binder I, S. 609

3 Zit. nach: Schönbrunn, Nr. 576, S. 476

4 Zit. nach: Schmid, S. 86, Q. 80

5 Zit. nach: Conze II, Nr. 70, S. 60

6 Ebenda

7 Zit. nach: Binder, S. 659 f.

Kap. 9

1 Zit. nach: Conze II, Nr. 80, S. 70

2 Zit. nach: Conze II, Nr. 81, S. 71

3 Zit. nach: Conze II, Nr. 82, S. 72

4 Zit. nach: Zeiten und Menschen, Bd. 4, S. 157

5 Zit. nach: Conze II, Nr. 71, S. 61

Kap. 10

1 Zit. nach: Pandel, Hans-Jürgen/Rohlfes, Joachim: Tempora. Historisch-politische Weltkunde. Weimarer Republik und Nationalsozialismus. Stuttgart, 1996, S. 240

2 Geschichte 9. Berlin (Ost), 1975, S. 222

3 Bergengruen Werner: Dies irae. Gedichte. Arche Bücherei Nr. 17. Zürich, 1945

4 Zit. nach: Conze II, Nr. 97, S. 88

5 Zit. nach: Conze II, Nr. 89, S. 81

6 Zit. nach: Die Zeit, Nr. 17 vom 19.4.1985, S. 60

7 Zit. nach: Conze II, Nr. 116, S. 105 f.

8 Löwenthal, Richard: Widerstand im totalen Staat. In: Bracher/Funke/Jacobsen (Hrsg.): Nationalsozialistische Diktatur 1933–1945. Eine Bilanz. Bonn, 1986, S. 631

9 Zit. nach: Zeiten und Menschen, S. 169

10 Löwenthal, S. 631 f.

S. 140 Abbildung nach Größl/Herrmann, S. 29 erweitert vom Autor

Kap. 11

1 Bracher, Karl Dietrich: Die deutsche Diktatur. Köln 1969, S. 532

2 Meier, Christian: Verurteilen und Verstehen. In: „Historikerstreit". Die Dokumentation der Einzigartigkeit der nationalsozialistischen Judenvernichtung. Hrsg. vom Piper Verlag, München, [6] 1988, S. 49

3 Haffner, Sebastian: Anmerkungen zu Hitler. München, 1978, S. 63

4 Bracher/Funke/Jacobsen, S. 16

5 Ebenda

6 Meier, S. 50

7 Stolte, Dieter: Was ist mit uns Deutschen eigentlich los? In: DIE WELT, 29.11.2003, S. 9.

8 Verfassungsschutzbericht 1995, Hrsg. Bundesministerium des Innern. Bonn, 1996, S. 102

9 Quelle: Bundesamt für Verfassungsschutz, Köln. Aus: Aktuell 2004. Dortmund, 2003, S. 232.

Abbildungsnachweis

S. 7: AKG, Berlin – S. 11: Aus: Große Geschichte des Dritten Reichs und des Zweiten Weltkriegs. Naturalis-Verlag, München/Köln 1989 – S. 16: Aus: Zwischen demokratischem Aufbruch und totalitärer Herrschaft. C.C. Buchner, Bamberg 2001 – S. 17 oben links: Karl Stehle, München – S. 17 oben Mitte: AKG, Berlin – S. 17 oben rechts: Karl Stehle, München – S. 17 unten: Stadtarchiv München (Weiler), München – S. 22: Aus: „Der Wahre Jakob", 1933 – S. 26: Vuvag Verlag GmbH & Co. KG, Berlin – S. 29: AKG, Berlin – S. 33 links: Kulturamt Kreuzberg – S. 33 rechts: AKG, Berlin – S. 38: Claus Selzner: Die deutsche Arbeitsfront, Berlin 1935 – S. 49 oben links: Verlag Franz Eher Nachf. – S. 49 oben Mitte: Verlag Franz Eher Nachf. – S. 49 oben rechts: Verlag J. F. Lehmann – S. 49 Mitte links: Verlag J. F. Lehmann – S. 49 Mitte: Verlag Langen-Müller, 1932 – S. 49 Mitte rechts: Archiv Zentner, Grünwald – S. 49 unten links: Haus der Geschichte, Bonn – S. 49 unten Mitte: Aus: Deutschland zwischen Diktatur und Demokratie. C.C. Buchner, Bamberg 2002 – S. 49 unten rechts: Verlag Franz Eher Nachf. – S. 56 rechts: © VG Bild-Kunst, Bonn 2004 – S. 59: Bundesarchiv Koblenz – S. 63: BPK, Berlin – S. 67: Erich Schmidt Verlag, Berlin – S. 69: Erich Schmidt Verlag, Berlin – S. 70: Bundesarchiv Koblenz – S. 72: Archiv Zentner, Grünwald – S. 73: Süddeutscher Verlag, München – S. 74: Süddeutscher Verlag, München – S. 75: Bundesarchiv Koblenz – S. 77: Aus: Zwischen demokratischem Aufbruch und totalitärer Herrschaft. C.C. Buchner, Bamberg 2001 – S. 78: Aus: Große Geschichte des Dritten Reichs und des Zweiten Weltkriegs. Naturalis-Verlag, München/Köln 1989 – S. 85: „The Nation", 1933 – S. 91 oben: „Le Rempart", 1933 – S. 91 unten: Archiv Zentner, Grünwald – S. 97: Karikatur von David Low, 1936 – S. 100: Bundesarchiv Koblenz – S. 104: Karikatur von David Low, 1936. „Evening Standard", 1936 – S. 106: Erich Schmidt Verlag, Berlin – S. 107 oben: ullstein bild, Berlin – S. 107 unten links: AKG, Berlin – S. 107 unten rechts: ullstein bild, Berlin – S. 115: Karl Stehle, München – S. 118: Aus: Hans-Ulrich Thamer: Die Deutschen und ihre Nation / Verführung und Gewalt. Jobst Siedler Verlag, Berlin 1986. Kartenzeichnungen: Charlotte Diehl, Berlin – S. 119 oben: AKG, Berlin – S. 119 unten links: ullstein bild, Berlin – S. 119 unten rechts: Aus: Lagergemeinschaft und Gedächtnisstätteninitiative Moringen (Hrsg.): „…Wir hatten noch gar nicht angefangen zu leben." Moringen 1992 – S. 120: AKG, Berlin – S. 124: Foto: Yad Vaschem Archives, Jerusalem – S. 124: BPK, Berlin – S. 129 unten: interfoto, München – S. 132: Archiv der sozialen Demokratie der Friedrich-Ebert-Stiftung Bonn – S. 134: BPK, Berlin – S. 137 oben: AKG, Berlin – S. 137 unten: AKG, Berlin – S. 141 oben: Haus der Geschichte, Bonn – S. 141 unten links: Aus: Zwischen demokratischem Aufbruch und totalitärer Herrschaft. C.C. Buchner, Bamberg 2001 – S. 141 unten rechts: Baaske Cartoons (Hanel), Mülheim – S. 148: Bundesministerium des Innern (Hrsg.): Verfassungsschutzbericht 1995 – S. 158: Aus: Wilhelm-Friedrich Henning: Das industrialisierte Deutschland 1914–1978. Schöningh, Paderborn [5] 1979

Glossar (erklärt alle im Text mit einem * versehene Begriffe)

Agitation (lat. agitare = anspornen, antreiben): Verbreitung radikaler Ideen bzw. die systematische aggressive Werbung für diese (→ Propaganda).

Annexion (frz. annexion = Eingliederung): Erwerb eines fremden Staates durch rechtswidrige und/oder gewaltsame Aktionen (Drohung, Anwendung von Gewalt) und dessen Eingliederung in den eigenen Staat (vgl. den „Anschluss" Österreichs 1938).

Antifaschismus: a) Die Gegnerschaft verschiedener politischer Richtungen gegenüber dem → Faschismus bzw. dem → Nationalsozialismus; b) grundsätzliche Gegnerschaft gegenüber totalitären Massenbewegungen; c) im kommunistischen Sprachgebrauch: einheitlicher Kampf der Arbeiterklasse gegen den westlichen → Imperialismus.

Antisemitismus: Aus dem 19. Jh. stammender Begriff für die auf politischen und rassistischen Vorurteilen beruhende grundlegende, feindselige Ablehnung der Juden (Mitglieder der semitischen Sprachfamilie) bzw. des Judentums. Seit dieser Zeit typisches Gedankengut aller nationalistischen Kreise in Europa. Ausführlich: S. 55 f.

Appeasement (engl. appease = durch Nachgiebigkeit oder Zugeständnisse beschwichtigen): Bezeichnung für die britische Politik gegenüber Hitler zwischen 1935 und Frühjahr 1939.

Arier (Sanskrit: arya = der Edle): a) Ethnisch: Angehöriger des indoiranischen Zweiges der indogermanischen Sprachfamilie; b) in Deutschland 1933-1945 Einengung und Verschärfung durch eine ausgeprägte antijüdische Bedeutung.

Autonomie (griech. autos = selbst, nomos = Gesetz): Im Völkerrecht Bezeichnung für eine vertraglich festgelegte Selbstverwaltung eines Gebietes oder einer Bevölkerungsgruppe innerhalb eines Staates.

Autoritär (lat. auctoritas = Ansehen): Ein autoritärer Staat (System, Regime) ist ein straff zentralistisch organisierter Staat, dessen Regierung unter formaler Beibehaltung parlamentarischer Institutionen und Verfahrensweisen weitgehend selbständig und ohne echte Mitwirkung des Parlaments bzw. des Volkes die unkontrollierte Macht ausübt (parlamentarisch verbrämte Diktatur). Autoritarismus: Herrschaftssystem eines autoritären Staates (→ totalitär).

Bekennende Kirche: Seit 1934 → Bewegung innerhalb der evangelischen Kirche Deutschlands, die in Opposition trat zur nationalsozialistisch bestimmten Haltung der evangelischen Kirche und insbesondere der Deutschen Christen. Ausführlich: S. 135.

Bewegung: Politisch-ideologisch geprägte Verbindung von Menschen mit dem Ziel, ihre Ansichten zu verbreiten.

Bolschewismus (russ. bolschinstwo = Mehrheit): a) Struktur, Organisationsform, Programmatik und Strategie der KPdSU. Ideologisch-politische Grundlage ist der von Lenin entwickelte Marxismus-Leninismus, in dessen Mittelpunkt die Theorie und Taktik der Eroberung der Macht durch eine Elite von Berufsrevolutionären steht. Das Endziel, die klassenlose Gesellschaft des → Kommunismus, soll durch die „Diktatur des Proletariats" erreicht werden. b) Von Lenin begründetes Herrschaftssystem der UdSSR. Charakteristika: Rolle und Bedeutung der KP als alleiniger Trägerin der Macht, „Sozialismus in einem Land" als Rechtfertigung der diktatorischen

Ordnung der UdSSR, die unumstrittene Führung des Weltkommunismus durch die KPdSU (→ Stalinismus).

Bourgeoisie (frz. = Bürgertum): a) Zur Zeit der Französischen Revolution Bezeichnung für die höhere, besitzende Bildungsschicht; b) heute, vor allem durch die Lehre des → Marxismus bzw. → Sozialismus, meist negativ verwendete Bezeichnung für die besitzende, herrschende Klasse.

Chauvinismus (fr.): Fanatische, maßlos übersteigerte Überbewertung der eigenen Nation, die einhergeht mit der Abwertung anderer Nationen (→ Nationalismus).

Demokratie (gr. demokrateia: Volksherrschaft): a) Herrschaftsform, in der alle Macht vom Volk ausgeht. b) Gesellschaftliche Lebensform, die auf Freiheit und Gleichheit gegründet ist. Grundelemente sind Volkssouveränität, Freiheit, Gleichheit und Rechtsstaatlichkeit (→ Diktatur).

Deutsche Arbeitsfront (DAF): 1933 nach der Zerschlagung der Gewerkschaften gegründete Wirtschaftsorganisation der NSDAP für Arbeitgeber und Arbeitnehmer. Ausführlich: S. 37 f..

Diktatur (lat. dictatura = Amt und Amtszeit des in Krisenzeiten alleinigen Machtinhabers Roms): Herrschaftsform, in der eine Gruppe oder ein Einzelner die Herrschaft, die durch Revolution oder gewaltsame Aneignung der Macht erlangt wurde, unbeschränkt ausübt. (→ Demokratie)

Drittes Reich: s. S. 25 Marginalie

Einsatzgruppen: Offiziell: Einsatzgruppen der Sicherheitspolizei und des → SD. Mobile Sondereinheiten der → SS, die von Mitgliedern der → Gestapo, der Kripo und des SD geführt wurden. Die 1941 ca. 3 000 Mann starke Organisation hatte die Aufgabe, hinter der vorrückenden Front vier Gruppen von Menschen aufzuspüren und zu „liquidieren": Die kommunistische Führungsschicht, Angehörige asiatischer Völker, Roma, Sinti und Juden. Die Einsatzgruppen waren verantwortlich für die Ermordung von ca. 2,3 Mio. Menschen.

Endlösung: Auf der Wannseekonferenz (20. 1. 1942) festgelegter zynisch-euphemistischer Begriff für die Massenvernichtung aller im deutschen Machtbereich lebenden Juden. Ausführlich: S. 125 f.

Enzyklika (lat. encyclica epistola = allgemeines Rundschreiben): Das in lateinischer Sprache abgefasste Rundschreiben des Papstes an alle Bischöfe und damit an alle Christen mit kirchlichen, theologischen, seelsorgerischen, politischen, wirtschaftlichen und sozialen Inhalten. Eigenschaften: Hohe Autorität, politische Bedeutung.

Ermächtigungsgesetz: Das „Gesetz zur Behebung der Not von Volk und Reich" vom 24. 3. 1933 gab der Exekutive auch legislative Gewalt. → Hitler konnte auf dieser Grundlage Gesetze erlassen, die auch von der Verfassung abweichen durften (Art. 2). Es ermöglichte den Nationalsozialisten (zusammen mit der → Reichstagsbrandverordnung) die Umgehung bzw. Aushöhlung der Verfassung. Es beseitigte praktisch die Gewaltenteilung und wurde zur wesentlichen Grundlage des NS-Unrechtsstaates. Ausführlich: S. 34 ff.

„Euthanasie" (griech. eu = gut, thanatos = Tod): NS-Begriff für die 1939 von Hitler veranlasste Tötung allen „lebensunwerten Lebens" zur „Verhütung erbkranken Nachwuchses". Ausführlich: S. 121.

Faschismus (lat. fasces = Rutenbündel mit Richtschwert; it. fascio = Kampfbund): a) Von Mussolini begründetes → totalitäres Herrschaftssystem in Italien (1919–1943).

b) Sammelbegriff für alle totalitären nationalistischen und antidemokratischen Rechtsdiktaturen. Ausführlich: S. 10 ff.

Fremdarbeiter: Bezeichnung für Menschen aus den vom Dritten Reich besetzten Gebieten, die während des Zweiten Weltkrieges zwangsweise in der deutschen Kriegswirtschaft unter schlechten Arbeits- und Lebensbedingungen arbeiteten.

Führer: a) Alleiniger und unumstrittener Leiter im politischen und militärischen Bereich; **b)** Im →Dritten Reich Titel →Hitlers, der dessen ausschließliche Autorität, seine absolute Macht und seine charismatische Vorherbestimmtheit ausdrücken sollte. Ausführlich: S. 64 ff.

Führerkult: Pseudoreligiöse Verherrlichung und Glorifizierung eines Diktators (→Führers), der außerhalb jeglicher Kritik und Kontrolle steht, der als Programmatiker und Politiker die alleinige Macht hat und höchste Autorität genießt. Ausführlich S. 66.

Führerstaat: → Autoritärer oder → totalitärer Staat mit hierarchischer und militaristischer Machtstruktur, an dessen Spitze der →Führer steht. Ausführlich: S. 64 ff..

Genozid (griech.-lat. = Völkermord): Begriff des Völkerstrafrechts, der die Vernichtung von Völkern oder Volksgruppen aus ethnischen, rassistischen oder religiösen Gründen bezeichnet (→ Holocaust).

Gestapo (Geheime Staatspolizei): 1933 von →Göring als politische Polizei in den Ländern geschaffen. 1934 Vereinheitlichung ihrer Organisation auf Reichsebene. 1936 Zusammenfassung mit der Kriminalpolizei zur Sicherheitspolizei. Ihre Aufgabe war die Bekämpfung und Ausschaltung politischer Gegner des Nationalsozialismus. Dabei war sie weder an Recht noch an Gesetz gebunden. Ausführlich: S. 44 und 65.

Getto (etymologische Herkunft unklar): **a)** Bezirk eines behördlich erzwungenen, räumlich beschränkten, isolierten jüdischen Wohnviertels mit strengen Auflagen (z. B. nächtliche Ausgangssperre). **b)** Heutzutage verwendet für alle Bevölkerungsgruppen, die aufgrund einer erzwungenen räumlichen und/oder aufgrund gesellschaftlicher Beschränkungen ausgeschlossen werden vom geistigen, kulturellen und politischen Leben der Gesamtgesellschaft.

Gleichschaltung (NS-Begriff): Zwangsweise Vereinheitlichung aller politischen, wirtschaftlichen, gesellschaftlichen und kulturellen Bereiche des Lebens und deren organisatorische Angliederung an die →Staatspartei eines → totalitären Einparteienstaates. Ausführlich: S. 42 ff.

Goebbels, Joseph (1887–1945): Stammt aus einer streng katholischen, kleinbäuerlichen Familie. Studium der Germanistik, Promotion. Zunächst erfolglose Arbeit als Journalist, die er (vgl. Hitler) auf jüdischen Einfluss zurückführt. 1926 Eintritt in die → NSDAP, 1926 Gauleiter von Berlin-Brandenburg, 1928 Reichstagsabgeordneter und Reichspropagandaleiter der NSDAP. März 1933 Reichsminister für Volksaufklärung und Propaganda und Präsident der Reichskulturkammer. Ab 1944 „Generalbevollmächtigter für den totalen Kriegseinsatz". Von Hitler testamentarisch zum Nachfolger bestimmt. 1. 5. 1945 Selbstmord.

Göring, Hermann (1893–1946): Sohn eines evangelischen Reichskommissars für Deutsch-Südwestafrika. Einer der erfolgreichsten und am höchsten dekorierten Jagdflieger des Ersten Weltkrieges. Studium der Nationalökonomie und Geschichte. 1922 Eintritt in die → NSDAP und Oberster Führer der SA. Beim →Hitler-Putsch schwer verwundet. 1928 Reichstagsabgeordneter, 1932 Reichstagspräsident. 1933 (bis Kriegsende) Preußischer Ministerpräsident, Reichsminister für Luftfahrt, Oberbefehlshaber der Luft-waffe (seit 1935), 1936 Beauftragter des Vier-jahresplans, 1938 Generalfeldmarschall, bei Kriegsausbruch bestimmt ihn Hitler zu sei-nem Nachfolger. 1940 Reichsmarschall. Am 29.4.1945 entzieht ihm Hitler wegen „eigen-mächtiger Verhandlungen mit dem Feind" alle Partei- und Staatsämter. In Nürnberg zum Tode verurteilt. Begeht dort am 15.10.1946 Selbstmord.

Hegemonie (griech. hegemon = Führer): Po-litische, militärische und wirtschaftliche Vor-herrschaft eines Staates in einem bestimmten Raum oder innerhalb eines Bündnisses.

Heydrich, Reinhard (1904–1942): Sohn eines Opernsängers und einer Schauspielerin. Abi-tur zu Halle/Saale. Bis 1931 Marineoffizier. Entlassung wegen „Unwürdigkeit" (= dubiose Verlobungsaffäre). Baute nach dem Eintritt in die → NSDAP im Auftrag → Himmlers den Si-cherheitsdienst der SS (→ SD) auf, den er seit 1932 leitete. Profilierte sich bei der Ermordung hoher SA-Führer beim → Röhm-Putsch. Maß-geblich an der Errichtung der terroristischen Herrschaftsstrukturen des Nationalsozialis-mus beteiligt. 1936 Chef der Sicherheitspo-lizei (Gestapo und Kripo), 1939 Leiter des Reichssicherheitshauptamtes. Während des Krieges verantwortlich für die Massentötung von Juden in den besetzten Gebieten durch die → Einsatzgruppen der Sicherheitspolizei und des SD. Leitet am 20.1.1942 die Wannsee-konferenz, die den → Genozid an den Juden organisierte (→ Holocaust). Seit September 1941 stellvertretender „Reichsprotektor für Böhmen und Mähren". Stirbt am 4.6.1942 an den Folgen eines in Prag verübten Attentats.

Himmler, Heinrich (1900–1945): Sohn eines bayerischen Oberstudiendirektors (Prinzen-erzieher des Hauses Wittelsbach). Diplom-landwirt. 1923 Eintritt in die → NSDAP, Teil-nahme am → Hitler-Putsch. 1929 Reichs-führer SS. 1933 Kommandeur der Politischen Polizei, 1936 „Chef der Deutschen Polizei

und Reichsführer → SS". Seit Kriegsausbruch „Reichskommissar für die Festigung des deutschen Volkstums" und damit zustän-dig für die Umsiedlungs-, Ausrottungs- und Germanisierungspolitik in den besetzten Ländern Ost- und Südosteuropas. Organi-sator der → Endlösung der Judenfrage. 1943 Reichsinnenminister, 1945 Organisator des → Volkssturms. April 1945 Enthebung von al-len Ämter durch Hitler und Ausstoß aus der Partei (vgl. Göring). 23.5.1945 Selbstmord in englischer Gefangenschaft.

Hitler, Adolf (1889–1945): Geboren zu Brau-nau/Inn (Oberösterreich). Sohn des Zollbe-amten Aloys Hitler, der als uneheliches Kind bis zum 43. Lebensjahr den Namen Schickl-gruber trug und dann von seinem Stiefvater adoptiert wurde. Musste die Realschule ohne Abschluss wegen „mäßiger Begabung und keineswegs übertriebenem Fleiß" verlassen. 1905-14 ungeregeltes Leben in Linz und Wien. Aufnahme in die Wiener Kunstakademie wird ihm wegen ungenügender Begabung verwei-gert (Hitler: wegen „jüdischer Machenschaf-ten"). In dieser Zeit Leben am Rande der bürgerlichen Gesellschaft und Erwerb seines rassistisch-nationalistischen Weltbildes. 1914 freiwillige Kriegsmeldung in München. Melde-gänger während des Krieges. Wird als Gefreiter mit dem EK I (Eisernes Kreuz 1. Klasse) ausge-zeichnet. Nach dem Krieg Verbindungsmann der Reichswehr in München und zuständig für die Schulung der Soldaten. 17.9.1919 Ein-tritt in die Deutsche Arbeiterpartei (DAP). Entwirft 1920 das Programm der → NSDAP, die er seit dieser Zeit führt. 1923 Münchner Putschversuch (→ Hitler-Putsch), Verurtei-lung wegen Hochverrats, neunmonatige Haft in Landsberg/Lech. Profitiert in der Endphase Weimars von der Weltwirtschaftskrise und den Auflösungserscheinungen des Parlamentaris-mus. 30.1.1933 Ernennung zum Reichskanz-ler. Führt das Deutsche Reich als → Diktator seit dem 2.8.1934. Heiratet in der Nacht vom 28. zum 29. April 1945 seine Lebensgefährtin Eva Braun, überträgt die Staatsführung am

30.4. an Admiral Dönitz und begeht am selben Tage in Berlin Selbstmord.

Hitler-Putsch: Versuch → Hitlers vom 9.11.1923, durch den Marsch von NSDAP-Anhängern zur Feldherrnhalle in München die Bevölkerung gegen die (von ihm abgesetzte) Reichsregierung mobilisieren zu können. Ausführlich: S. 19 f.

Holocaust (griech. holocaustos = völlig verbrannt): a) Bezeichnung für die Massenvernichtung von Menschen eines Volkes (→Genozid); b) Bezeichnung für die Verfolgung, Gettoisierung und Ermordung der europäischen Juden während der nationalsozialistischen Herrschaft in Deutschland und Europa (1933–1945).

Ideologie (gr. = Ideenlehre): Gedankengebäude, das das Denken und die Wertevorstellungen eines Einzelnen oder einer gesellschaftlichen Gruppe zusammenfasst und Anspruch auf Allgemeingültigkeit stellt. Die Funktion der Ideologie ist es, die Interessen des Ideologen/einer Gruppe durchzusetzen und zu rechtfertigen.

Imperialismus (lat. imperium = Reich, Weltreich): a) Bestreben eines Staates, sein Staatsgebiet durch Eroberung oder →Annexion anderer Gebiete zu vergrößern (direkter Imperialismus) oder seinen politischen, militärischen, wirtschaftlichen und kulturellen Einfluss auf einen anderen, rechtlich selbständig bleibenden Staat auszudehnen (indirekter Imperialismus); b) Außenpolitik europäischer Staaten und der USA zwischen Mitte des 19. Jh. und dem Ersten Weltkrieg. c) Epoche von ca. 1880 bis 1914.

Indoktrination (lat. doctrina = Belehrung): Gezielte Meinungsbeeinflussung (Manipulation) von Menschen mit dem Ziel, eine bestimmte →Ideologie, politische Einstellung und Handlungsbereitschaft zu erreichen und die Herrschaft eines →autoritären oder →to-

talitären Staates zu sichern. Die Methodik der Indoktrination ist die permanente propagandistische und einseitige Präsentation von Informationen bei gleichzeitiger Ausschaltung anderer Meinungen bzw. Informationen.

Kapitalismus (lat. caput = Vieh, mlat. capitale = Besitz): Wirtschafts- und Gesellschaftssystem, das durch die Anwendung und Verwertung von privatem Kapital bestimmt wird. Charakteristika: a) Privateigentum an den Produktionsmitteln; b) Marktwirtschaft; c) wirtschaftlicher, politischer und gesellschaftlicher Gegensatz zwischen Arbeitgebern und Arbeitnehmern; d) wirtschaftliche, politische und gesellschaftliche Macht der Arbeitgeber; e) rationale Wirtschaftsplanung.

Kommunismus (lat. communis = gemeinsam): a) Alle Theorien und Lehren mit dem Ziel einer Wirtschafts- und Gesellschaftsordnung, in der das private Eigentum an Produktionsmitteln zugunsten eines gemeinschaftlichen Eigentums abgeschafft wird und in der es keine rechtlichen, politischen, wirtschaftlichen und sozialen Unterschiede mehr gibt. In dieser klassenlosen Gesellschaft leben alle Menschen frei, gleich und solidarisch zusammen. b) Endzustand dieser Entwicklung. c) Von Karl Marx entwickelte Lehre eines revolutionären →Sozialismus, dessen Ziel die klassenlose Gesellschaft ist.

Kommunistische Internationale: (Komintern) Die 1919 auf Veranlassung Lenins gegründete Vereinigung aller kommunistischen Parteien, die von Moskau aus geleitet wurde. Auflösung 1943.

Konkordat: (lat. concordare = in Eintracht bringen): Öffentlich-rechtlicher Vertrag zwischen einem Staat und der durch den Papst vertretenen katholischen Kirche.

Konzentrationslager (KZ): a) Lager zur zeitlich begrenzten Internierung von Zivilisten oder Soldaten. b) Von den Nationalsozialisten in Deutschland seit 1933, in den besetzten Gebieten (vor allem in Polen) seit 1940 eingerichtete Massenlager. Inhaftierung von dem Regime missliebigen Menschen (ideologische, religiöse, politische, ethnische Gegner und Juden) ohne rechtliche Grundlage. Seit 1943 unterstanden die Konzentrationslager der SS. Harte Zwangsarbeit, erbärmliche Lebensbedingungen, Missbrauch durch medizinische Versuche, Folter, brutalste Strafen und Ermordung bestimmten den Alltag. In den 395 Männer-, 17 Frauen- und 2 Jugendkonzentrationslagern starben mehr als 7 Mio. Menschen, die meisten in den Vernichtungslagern in Polen. Ausführlich: S. 120 ff.

Lebensraum: a) Begriff der Geopolitik, der diejenigen geografischen und wirtschaftlichen Faktoren zusammenfasst, die einem Volk die Lebensmöglichkeit und das Wachstum sichern. b) Von Hitler missbrauchter Begriff, der gleichzusetzen ist mit Imperialismus, Drohung, Krieg, Umsiedlung und Vernichtung von Millionen von Menschen (im Osten Europas).

Liberalismus (lat. liber = frei). Aus der Aufklärung stammende Staats- und Gesellschaftsauffassung, deren wesentliche gesellschaftspolitische Forderungen die Freiheit des Individuums, der Rechtsstaat, die Gewaltenteilung und garantierte Grundrechte sind.

Maginot-Linie: Nach dem französischen Politiker A. Maginot benannte Verteidigungslinie an der südöstlichen Grenze zu Italien bzw. an der nordöstlichen zu Deutschland. Die Befestigungsanlagen an der Nordost- und Nordgrenze Frankreichs („Artilleriewerke", „Infanteriewerke", schwere Einzelbunker, Panzersperren, Verkehrs-, Versorgungs- und Kommunikationsanlagen) zogen sich von Belfort (an der Schweizer Grenze) über Straßburg, Metz, Verdun bis Lille hin.

Marxismus: Von Karl Marx und Friedrich Engels entwickelte Lehre des „wissenschaftlichen →Sozialismus" mit folgenden Schwerpunkten: Entwicklungsgesetze der Gesellschaft, Befreiung des Proletariats per Revolution, Errichtung der klassenlosen, herrschaftsfreien sozialistischen Gesellschaft (→ Kommunismus).

Mefo-Wechsel: 1934 wurde die Metallurgische Forschungs-GmbH unter der Federführung von Hjalmar Schacht von der Rüstungsindustrie, der Reichsbank und dem Reichswehr-Ministerium geschaffen. Sie war eine Scheingesellschaft und diente ausschließlich der (gemäß Versailler Vertrag) verbotenen Finanzierung von Rüstungsausgaben. Die Mefo bezahlte mit Wechseln, die die Reichsbank garantierte, die aber erst nach 5 Jahren, nach Sanierung der deutschen Wirtschaft, eingelöst werden sollten. Auf diese Weise entstand bis 1938 eine (inoffizielle) Nebenwährung von 12 Mrd. Reichsmark, die vor allem der Schwer- und Rüstungsindustrie zugute kam. Ausführlich: S. 80.

Militarismus: Aus dem 19. Jhd. stammender negativer Begriff für die Überbetonung des Militärischen und dessen massive Beeinflussung von Gesellschaft und Politik.

Nationalismus: Übersteigertes Selbstbewusstsein einer Nation bzw. eines Nationalstaates verbunden mit Machtstreben und Überheblichkeit gegenüber anderen Nationen (→ Chauvinismus).

Nationalsozialismus: Lehre und →totalitäres Herrschaftssystem in Deutschland, das von →Adolf Hitler geformt und bestimmt wurde. Ausführlich: S. 50 f.

Neonazismus: Begriff für alle nach 1945 neu oder wieder erstandenen politischen Ideen, Ideologien, Gruppen oder Organisationen, die dem Nationalsozialismus sehr nahe stehen oder sich zu ihm offen bekennen.

Notverordnung: Das in der Weimarer Reichsverfassung fixierte Recht des Reichspräsidenten, aufgrund seiner Diktaturbefugnisse (Art. 48,2) Verordnungen mit Gesetzeskraft ohne Einwilligung des Reichstages zu erlassen, „wenn im Deutschen Reich die öffentliche Sicherheit und Ordnung erheblich gestört oder gefährdet" war. Notverordnungen konnten auch Grundrechte ganz oder teilweise außer Kraft setzen; vgl. → "Reichstagsbrandverordnung".

NSDAP (Nationalsozialistische Deutsche Arbeiterpartei): 1919 als Deutsche Arbeiterpartei in München gegründet. Am 20.2.1920 in NSDAP umbenannt. Nach der Konzipierung des Partei-Programms (1920) übernimmt Hitler die Partei. Nach dem missglückten → Hitler-Putsch und seiner Inhaftierung wird die von Hitler neu organisierte NSDAP in der Endphase Weimars die stärkste Partei und 1933 Staatspartei. Ausführlich S. 17 ff.

Parlamentarismus (lat. parlamentum = Gespräch, Besprechung): a) Politische Bewegungen, die seit dem 17. Jh. in England und seit Ende des 18. Jh. auf dem Kontinent die Ablösung der absoluten oder konstitutionellen Monarchie anstrebten. b) Regierungssystem der parlamentarischen → Demokratie in einer parlamentarischen Monarchie oder einer parlamentarischen Republik, in dem die Volksvertretung (= Parlament) die höchste Entscheidungsbefugnis hat.

Pluralismus (lat. pluralis = mehr-, vielzahlig): Begriff für eine Gesellschaft, die geprägt ist von einer Vielzahl verschiedener Gruppen, Organisationen oder Interessenvertretungen, die miteinander um politische und wirtschaftliche Macht konkurrieren und/oder gesellschaftlichen Einfluss anstreben.

Pogrom (russ. = Verwüstung): Gewaltsame Aktionen einer systematisch aufgehetzten Menge gegen eine Minderheit, verübt aus nationalistischen, ethnischen oder religiösen Gründen. Pogrom wird meist verwendet zur Beschreibung des Vorgehens gegen jüdische Minderheiten (vgl. die → „Reichskristallnacht" von 1938, S. 124 f.

Propaganda (lat. propagare = verbreiten): Methodische und systematische Werbung für bestimmte Ideen und Ziele bzw. die dahinterstehenden Personen oder Organisationen. (→ Agitation).

Räterepublik: Staatsform, deren Herrschaftssystem (wie in Deutschland zwischen dem 10. 11. 1918 und dem 19. 1. 1919) auf in Kasernen und Fabriken gewählten Arbeitern und Soldaten beruht. Die restliche Bevölkerung ist von der politischen Teilhabe ausgeschlossen.

Reichsarbeitsdienst (RDA): 1931 schuf die Regierung Brüning wegen der wachsenden Arbeitslosigkeit die Freiwilligen Arbeitslager. 1935 machten die Nationalsozialisten daraus den halbjährigen Reichsarbeitsdienst für alle Männer und bei Kriegsbeginn auch für alle Frauen zwischen 18 und 25 Jahren. Seit Kriegsbeginn war der Reichsarbeitsdienst ausschließlich militärischen Erfordernissen untergeordnet (Rüstungsindustrie, Bautrupps etc.).

„Reichskristallnacht": Zynischer NS-Begriff für den von Goebbels nach der Ermordung des deutschen Botschafters in Paris, vom Rath, durch den polnischen Juden Herszel Grynspan ausgelösten „Volkszorn", der vom 9. auf den 10. 11. 1938 zur Zerstörung von Synagogen, jüdischen Geschäften, zur Misshandlung, Inhaftierung und Ermordung von Juden führte. Die Fachliteratur verwendet den sachlichen Begriff „Reichs → pogrom-Nacht". Ausführlich: S. 124.

„Reichstagsbrandverordnung": Die am 28. 2. 1933 von Hindenburg erlassene „Verordnung des Reichspräsidenten zum Schutz von Volk und Staat" setzte „bis auf Weiteres" alle Grundrechte außer Kraft und ermöglichte den Nationalsozialisten die rigorose Verfolgung ihrer Gegner. Zusammen mit dem → Ermächtigungsgesetz bildete sie die Grundlage des pseudolegalen staatlichen Terrors im Dritten Reich. Ausführlich: S. 31 f.

Revisionismus (lat. revidere = etwas wieder ansehen, überprüfen): a) Streben nach Änderung eines Zustandes; b) nach dem Ersten Weltkrieg Streben der besiegten Staaten, eine Änderung der Pariser Verträge zu erreichen.

Schutzhaft: a) Schutz einer gefährdeten Person, z. B. eines Kronzeugen, durch staatlichen, von der zu schützenden Person akzeptierten Schutzgewahrsam. b) Im Dritten Reich Pervertierung dieses Begriffes. Schutzhaft sollte die „Volksgemeinschaft" vor dem „Volksschädling" schützen. Sie bedeutete Inhaftierung und Einweisung in ein →Konzentrationslager auf der Basis der → „Reichstagsbrandverordnung" ohne gerichtliche Grundlage. Ziel der Schutzhaft war die Ausschaltung politischer Gegner.

Schutzstaffel (SS): Zunächst Stabs- und Leibwache →Hitlers und eine Unterabteilung der →SA. Unter der Führung →Heinrich Himmlers wird sie zur nationalsozialistischen Elitetruppe mit Ordenscharakter ausgebaut und erreicht nach dem →Röhm-Putsch Selbständigkeit. Sie beherrscht seit 1936 die Polizei und hat die alleinige Zuständigkeit für die Konzentrationslager. Aufgrund ihrer unbegrenzten Machtfülle wird sie zum entscheidenden Macht- und Terrorinstrument des →Dritten Reiches.

Sicherheitsdienst (des Reichsführers SS; SD): Von →Himmler 1931 gegründeter Nachrichtendienst unter Leitung von →Heydrich (1943–1945 E. Kaltenbrunner). Aufgaben: Beschaffung von Informationen über Parteimitglieder, politische Kontrolle des Bevölkerung, Nachrichten- und Abwehrdienst der →NSDAP, militärische Spionageabwehr.

Sozialismus (lat. socius = Genosse): a) Aus dem 19. Jh. stammender Begriff für alle Theorien und Lehren, die die → kapitalistische Gesellschaftsordnung durch eine andere ersetzen wollen, in der die Menschen frei, gleichberechtigt, friedlich, solidarisch und ohne wirtschaftliche Not zusammenleben. b) Von Karl Marx konzipierte Übergangsgesellschaft vom → Kapitalismus zum → Kommunismus, die bestimmt ist von der Vergesellschaftung der Produktionsmittel und der Diktatur des Proletariats.

Staatspartei: Bezeichnung für die einzige Partei in einer Diktatur (z. B. NSDAP, KPdSU) oder für die einzig politisch bedeutende (z. B. SED) Sie ist eine totalitäre Partei, hat das politische Monopol und deshalb eine totale Verfügungsgewalt über alle Staatsorgane, politischen Ämter und gesellschaftlichen Funktionen. Sie erhebt den Anspruch, ideologisch und politisch alle Bürger und alle gesellschaftlichen Gruppen zu repräsentieren.

Staatsstreich (oft auch frz. Coup d'Etat): Gewaltsame Außerkraftsetzung der Verfassung und Übernahme der politischen Macht durch eine Person oder eine Gruppe, die schon vorher an der Ausübung der Macht beteiligt war/ waren (Politiker, hohe Militärs). Entscheidend: Der Staatsstreich wird – wie der Putsch, aber im Gegensatz zur Revolution – von einer kleinen Minderheit von oben her geführt.

Stalinismus: a) Die von Jossif Stalin (= der Stählerne, eigentlicher Name: Dschugaschwili) durchgeführte Anpassung der kommunistischen Doktrin an die weltpolitische Lage bei Beibehaltung der kommunistischen →Ideologie. Der Stalinismus bedeutete die Aufgabe der marxistisch-leninistischen Ansicht, dass die proletarische Revolution nur im internationalen Rahmen zu verwirklichen sei; stattdessen propagierte Stalin den vorrangigen „Aufbau des Sozialismus in einem Lande", d. h. in der UdSSR. Eine „Revolution von oben" sollte die sozialistische Gesellschaft der UdSSR weiterentwickeln zur kommunistischen. Um dies zu erreichen, führte Stalin ein →totalitäres Herrschaftssystem ein. Wesentliche Elemente des Stalinismus: Mit brutalen Mitteln erzwungene Industrialisierung, Vorrangigkeit der Schwerindustrie, Zwangskollektivierung der Landwirtschaft, zwangsweise Umsiedlung, bürokratisch-diktatorisches Funktionärssystem, KPdSU wird zum persönlichen Machtinstrument des „Woschd" (= Führers), Personenkult, rigorose Kontrolle aller Bereiche, ideologisch-politische „Säuberungswellen", Terror durch Geheimpolizei, massenhafte Ermordung wirklicher oder vermeintlicher politischer und gesellschaftlicher „Gegner", Schauprozesse, Straflager (GULAG). b) Seit dem XX. Parteitag der KPdSU (1956) negative Bezeichnung für das totalitäre Herrschaftssystem Stalins. Der Stalinismus kostete mindestens 18 Mio. Sowjetbürgern das Leben.

Sturmabteilung (SA): Uniformierte und bewaffnete paramilitärische Kampftruppe der →NSADP. Nach dem →Hitler-Putsch verboten, 1925 wieder erlaubt und von →Hitler neu organisiert. Im Januar 1931 übernimmt Ernst Röhm als Stabschef die ca. 200 000 Mann starke SA. Ihr massiver Einsatz als Propaganda- und Terrorinstrument der NSDAP führt im April 1932 zum Verbot. Im Juni 1932 von der Regierung von Papen wieder zugelassen. Nach dem Januar 1933 Funktion einer „Hilfspolizei". Da Röhm eine Verbesserung der materiellen Lage der meist arbeitslosen SA-Mitglieder anstrebt, schaltet Hitler durch den →Röhm-Putsch Ende Juni 1934 die Führungsspitze der SA aus und entmachtet sie. Die SA verliert ihre bisherige Bedeutung an die →SS. Ausführlich: S. 40 f.

Totaler Krieg: Krieg, der mit allen, auch extremsten Mitteln und unter Missachtung des Kriegsrechts geführt wird. Der totale Krieg umfasst alle Lebensbereiche, versetzt die gesamte Gesellschaft in einen Kriegszustand, mobilisiert alle wirtschaftlichen, militärischen und geistigen Kräfte und richtet sie völlig auf den Krieg aus. Er richtet sich auch bewusst gegen die Zivilbevölkerung und zivile Einrichtungen des Gegners. Ziel dieses Krieges ist nicht die Besiegung, sondern völlige Vernichtung des „Tod-/Erzfeindes" durch einen Vernichtungskrieg.

Totalitär (lat. totaliter = gänzlich, völlig): Ein totalitärer Staat hat die Herrschaftsform einer →Diktatur, die alle gesellschaftlichen und politischen Bereiche erfasst, reglementiert, lenkt und kontrolliert; sie erlaubt keinen staatsfreien Lebensbereich und unterdrückt jegliche freie Willensäußerung. Charakteristika: a) Totalitäre Ideologie; b) völlige Politisierung und Uniformierung des gesellschaftlichen Lebens; c) Gleichschaltung aller gesellschaftlichen und politischen Kräfte, Gruppen und Organisationen; d) Einparteiensystem; e) Führerprinzip. Der **Totalitarismus** (= Herrschaftssystem eines totalitären Staates) war die Grundlage des →Faschismus, des →Nationalsozialismus und des →Bolschewismus.

Verfassung: Rechtlich geregelte, schriftlich fixierte oder als Konvention anerkannte Grundordnung eines Gemeinwesens (Kommunen, Länder, Kirchen, Staat), die das politische und gesellschaftliche Handeln aller am Staatsleben Beteiligten regelt und das Gemeinwesen leistungs- und handlungsfähig macht. Die Verfassung ist dem sonstigen Recht übergeordnet und bildet dessen Rahmen.

Volksdeutsche: NS-Bezeichnung für alle außerhalb des →Deutschen Reiches (in den Grenzen von 1937) und Österreichs lebenden Deutschen.

Volkssturm: Bezeichnung für das von →Hitler am 18.10.1944 befohlene letzte militärische Aufgebot des nationalsozialistischen Deutschlands. Der Volkssturm umfasste alle männlichen Deutschen zwischen 16 und 60 Jahren, die nicht Soldaten waren.

Abiturwissen. Sicher ins Abi.